견당사와 외교신화

《기비대신입당회권》을 읽다

First published in Japan in 2018 by SHUEISHA Inc., Tokyo.
Korean edition published by arrangement with
Shueisha Inc., Tokyo in care of Japan UNI Agency Inc., Tokyo

견당사와 외교신화

『기비대신입당회권』을 읽다

초판 1쇄 발행 2023년 2월 20일

지은이 고미네 가즈아키
옮긴이 김영순

펴낸곳 서울대학교출판문화원
주소 08826 서울 관악구 관악로 1
도서주문 02-889-4424, 02-880-7995
홈페이지 www.snupress.com
페이스북 @snupress1947
인스타그램 @snupress
이메일 snubook@snu.ac.kr
출판등록 제15-3호

ISBN 978-89-521-3099-0 93830

견당사와 외교신화

《기비대신입당회권》을 읽다

고미네 가즈아키 지음
김영순 옮김

서울대학교출판문화원

한국어판 발간에 부쳐

먼저 졸저의 한국어 번역서가 출간되기까지 애써 주신 서울대학교출판문화원에 진심으로 감사를 드린다. 졸저의 한국어 번역서는 《일본 설화문학의 세계》(이시준 옮김, 소화, 2009)에 이어 두 번째인데, 그동안 격동하는 국제정세에 따라 연구 상황도 크게 달라졌다. 특히 동아시아를 둘러싼 정치적 동향은 긴장도를 더하고 있지만, 한편으로 상호 간의 문화 교류는 이전보다 한층 더 밀착도를 높이고 있어 더욱더 교류의 진전과 심화가 요구되고 있다. 필자 또한 그동안 동아시아 문학권으로 연구 영역이 넓어져 일본 국내에만 얽매이지 않는 확장된 시야를 가질 수 있게 되었다고 생각한다.

2020년, 전 세계를 강타한 코로나19 팬데믹은 인류사에 남을 만한 피해와 충격을 가져왔고, 국가 간 상호 교류의 길이 막혀 역사서에서나 보던 '쇄국'이 실제로 눈앞에 벌어지고 말았다. 팬데믹 사태가 있기 전에는 1년에 몇 번씩이나 중국·한국·베트남에 갔다 오곤 했지만, 그러한 왕래의 길이 막혀 버려 집안에 틀어박혀 책상만을 마주하는 답답한 나날이 계속되었다. 한편, 인터넷을 통한 온라인화가 촉진되어, 집에서 세계 여러 나라의 사람들과 얼굴을 마주 보고 대화할 수 있게 되었다. 2020년 가을부터 "한일 고전연구회"

를 발족해 온라인 학술 교류를 진행하고 있는데, 한일 연구자 모두 대화와 교류가 끊어지지 않고 이어졌으면 하는 생각을 공유하고 있었다. '인간'이라는 단어가 '사람과 사람 사이'라는 의미를 가지듯이, 사람은 사람과의 관계 안에서만 살 수 있음을 새삼 깨닫게 되었다.

2020년부터 "이문화 교류 문학사"를 과제로 한 프로젝트를 시작했다. 하지만 코로나19 사태로 인해 전혀 '이문화 교류'를 할 수 없게 되어 당초에는 이 과제가 공중분해가 되는 건 아닌가 하는 위기감을 느꼈지만, 이러한 상황이기 때문에 더욱 중요한 테마가 아닌가 생각하게 되었다. 그 희망의 별이 바로 기비노 마키비였고, 아베노 나카마로 그리고 최치원이었다.

이 책은 그림이 사라지거나, 그림 순서가 바뀌는 등 난감한 문제를 안고 있는《기비대신입당회권》을 어떻게 해독할 것인가에 초점을 두고 쓰기 시작해, 점차 회권론繪卷論의 틀을 벗어나 다음과 같은 동아시아 전반의 과제로 시야를 넓히는 방향성을 갖게 되었다. 고대 견당사에 가탁한 동아시아 외교를 둘러싼 언설과 이미지는 견당사가 폐지된 이후 도리어 환상이 비대해져 견당사를 테마로 하는 문예가 근세, 근대에 더욱 활성화되었다. 견당사는 고대에서 근대에 이르기까지 각 시대에 관여하는 근본적 과제다. 동아시아 지정학의 숙명이라고도 말할 수 있겠지만, 이는 일본에만 국한되는 과제가 아니다.

견당사라고 하면 일본의 사례만이 주목되기 쉬우나 결코 그렇지 않다. 한반도에서야말로 이는 더욱 긴밀하게 얽힌 뿌리 깊은 과제다. 당나라 시대는 한반도로 따지면 삼국을 통일한 신라 시대에 해당한다. 일본과는 비교할 수 없을 정도로 많이 견당사를 파견했고, 당나라 수도 장안에 많은 신라 승려들이 머물고 있었음이 일본의 저명한 유학승 엔닌의 일기 등에서 보인다. 견당사는 일본 한 나라에 수렴될 수 있는 과제가 아니며, 후세에는 명·청나라 시대의 연행사로 이어진다. 이는 전근대의 한국이나 일본과 같이 한자 문화권이었던 베트남에서도 마찬가지다.

2000년 전반부터 지금까지 도쿄에서 한일 연구자들과 함께 "한국 한문설화 읽기" 연구회를 지속해서 열어 왔다. 연구회의 첫 성과로 한국 최초의 설화집으로 유명한《신라수이전》의 주석서를 출판했다(헤이본샤, 2011). 그때부터 신라의 문인으로 이름 높은 최치원의 전설화 문제를 접하게 되었고, 조선 시대 때 만들어진《최고운전》에 보이는 최치원의 이야기가 기비노 마키비의 경우와 너무나 흡사한 것에 놀랐다. 이들의 이야기에는 압도적 우위를 자랑하는 중국과 갈등에 시달리던 사람들의 마음, 열등의식을 반전시킨 우월성을 설파하는 이야기가 필요했던 배경이 공통적인 특징으로 떠오른다. 제작 시대나 지역은 다르지만 국가적 상황이 비슷하면 이렇듯 비슷한 이야기가 나온다는 것을 잘 알 수 있었다.

특히 기비노 마키비의 이야기는 본문과 그림을 동반한 회권으로 표현되었다는 것을 간과할 수 없다. 회권은 동아시아의 공통된 양식이지만, 특히 일본에서 발전해 일본 문화를 대표하는 것 중의 하나라고 말할 수 있다. 이는 만화나 애니메이션의 원류이기도 하다. 이 책을 통해 견당사의 이야기와 함께 회권이 가지고 있는 매력과 재미를 느끼기 바란다. 현존하는《기비대신입당회권》은 12세기부터 13세기에 걸쳐 제작된 걸작 회권 중 하나로 꼽히며, 현재는 미국 보스턴 미술관(MFA)에 소장되어 있다. 세계 공유 재산으로서 회권이 국제 교류의 가교가 되길 기원해 마지않는다.

마지막으로 번역의 수고를 맡아 주신 김영순 씨, 번역서 출간에 이르기까지 힘써 주신 서울대학교출판문화원에 다시 한번 심심한 감사를 드린다.

2023년 1월

고미네 가즈아키

옮긴이의 말

이 책은 나의 은사이자 일본 및 동아시아 비교문학 연구에서 일본 학계를 대표하는 학자인 고미네 가즈아키의 《遣唐使と外交神話『吉備大臣入唐繪巻』を読む》(슈에이샤, 2018)를 번역한 것이다. 책은 5부로 구성되고, 각 부에는 12개에서 16개의 소론이 배치되어 독자의 관심에 따라 어디서부터 읽어도 무방한 체제로 되어 있다. 이 책은 부제에서 볼 수 있듯이 현재 미국 보스턴 미술관(MFA)에 소장된 《기비대신입당회권》을 중심으로 견당사를 기존 역사학의 주장과 다른 관점에서 조명한 참신한 연구다.

견당사는 일본 고대사에서 일본 문화의 기초를 형성한 공로가 크다고 잘 알려진 존재다. 일본 고대 문화사와 대외관계사 등 역사학의 중요한 영역임에도 견당사는 9세기 말 파견이 폐지되었는데, 이후 잊히지 않고 견당사가 상상을 통해 환상적으로 재생산된 면에 대해서는 아직 종합적으로 검증되지 않고 있었다. 이 책에서는 이와 같은 문제를 지적하고 그러한 검증을 문학 연구 측면에서 담당해야 할 중요한 과제로 삼고 있다. 특히 《기비대신입당회권》이 그러한 면에서 상징적인 존재가 된다. 이 회권은 두 번이나 견당사로 파견되었던 기비노 마키비가 중국으로 건너가 당나라 황제에게

《문선》의 해독과 바둑 대국 등의 난제를 받아 그 문제를 연이어 해결하고 돌아오는 활약상을 이야기와 그림으로 담아낸 회권으로, 일본 회권 역사에 유명한 걸작이 되어 남아 있다.

현존《기비대신입당회권》은 후반부의 그림 순서가 뒤바뀌었고, 몇 군데는 그림이 빠져 있다는 문제를 안고 있다. 또한 회권의 내용이 기비노 마키비가 하늘을 날아다니고 도술을 부리며 귀신의 도움으로 난제를 해결하는 등 비현실적이다. 이런 이유로 지금까지 연구가 충분히 이루어지지 않았는데, 이 책은 신화적 차원에서 그림의 해독을 시도했다. 기비노 마키비가 부여받았던 난제 중 하나였던, 일본의 종말을 예언하는 참시讖詩를 쓴 중국 승려 보지寶誌의 도상 분석 등 회권의 도상 연구에서도 새로운 방법을 개척하고 있다.

아울러 이 책은 견당사 문제를 일본과 중국 간의 문제만으로 제한하지 않고 동아시아 전체에 관련된 과제로 널리 제기해, 기비노 마키비의 이야기를 한반도의 최치원 설화와 대비해 논하고 있어서 더욱 주목된다. 이 둘의 이야기는 한쪽은 12세기, 다른 한쪽은 16세기에 만들어졌다는 시대 차이는 있지만 소국의 걸출한 학자가 재치와 도술로 대국에 일격을 가해 복수한다는 공통된 이야기를 가지고 있으며, 이는 언제나 긴장이 동반되었던 복잡한 동아시아의 국제관계, 외교 상황이 투영되어 있다. 대국에 통쾌히 일격을 가하는 기비노 마키비와 최치원의 모습은 현실의 열등감 극복을 위해 필요했던 상상력의 표현으로 볼 수 있으나, 두 이야기가 예기치 않게 열등과 우월 의식을 공통으로 담아내고 있다는 것은 동아시아로 시야를 넓혀야 비로소 보이는 문제 제기라고 할 수 있다.

전근대 동아시아의 외교 문제는 비단 당나라 시대에 한정되지 않고 현재에도 여전히 잔존하는 문제이기도 하다. 이를 견당사를 그린 회권을 실마리로 실제의 견당사만이 아닌 상상이나 허구의 견당사, 바꾸어 말하면 '창조된 견당사'의 이미지로 다른 차원에서 보여 주고 있는 것이다. 이 책은 8세기부터 20세기에 이르기까지 거듭 '창조된 견당사'의 이미지가 동아시아 문화 교류의 상징으로 시대를 뛰어넘어 국제관계의 이상적인 모습을 찾으려 하는 이유를 살펴본다. 즉 '창조된 견당사'의 이미지가 '외교신화'로 이어져 온 것을 해명한 이문화 교류 문학사 연구의 귀감이 되는 훌륭한 저작이다.

지은이는 문학은 물론 문화 전반에 걸쳐 다른 것과 격리되어 무엇과도 섞이지 않은 순수함·무구함은 있을 수 없으며, 모두 이문화 내지 다문화의 교차에서 비롯된다는 인식을 바탕으로 동아시아, 한자 문화권을 시야에 넣은 다면적·다극적인 비교문학 연구를 추진해 왔다. 이러한 지은이의 연구는 "종래 일본의 고전문학 연구, 특히 화한和漢 비교문학 연구 방법은 중국과의 일대일 대응 방식으로 일본의 일방적인 수용론에 그쳤을 뿐이며, 중국과 일본 사이에 있는 같은 한자 문화권인 한국의 고전을 배제해 왔던 것에 대해 맹렬히 반성해야 한다."라는 냉철한 비판과 반성을 시작으로 이루어졌다.

2004년 지은이는 "한국 한문설화 읽기" 연구회를 발족해 지금까지 월 1회 지속적으로 연구회를 열어 20명 가까이 되는 일본 문학 연구자들과 함께 한국 고전 작품을 읽어 왔다. 그 성과로 《신라수이전》(헤이본샤, 2011), 《해동고승전》(헤이본샤, 2016) 등의 주석서를 출판했으며, 곧 《어우야담》의 주석서도 출판될 예정이다. 또한 2013년에 지은이를 중심으로 발족해 지금까지 지속되고 있는 "베트남 고전회" 연구회에서는《영남척괴열전》의 주석서 편찬 작업이 마무리 단계에 들어갔다. 일본의 국문학자인 지은이가 일본에서 한국과 베트남 문학 연구에 열정을 쏟고 그것을 일본 학계에 연이어 소개하고 있다는 사실은 가볍게 지나칠 수 있는 문제가 아니다. 그야말로 지은이는 동아시아 한문 문화권을 시야에 넣은 총체적인 연구를 실천하고 있는 것이다.

번역서를 출판하며 많은 분의 도움을 받았다. 한 분 한 분께 진심으로 감사드린다. 특히 번역 원고를 읽어 주시고 꼼꼼히 체크해 주신 서울대학교 국문학과 정병설 교수님, 도판 사용 허가를 받는 데 도움을 주신 슈에이샤 편집부의 니시가타 다쓰히코西潟龍彦 씨, 그리고 서울대학교출판문화원에 심심한 감사를 드린다.

2023년 1월

김영순

차례

제4부 견당사 신화와 전설

제5부　동아시아의 세계로

일러두기

1. 문학 장르 및 문학 용어는 가능한 한 한국 한자음으로 표기했지만, 일본 고유의 용어는 단어의 의미를 풀어서 표기하거나 일본어 발음을 그대로 적었다.
   예) 모노가타리物語 → 이야기物語
   가타리모노語り物 → 낭창이야기語り物
   셋쿄부시說經節 → 셋쿄부시說經節

2. 작품명은 가능한 한 한국 한자음으로 표기했다. 단 일본어 가나假名, 인명, 지명 등을 포함한 작품명에서 양식, 장르를 지칭하는 용어 외에는 일본어 발음 그대로 표기했다.
   예) 《히코호호데미고토에마키彦火々出見尊繪卷》→《히코호호데미존회권彦火々出見尊繪卷》
   《마쓰라미야모노가타리松浦宮物語》→《마쓰라궁이야기松浦宮物語》

3. 일본의 지명 사찰 등은 일본어 발음과 한글을 혼합해서 표기하고, 중국과 그 외 나라의 지명 사찰 등은 한국 한자음으로 표기했다.
   예) 하세데라長谷寺 → 하세사長谷寺
   난징시南京市 → 남경시南京市

4. 일본의 연호는 한국 한자음으로 표기하고, 가독성을 높이기 위해 서력 연도 표기를 먼저 하고 연호를 괄호 안에 적었다.
   예) 덴치天智 6년 → 667년(천지天智 6)

5. 인명은 일본어 발음으로 표기했지만 중국인, 인도인의 이름이나 일본인이지만 중국에서 불린 이름 등은 한국 한자음으로 표기했다.
   예) 고시라카와인後白河院 → 고시라카와 원後白河院
   징젠쳉井眞成 → 정진성井眞成

6. 한자 병행은 각 부마다 처음 나온 단어에 한하였고 그 이후는 한글로 표기했다.

7. 주석과 본문 등에 인용한 저서와 논문의 인명, 서명, 논문명, 출판사명 등은 일본어로 표기했다.

8. 옮긴이 주는 각주 첫머리에 [*]을 달아 원주와 구별했다.

서문

견당사는, 말을 꺼내기만 해도 누구나 "아! 그거." 하면서 금방 이미지를 떠올릴 정도로 일본 역사상 잘 알려져 있다. 견당사가 일본 문화 형성에 큰 역할을 했다는 것은 새삼스럽게 말할 것도 아니지만, 조금 더 큰 시야에서 보면 견당사는 동아시아를 둘러싼 이문화 교류의 상징이자, 고대에 꿈과 낭만을 실어 볼 수 있는 절호의 대상이기도 하다. 그 역사는 유명한 쇼토쿠聖德[1] 태자 시대의 견수사遣隋使 파견에 이어 7세기 전반부터 9세기 전반에 이르는 아스카飛鳥 시대[2]부터 나라奈良 시대[3]를 중심으로 헤이안平安 시대[4] 초기까지, 대략

1 *574~622. 요메이(用明) 천황의 제2 황자. '쇼토쿠 태자'의 칭호는 후세에 불린 존칭이다. 일본 역사상 최초의 여성 천황인 스이코(推古) 천황(재위 593~628)을 보좌하는 형식으로 정치를 주도해 '17조 헌법' 등을 만들어 중앙집권 국가체제의 기반을 다졌으며, 처음으로 중국 수나라에 조공 사절단(600~618)을 파견했다.

2 *일본 역사 시대 구분의 하나로 지금의 나라현(奈良縣) 남부 아스카 지역을 도읍으로 했던 592년부터 헤이조경(平城京)으로 천도하는 710년까지의 시대를 말한다.

3 *지금의 나라현 나라시(奈良市) 지역에 위치했던 헤이조경을 도읍으로 한 710년부터 794년까지의 시대를 말한다.

4 *나라의 헤이조경에서 교토(京都)의 헤이안경(平安京)으로 천도한 794년부터 가

200년 이상의 역사를 가지고 있다. 견당사는 수나라를 멸망시킨 당나라의 세계적인 대제국으로의 번영, 삼국시대 항쟁에서 통일 신라에 이르는 한반도의 긴장 관계, 일본과 발해의 정식 국교 체결 등 동아시아의 국제 정세와 연동해 단속적으로 파견되었다. 파견 횟수에 관해서는 여러 설이 있는데, 대략 18차의 파견 관련 기록이 전해지지만 실제로 파견된 것은 15회로 보는 것이 정설이다.

견당사 파견은 당시의 사정에 따라 규모가 다르지만 한 번의 파견에 배가 한 척에서 네 척까지 만들어졌고, 배 한 척에 100명 이상이 승선했다고 하니까 많을 때는 총 400명에서 500명의 일본 사람들이 당나라로 건너간 셈이다. 견당사선에 탄 사람들은 중앙 귀족 출신의 고위 관료인 견당사 대사大使와 부사副使를 필두로 중·하급 관리, 유학생, 여러 사찰의 유학승, 다양한 분야의 기술자, 장인, 바둑의 명인에까지 이르는 전문 분야의 사람들이었다. 말하자면 고대의 국가적 대규모 프로젝트였던 것이다.

그렇게 많은 사람이 당나라에서 이문화를 직접 피부로 체감하고 다양한 선진 문화와 문물, 기능·기술을 습득해 가져왔다. 당나라로 건너간 사람 수만큼 다양한 문화가 생겨났고, 그 궤적의 총체가 일본 고대 문화의 기초를 다졌다. 거기에는 그들마다의 파란만장한 인생 이야기가 있었고, 그들의 삶과 죽음이 있었다. 그렇기 때문에 견당사라고 하면 역사 속에서 되살아나는 일종의 낭만이 느껴진다는 것 또한 부인할 수 없다. 견당사를 떠올리면 대국 당나라를 향한

마쿠라(鎌倉) 막부가 성립하는 1192년까지의 시대를 말한다.

고난의 여정에 대한 공감, 이국과 이문화에 대한 동경과 두려움이 뒤섞인 감정들이 밀려온다. 세계제국으로 번영을 자랑하던 대국 당나라의 수도 장안[5]의 화려한 문화를 직접 체험하고 그들의 선진 기술을 습득해, 일본으로 가지고 돌아와 일본 문화의 초석을 다진 사람들에 대해 경의와 감탄을 금할 수 없다. 한편, 그들의 목숨을 건 항해, 고난으로 가득 찬 여정, 더구나 귀국길에 불운의 조난을 당하거나 미지의 세계에 표착해서 목숨을 잃은 사람들, 일본으로 돌아오지 못하고 당나라에서 숨진 사람들을 생각하면 그들에 대한 애석함과 추모의 마음 또한 솟구쳐 오른다. 셀 수 없이 많은 인생 드라마가 거기에 있다. 무사히 귀환한 사람과 조난당해 돌아오지 못한 사람, 그 운명의 갈림길은 어디에 있었을까? 영광과 좌절을 거듭했던 견당사의 궤적은 21세기인 오늘날 점점 더 복잡해져 가는 국제사회에 여전히 새로운 물음을 던지고 있는 것 같다.

견당사에 관한 문제는 당연히 역사학의 전문 분야로 여겨 왔으며 연구가 축적되어 있다. 선행 연구에서는 견당사의 실체를 역사적으로 추적해 찾아가는 것에 중점을 두고 있는데, 그러한 연구 또한 원칙에 따른 방법이라고 할 수 있다. 그러나 오늘날 동아시아의 복잡한 정세를 볼 때 과거의 역사를 실증적으로 더듬어 가는 것만으로는 보이지 않는 문제 또한 적지 않다고 생각된다. 견당사 파견

5 중국 섬서성(陝西省) 서안(西安)시. 전한(前漢), 북주(北周), 수, 당 등 고대 중국 왕조의 수도. 7세기 초에 대규모 도성 대흥성(大興城)이 축조되면서 당나라 최성기에는 인구 100만이 넘었고, 인도, 중앙·동남·동아시아 등 세계 각국과의 교류 중심지인 국제 대도시로 발전했다.

이 폐지되었다고 해서 견당사에 관한 문제가 모두 끝난 것은 아니었다. 특히 9세기 말에 정식으로 견당사가 폐지된 이후, 오히려 견당사는 더욱 환상화되고 상상력이 더해져 새로운 이미지로 재생산되었다. 이러한 견당사의 이미지는 시대가 지날수록 비대해지고 다양해져 가고 있다. 이는 견당사를 모델로 한 새로운 국제교류의 시도라는 의미도 있으며, 긴장되는 대외관계를 배경으로 바람직한 교류의 모습을 모색하면서 만들어진 모범적인 이미지라고 할 수도 있다. 이를 통해 견당사에 대한 끝없는 꿈이 펼쳐지고, 역사의 기억과 환상이 뒤섞인 새로운 견당사 '상像'이 창조되어 간다. 이를 견당사의 '외교신화外交神話'라고도 부를 수 있을 것이다.

동아시아의 지정학으로 볼 때 중국, 한반도, 일본을 둘러싼 국제정세는 시대를 막론하고 요동치며 복잡하게 변해 왔다. 견당사의 역사와 문화는 그러한 동아시아 국제정세를 파악하는 데 있어서도 간과할 수 없다. 견당사를 둘러싼 과제가 끝이 없음을 절감하게 된다.

여기에서는 그러한 환상 속의 견당사 문제를 추구하려고 한다. 실증적인 견당사가 아닌, 오히려 후대에 허구화되어 재창조된 견당사의 '상'을 포착해 나가는 것이 궁극적인 목표라고 할 수 있다. 역사학 분야의 큰 성과에 의거하면서도 거기에서 벗어난, 혹은 누락되거나 미처 조명받지 못한 부분을 특히 문학 영역에서 새롭게 조명하고 검증해 나가려고 한다.

위와 같은 전제를 바탕으로 이 책에서는 12세기 말부터 13세기 초에 걸쳐 제작된 유명한 《기비대신입당회권吉備大臣入唐繪卷》[6]을 중심으로 고찰하려고 한다. 이 회권은 11세기 후반에서 12세기 초반 원정院政 시대[7]를 대표하는 학자 오에노 마사후사大江正房의 담화를 기록한《강담초江談抄》[8]에 보이는 기비노 마키비吉備眞備의 이야기를 토대로 고시라카와 원後白河院[9]이 궁중의 회소繪所에서 만들게 한 회권이다.《기비대신입당회권》은 거의 같은 시기에 궁중에서 만들어진《반대납언회권伴大納言繪卷》,[10]《히코호호데미존회권彦火々出見尊繪卷》[11] 등과 함께 중세 시대 15세기에는 전란을 피해 와카사若狹의 오바마小浜[12]로 피란되어 전해지다가, 20세기에 이르러《기비대신입당회권》만이 미국의 보스턴 미술관(Museum of Fine Arts, Boston)으로 건너가

---

6 나라 시대의 대신 기비노 마키비(吉備眞備, 695~775)의 당나라에서의 활약을 그린 회화 작품. 회권은 두루마리 형태의 작품을 말하며, 문장과 그것을 내용으로 하는 그림으로 구성되어 있다. 왼손으로 펼치고 오른손으로 감으며 감상한다.

7 *천황이 황위를 후계자에게 물려주고 원(院), 상황(上皇), 법황(法皇) 등의 지위로 천황 대신 정치를 하는 것을 '원정'이라고 하며, 헤이안 시대 말기 1068년부터 가마쿠라 막부가 성립하는 1192년까지의 기간을 원정 시대 또는 원정기라고 한다.

8 원정 시대의 관료 오에노 마사후사(1041~1111)의 담화를 후지와라 사네카네(藤原實兼, 1085~1112) 등이 기록한 설화집. 마사후사와《강담초》에 관해서는 제2부에서 자세히 다룬다.

9 *1127~1192. 일본 제77대 천황. 재위 기간은 1155년에서 1158년으로 불과 3년이었지만 천황에서 물러난 후, 원(院)의 지위로 1192년까지 30여 년간 5대에 걸친 천황들을 대신해 정치를 했다.

10 *866년에 일어난 헤이안경 궁성의 오텐문(應天門) 방화 사건을 바탕으로 그린 회권이다. 범인을 고발한 반 대납언(伴大納言, 811~868)이 당시의 권세가 후지와라(藤原) 씨의 음모로 범인으로 몰려 유배당하는 이야기를 그리고 있다.

11 *우미사치(海幸)와 야마사치(山幸) 형제 신화를 바탕으로 그린 회권이다. 동생 히코호호데미(야마사치)가 형에게 빌린 낚싯바늘을 바다에서 잃어버려 바늘을 찾으러 해신(海神)의 궁전으로 가서 해신의 딸 도요타마(豊玉) 공주와 결혼해 3년을 보낸 후 돌아온다는 이야기를 그리고 있다.

12 *'와카사'는 지금의 후쿠이현(福井縣) 일대를 말하며, '오바마'는 후쿠이현 남서부에 위치하는 항구도시이다.

견당사선

(보스턴 미술관 소장, 《吉備大臣入唐繪卷》, William Sturgis Bigelow Collection by exchange 32.131 Photograph © 2021 Museum of Fine Arts, Boston. All rights reserved. c/o DNPartcom)

게 되었다. 거의 비슷한 시기에 같은 장소에서 만들어진 세 개의 회권이 다다른 궤적은 실로 기구했다. 오바마에서 보관되다가 원본이 에도江戸성에 헌상된 이후 화재로 인해 불타 버리는 쓰라림을 당한 《히코호호데미존회권》에 비하면, 《기비대신입당회권》은 후반부의 그림이 낙장되어 없어졌다고는 하지만 이만하면 행운이었다고 해야 할 것이다. 그나마 다행히 《히코호호데미존회권》은 에도성으로 헌상될 때 베껴 둔 모사본이 오바마의 메이쓰사明通寺에 현존한다. 《반대납언회권》은 현재 도쿄에 있는 이데미쓰出光 미술관에 소장되어 있다.

이 《기비대신입당회권》에 그려진 이야기는 나라 시대 후기의 관료로 두 번이나 견당사로 파견된 후 우대신右大臣[13] 관직에 오른 기비노 마키비가 견당사로 중국에 건너가서 당 황제에게 부여받은 난제를 모두 해결하고 일본으로 돌아오기까지의 과정을 그린 그야말로 견당사의 종횡무진한 활약을 주제로 한 회권이다. 게다가 여기에는 마키비와 같은 시기에 함께 당나라로 파견되었다고 역사 기록에 전해지는 아베노 나카마로阿倍仲麻呂가, 마키비보다 훨씬 먼저 당나라로 건너가 죽어서 귀신으로 등장해 마키비의 난제 해결을 돕기 위해 사방팔방으로 분주히 움직이는 모습이 담겨 있다. 견당사의 대표 격이라고 하면 이 두 사람을 꼽을 수 있는데, 이미 당시의 국가 공식 편찬 사서史書인 《속일본기續日本紀》[14]에도 마키비와 나카마로를 특별히 다루어 기록한 기사가 보인다. 이 두 사람이야말로 일본 사람들이 머릿속에 떠올리는 견당사, 바로 그 이미지를 대표하는 인물들이었다.

마키비가 당나라 황제에게 부여받은 난제는 중국 고전 《문선文選》[15]의 해독, 당나라 바둑 명인과의 대국, 예언서 〈야마대시野馬臺詩〉[16]

---

13 *조정 최고 기관인 태정관(太政官)의 장관직으로 태정대신, 좌대신 등과 함께 삼공(三公)으로 불렸다.

14 *797년 칙명에 의해 편찬된 역사서. 일본의 육국사 중 《일본서기》에 이어 두 번째로 꼽힌다.

15 *중국 남북조 시대 양나라의 소명(昭明) 태자(501~531)가 편찬한 시문집. 춘추 전국 시대부터 양나라 때까지의 문학자 131명의 부(賦), 시, 문장 등 800여 편의 작품을 37장르로 분류해 수록하고 있다.

16 중국 양나라 고승 보지(寶志)가 지었다고 전해지는 5언 24구의 난해한 한시로, 해독에 따라서는 천황 백 대째가 되면 세상이 쇠퇴한다는 일본의 종말을 읊은 시로

해독 세 가지였다. 첫 번째와 두 번째 난제는 귀신 나카마로의 도움으로 해결할 수 있었지만 마지막 난제인 암호와 같은 〈야마대시〉 해독은 나카마로도 두 손을 들 정도로 어려운 문제였는데, 과연 이 난제가 어떻게 해결되는지는 이 책의 뒷부분을 읽게 되면 알 수 있다. 그런데 여기에서 가장 난감한 문제는 현존하는 회권에는 〈야마대시〉를 해독하는 장면부터 마지막 종결 부분까지의 그림이 떨어져 나가 없다는 것이다.

가장 중요한 마지막 난제를 그린 장면이 빠져 있다는 사실, 게다가 그 없어진 부분이야말로 이 회권의 주안이 되는 그림이라는 점, 여기에서는 이 문제들에 주목하고자 한다.

회권에 그려진 이야기의 내용은 마키비와 귀신 나카마로가 갇혀 있던 누각에서 빠져나와 하늘을 날아가 궁궐에 몰래 잠입하거나, 마키비가 바둑 대국을 할 때 상대편의 돌을 몰래 삼킨 후 설사약을 먹어도 들키지 않도록 도술을 사용한다거나, 해와 달의 움직임을 막아 세상을 어둠으로 덮어 버리는 등의 여러 가지 도술을 구사해 당나라 황제와 관료들의 혀를 내두르게 하는 종횡무진의 활약을 담고 있다. 현대인이 보면 이러한 내용은 있을 수 없는, 그야말로 황당무계하고 기상천외한 이야기로 보일 것이다. 그렇기 때문에 이 회권은 실증을 추구하는 역사학에서는 정식으로 연구 대상이 될 수 없었다. 그러나 이 이야기가 헤이안 시대의 학자 오에노 마사후사의 담화에서 나온 것을 보면, 당시 귀족사회에서는 이것이 그 옛

해독되어 예언시나 미래기의 일종으로 여겼다. '야마대참(野馬臺讖)'이라고도 불리며 전쟁이나 자연재해 등으로 세상이 어지러워질 때마다 주목되어 왔다.

날 나라 시대에 견당사가 당나라에서 어떤 활약을 했는지를 전해주는 이야기로 존중되어 전승되어 왔다는 것을 알 수 있다. 그리고 이러한 이야기를 일부러 고시라카와 원이 회권으로까지 만들게 했다는 것에는 어떤 이유가 있었을 것이다. 이 회권을 단지 황당무계하고 어이없는 이야기를 그린 것으로 몰아붙일 수 있을까.

이 회권은 어떤 목적으로 만들어졌을까. 거기에는 견당사에 대한 꿈과 추억을 담은 어떤 의미가 있었을 것이다. 필자는 회권 제작의 진정한 의미에 대해서 살펴볼 필요가 있다고 생각한다. 귀족사회에서 구전 설화를 기록해서 전승하거나, 당시 가장 귀한 보물에 버금갔던 회권으로 제작했다는 것은 그 또한 역사의 영위로 볼 수 있을 것이다.

특히 이 이야기를 회권으로 제작했던 진정한 이유는 마키비의 활약을 가시화하고 싶다는 주체할 수 없는 바람이었던 것으로 보인다. 언어의 문제와 동시에 그림이 갖는 의미 또한 무시할 수 없다. 사진도 텔레비전도 영화도 없었던 시대, 영상이 없는 시대에 회화가 갖는 역할은 절대적이었다. 우리가 상상하는 그 이상으로 회화에 담긴 의의나 역할은 중대했을 것이다.

필자는 이번 '책과 일본사' 시리즈의 '책'에는 꼭 회권을 넣고 싶다는 생각이 있었다. 이야기物語[17]의 본문詞書[18]을 동반한 회권은

---

17 *'物語'의 일본어 발음은 '모노가타리'이다. 나라 시대부터 쓰인 용어로 어떤 정해진 내용을 이야기하는 것이나 그 내용을 가리키기도 하며, 근대의 소설에 대한 고전 산문이나 설화집, 역사 서술이나 군기(軍記) 등의 문예 작품을 나타낼 뿐만 아니라 일반적인 담화, 잡담을 가리키는 등 실로 넓게 사용되었다.

18 *'詞書'의 일본어 발음은 '고토바가키'이다. 회권이나 그림책(繪本) 등에 화면의 전

회화 미술품인 동시에 문학 작품이기도 하다. 즉 두루마리라 불리는 책이라 할 수 있다.[19] 이렇게 회권은 그림과 문장이 일체화된 종합성을 지니고 있다. 그렇기 때문에 이야기 텍스트를 읽으면서 동시에 그림도 읽어야 한다. 언어의 세계와 그림의 세계가 어떻게 연관되고 교차하고 있는지, 혹은 언어와 그림이 서로 어떻게 반발하고 위배되고 있는지 언어와 그림의 쌍방을 읽어야 비로소 회권 전체를 해독했다고 할 수 있을 것이다.

그런 의미에서도 이 《기비대신입당회권》은 다각적인 해독을 끊임없이 자아내는 절호의 연구 대상이다. 또한 그와 동시에 견당사 문제는 그동안 너무나 일본 중심으로만 다루어져 왔다는 인상을 지울 수 없었다. 일본의 견당사와 비슷한 시기에 한반도의 신라는 일본과 비교가 안 될 정도로 수많은 견당사를 파견했다. 그들이 국가에서 파견한 정식 견당사였는지를 따지는 문제는 덮어 두고, 당나라에 건너간 신라인들의 모습은 일본 견당사 유학승 중 한 명으로 중국의 산동반도[20]에서 오대산五臺山[21]을 거쳐 장안까지 갔던 엔닌圓仁[22]

後, 또는 화면 안 이야기의 내용이나 장면의 설명을 써넣은 이야기의 본문에 해당한다.

19 서지학에서는 두루마리 책(卷子)이라고 한다.

20 중국 산동성(山東省) 동쪽에 있는 반도. 한반도와 가까운 거리에 위치해 삼국시대부터 교류가 활발했으며, 특히 8~9세기에는 신라인들이 거주하는 신라방이 형성되고 장보고에 의해 신라 사찰 적산법화원이 건립되는 등 신라와의 관계가 밀접했던 지역이다.

21 중국 산서성(山西省) 동북부에 위치한 산으로 청량산이라고 불리기도 하며 불교에서는 문수보살의 성지로 알려져 있다.

22 794~864. 일본 천태종 승려. 838년에 당나라로 건너가 천태산에 가려 했으나 규제로 인해 여행 허가를 받지 못해 산동반도의 적산법화원에 기거하면서 신라 승

이 저술한 유명한《입당구법순례행기入唐求法巡禮行記》[23] 등에도 깊이 새겨져 있다. 신라가 당나라와 육지로 연결되어 있다는 지정학적인 면도 고려해야 하겠지만, 신라와 일본의 견당사가 갖는 의미는 같지만은 않을 것이다. 이러한 문제에 대해서는 이미 선행 연구에서 신라 견당사와 일본의 관계 등이 여러 번 언급되어 왔지만, 일본 중심이 아닌 보다 광범위한 동아시아라는 시각에서 일본과 신라의 견당사 문제를 생각해 볼 필요가 있을 것이다.

여기에서는 그러한 과제에 접근하기 위해 통일 신라 말기의 문인으로 당나라로 건너가 과거에 급제한 최치원의 경우를 예로 들어가며 마키비와 함께 고찰해 보려고 한다.

이렇듯 이 책에서 풀어 나가려는 과제는 회권을 중심에 두고 회화와 문학 그리고 역사 분야에 걸쳐 있다. 또한 꿈과 환상의 영역에서부터, 견당사가 폐지된 이후인 10세기에서 19세기경에 이르는 긴 시대에 걸쳐 있으며, 나아가 지역도 일본뿐만 아니라 한반도, 중국 등 동아시아에 미치고 있다.

이제 꿈의 견당사선을 타고 이야기 여행을 떠나 보자.

려 성림(聖林)으로부터 오대산 순례를 추천받아 천태산을 단념하고 오대산을 향하게 된 경위가 그의 저술《입당구법순례행기》에 자세히 전해진다. 847년에 신라 무역선에 편승해 귀국 후, 일본 천태종에서는 처음으로 밀교를 전하고 10년간 천태종 총본산 주지를 역임했다. 입적 후에 자각(慈覺)대사라는 시호가 내려져 일본 최초로 대사 지위에 올랐다.

23 원본은 현존하지 않지만 1291년에 필사한 전 4권의 고사본을 비롯해 여러 개의 필사본이 전해진다. 838년에 엔닌이 견당사 일행과 함께 당나라로 건너가 847년 귀국할 때까지 당나라의 불교 성지, 불교 교의, 사회풍속, 재당 신라인 등에 관해 상세하게 기록하고 있다.

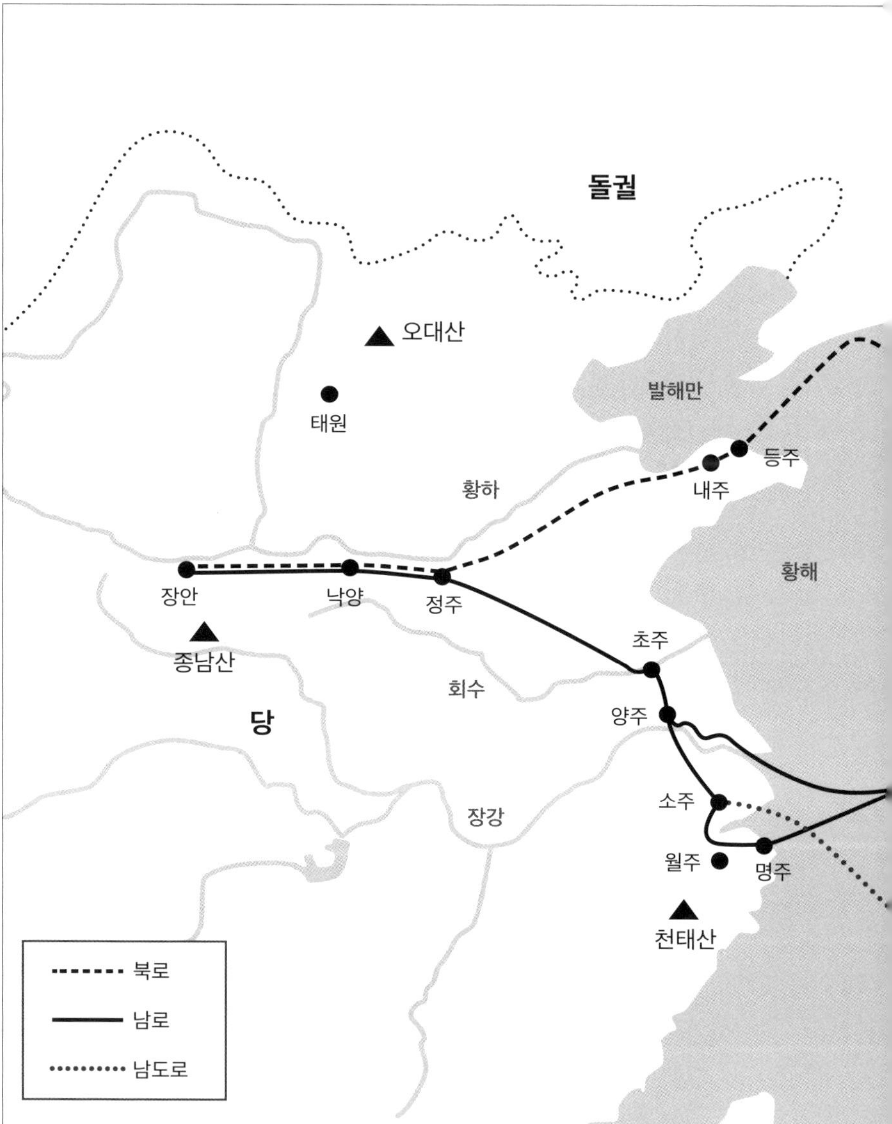

견당사의 도항 경로(8세기)

王勇, 1998,《唐からみた遣唐使》, 講談社를 바탕으로 편집부에서 작성(도판제작 MOTHER)

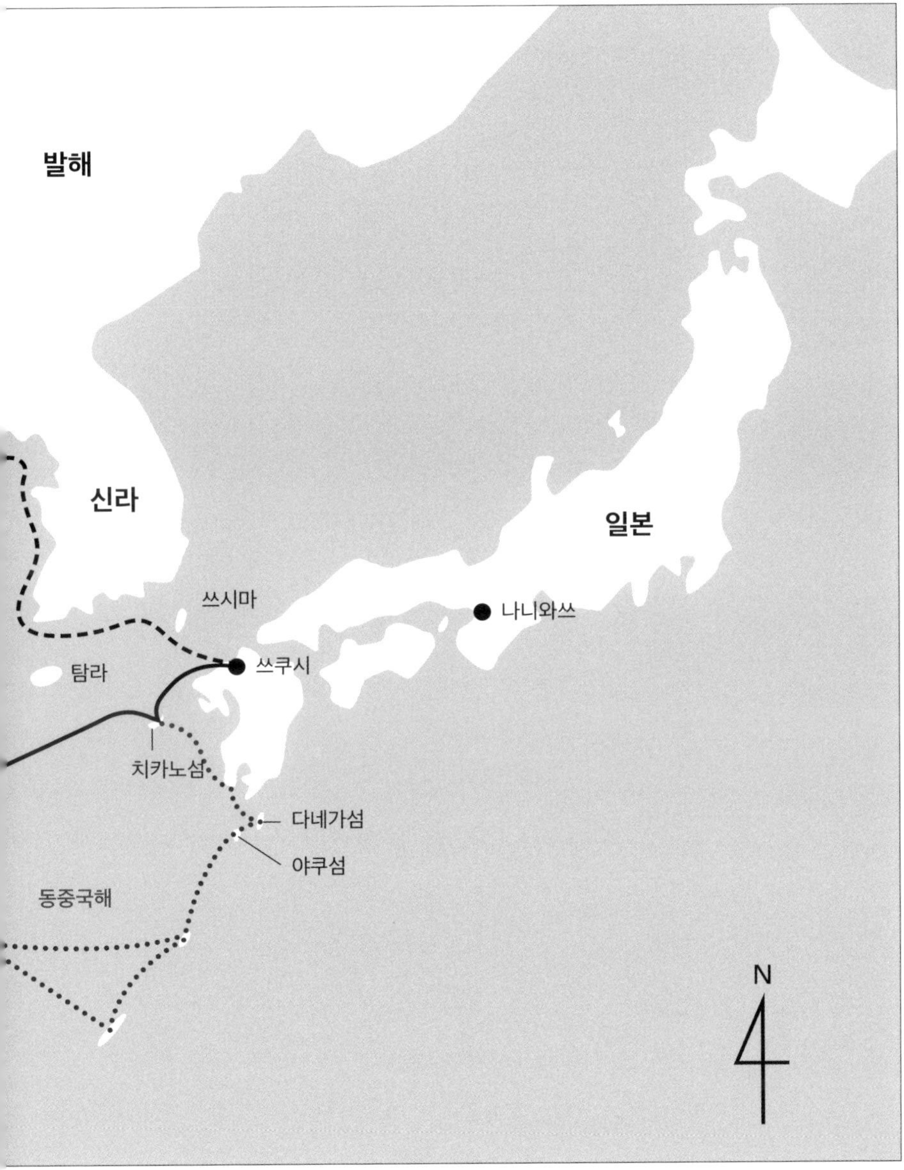
발해
신라
일본
쓰시마
나니와쓰
탐라
쓰쿠시
치카노섬
다네가섬
야쿠섬
동중국해
N

제1부

기비노 마키비吉備眞備

인물人物과 문물文物

1. 견당사遣唐使의 군상群像

견당사라는 존재

서문에서 말했듯이 견당사는 일본 고대사에서 중요한 위치를 차지하며 이미 많은 연구가 축적되어 있다. 견당사에 관해 꾸준히 이루어져 왔던 실증적 연구와 견당사를 둘러싼 상상이 섞여서 드라마틱하게 다루어지기도 했다. 하지만 견당사의 실체에 관해 파고들어가 보면 아직 모르는 부분이 많다. 무엇보다 먼저 견당사는 도대체 몇 번이나 파견되었는지에 대해 의외로 연구자에 따라 다르게 보고 있다. 파견에 실패하거나 계획만 있었고 미수에 그친 것도 포함하는 연구자가 있는 반면에 실제로 당나라에 도착했던 파견만을 포함하는 연구자도 있다. 파견의 기준을 어디에 두느냐에 따라 횟수가 달라진다고 할 수 있다. 그러나 파견 계획과 미수를 포함한 18차 견당사 파견 중에서 실제로 견당사가 바다를 건너 당나라에 도착한 횟수는 15회였다고 보는 것이 연구자들 사이에서 거의 일치된 견해이다. 여기에서는 실제로 파견된 15회를 기준으로 한다.

그런데 도대체 어느 정도의 인원이 배를 타고 건너갔는지, 중국에서 무엇을 보고 무엇을 했는지, 어떤 사람들과 만나서 무엇을

회	출발 연도	시대 구분	견당사, 그 외 인물	귀국 연도	항로
1	630(서명舒明 2)	초기	이누가미노 미타스키犬上御田鍬 구스시노 에니치藥師惠日	632	북로
2	653(백치白雉 4)		기시노 나가니吉士長丹 기시노 고마吉士駒	654	
3	654(백치 5)		다카무코노 구로마로高向玄理 가와베노 마로河邊麻呂	655	
4	659(제명齊明 5)		사카이베노 이와스키坂合部石布 쓰모리노 기사津守吉祥	661	
5	665(천지天智 4)		모리노 오이와守大石 (당나라 사신 배웅 견당사)	667	
6	669(천지 8)		가와치노 구지라河內鯨	불명	
7	702(대보大寶 2)	중기	아와타노 마히토粟田眞人 사카이베노 오키다坂合部大分 야마노우에노 오쿠라山上憶良	704	남도로
8	717(영귀靈龜 3)		다지히노 아가타모리多治比縣守 아베노 나카마로阿倍仲麻呂 기비노 마키비吉備眞備	718	
9	733(천평天平 5)		다지히노 히로나리多治比廣成 나카토미노 나시로中臣名代	734	
10	752(천평승보天平勝寶 4)		후지와라노 기요카와藤原淸河 오토모노 고마로大伴古麻呂 기비노 마키비吉備眞備	753	
11	759(천평보자天平寶字 3)		고 겐도高元度 (당나라 사신 영접 견당사)	761	
12	777(보귀寶龜 8)	후기	오노노 이와네小野石根 오미와노 스에타리大神末足	778	남로
13	779(보귀 10)		후세노 기요나오布勢淸直 (당나라 사신 배웅 견당사)	781	
14	804(연력延曆 23)		후지와라노 가도노마로藤原葛野麻呂 이시카와노 미치마스石川道益 구카이空海, 사이초最澄	805	
15	838(승화承和 5)		후지와라노 쓰네쓰구藤原常嗣 나가미네노 다카나長岑高名, 엔닌圓仁	839	

上田雄,《遣唐使全航海》, 草思社, 2006 및 鈴木靖民,〈遣唐使と古代の東アジア〉, 遣唐使船再現シンポジウム編,《遣唐使船の時代》, 角川選書, 2010 수록 표를 바탕으로 작성.

습득하고 무엇을 일본으로 가져왔는지, 일본에 돌아온 후 그들은 어떻게 되었는지, 그리고 돌아오지 못한 사람들의 행방은 어떻게 되었는지 등을 따지다 보면 그 전모를 파악하는 것은 쉬운 일이 아니다. 한 번의 파견으로 수백 명의 인원이 견당사선을 타고 바다를 건너갔으니, 기록에 이름이 실리지 않은 사람들이 훨씬 많았을 것이다. 그 사람들 또한 저마다 견당사선에 꿈을 실었고 당나라에서 그들만의 삶의 궤적을 그렸을 것이다.

그중에서도 특히 활약이 두드러진 인물이나, 조난당한 배에 탄 인물, 출국 허가를 받지 못해 귀환하지 못하고 이국땅에서 비운의 생을 마친 인물들은 특히 사람들의 주목을 받았고, 오랫동안 기억되어 이야기가 구전되었다. 그러한 인물 중에 잘 알려진 몇 사람의 경우를 예로 들어 보자.

이키노 하카도코伊吉博德의 기록

《일본서기》[1] 효덕기孝德紀의 654년(백치 5) 2월 기사에 의하면 견당사 대사 다카무코노 구로마로를 필두로 하는 제3차 견당사 일행이 신라를 경유해서 당나라 수도 장안에 도착해 고종高宗을 알현했으며, 그 후 구로마로는 당나라에서 죽었다고 한다. 그런데 이 기사의 말미에는 〈이키노 하카도코의 말〉을 인용해 견당사들의 최후 행적을

1 *720년 편찬. 일본 최고(最古) 국가 편찬 역사서로 총 30권. 천지개벽으로 시작하는 신대(神代)의 신화부터 8세기 초 지토(持統) 천황 대까지의 역사를 기록하고 있다.

간략하게 덧붙이고 있다.

> 학문승 에묘惠妙는 당나라에서 죽었다. 지소智聰는 바다에서 죽었다. 지고쿠智國도 바다에서 죽었다. 지소智宗는 690년(지통持統 4)에 신라의 배로 귀환했다. 가쿠쇼覺勝는 당나라에서 죽었다. 기쓰義通는 바다에서 죽었다. 조에定惠는 665년(천지 4)에 당나라 사람 유덕고劉德高의 배로 귀환했다. 묘이妙位·호쇼法勝·학생 히노무라지 오키나氷連老人·고오곤高黃金 등 열두 명과, 일본인과의 혼혈아인 한지흥韓智興·조원보趙元寶 등은 이번 해 몸종들과 함께 귀환했다.

이 〈이키노 하카도코의 말〉은 이후《일본서기》제명기齊明紀에 보이는 견당사 관련 기사에도 여러 번 인용되고 있는 〈이키노 무라지 하카도코의 서伊吉連博德書〉[2]에서 전하는 내용과 동일한 것으로 여겨진다. 하카도코가 사이메이齊明 천황 시대에 견당사 일원으로 파견된 후 귀국해 당나라에서 견당사에 관해 보고 들은 기록을 조정에 제출해《일본서기》의 자료로 채택된 것이다. 앞에서 언급한《일본서기》효덕기 654년(지통 4) 기사에 〈하카도코의 서〉와 일치하는 내용이 인용된 것을 보면, 654년 이후에 조정에 제출되었던 것으로 보인다.《일본서기》의 효덕기에 인용된 〈이키노 하카도코의 말〉과 제명기에 보이는 〈이키노 무라지 하카도코의 서〉는 기록의 형태는 다르지만, 같은 내용을 전하고 있으며 하카도코가 자신이 파견되었

2 *'이키노 하카도코'와 '이키노 무라지 하카도코'는 동일인이며, 후자의 이름에 보이는 '무라지(連)'는 성(姓)을 뜻하는 말이다.

을 당시뿐만 아니라 과거의 견당사들에 관해서도 정리해 두었던 기록이었음을 알 수 있다.

〈이키노 무라지 하카도코의 서〉는《일본서기》제명기의 659년(제명 5) 7월 기사에 보이는 견당사 출발을 시작으로 660년 7월, 661년 5월의 견당사 귀환 기사에 이르기까지 단편적으로 인용된다. 먼저 659년 출발 기사를 보면 사카이베노 이와스키, 쓰모리노 기사 등을 필두로 하는 견당사 일행이 두 척의 배로 나누어 출발해 한반도(당시 백제)의 남부 다도해를 거쳐 동중국해를 항해해 갔다고 한다. 그러나 이와스키가 탄 배는 도중에 남쪽 바다의 '이가위爾加委섬'[3]에 표착해, 견당사 일행과 이와스키는 섬사람들에게 죽임을 당했다고 한다. 그러나 일행 중에 다섯 명이 섬사람의 배를 몰래 훔쳐 달아나 표류하다가 괄주括州[4]에 이르게 되었고 괄주 현청의 관인이 그들을 낙양洛陽[5]까지 호송했다고 한다. 또한 쓰모리노 기사가 탄 배는 동중국해를 항해해 월주越州의 회계현會稽縣 수안산須岸山[6]을 지나, 동북쪽에서 불어오는 거센 바람에 실려 여요현余姚縣[7]에 이르게 되었고, 그 후 육로로 장안을 경유해 동도東都 낙양으로 가서 황제 고종을 알현했다고 한다. 이때 쓰모리노 기사가 배에 태워 갔던 일본 북

---

3 기카이섬(喜界島)으로 추정된다. 기카이섬은 가고시마현(鹿児島懸)과 오키나와(沖縄) 사이의 아마미군도(奄美群島) 중에서 가장 위쪽 북동부에 위치한 섬이다.

4 중국 절강성(浙江省) 여수시(麗水市) 일대.

5 *하남성(河南省) 낙양시(洛陽市). 후한·서진·북위·후당 등 고대 중국 왕조의 수도였다.

6 중국 절강성 단산시(舟山市)의 동중국해에 있는 단산군도(舟山群島) 중의 하나인 수안섬(須岸島)을 말한다.

7 중국 절강성 영파시(寧波市) 여요현.

방에 거주하는 에조蝦夷[8] 사람 두 명을 고종에게 바쳤는데, 에조 사람을 헌상하면서 고종과 주고받은 대화 내용도 전하고 있다. 그리고 일본인과의 혼혈아인 한지흥을 그의 하인이 당나라 조정에 헐뜯으며 역모를 꾸민다고 거짓을 고한 사건으로 인해 한지흥이 유배되고 다른 일본 사신들 또한 죄를 뒤집어쓰게 되었는데, 이때 하카도코가 올린 상소에 의해 한지흥과 일본 사신들은 죄를 면하게 되었다고 한다. 그 후에 신라가 백제를 제압하기 위해 당나라에 원군을 요청해 오자, 당 황제가 백제와의 전쟁에 일본이 개입하는 것을 꺼려 견당사들의 귀국을 금지하고 일행을 각각 다른 곳에 유폐시켜 서로 왕래를 못 하게 했다고 한다.

또한 660년(제명 6) 7월 기사에서는 백제 멸망 후 백제의 태자들이 장안에 납치되어 온 것을 전하면서 이때 일본 사신들의 귀국이 허락되었다고 한다. 이어서 661년(제명 7) 5월 기사에는 견당사들의 귀환에 관해 이키노 무라지 하카도코의 책에서 인용한 구체적인 내용이 전해진다. 귀국하는 견당사 일행이 탄 배는 정안산頂岸山[9] 근처에서 서남풍을 타고 대해로 나갔지만 폭풍우를 만나 표류하게 되었으며 천신만고 끝에 탐라(제주도)에 표착해 탐라의 왕자 아와기阿波伎[10] 등과 함께 일본으로 향했다고 하면서 탐라국의 조공선에 편

8 *고대 일본의 동북 지방 및 홋카이도 지역에 살던 집단으로 일본 열도의 중앙에 살고 있는 일본인들과는 다른 생활 문화양식을 가지고 있었고, 일본 조정에 복종하지 않았기 때문에 정벌 대상으로 여겨져 나라·헤이안 시대에는 조정에서 대규모 토벌군을 파견하기도 했다. 헤이안 시대 이전에는 '에미시'라고 불렀다.

9 중국 절강성 주산열도(舟山列島)의 정안섬(頂岸島)을 말한다.

10 *생몰년 미상. 661년에 견당사 일행들을 데리고 일본에 사신으로 간 이후, 《일본서

승해 귀환한 것으로 기사를 매듭짓는다.

백제 멸망으로 인해 당나라에 있던 일본 견당사들이 귀국할 수 있게 되었으니, 견당사 파견이 단순히 중국과 일본의 일대일 대응이 아니라 한반도와 동남아시아, 북방 에조와의 관계 등 동아시아 국제정세와 깊이 연관되어 있었던 것을 잘 알 수 있다.

하카도코의 경력에 대해서는 상세히 전해지지 않지만, 667년(천지 6) 11월에 당나라 사신 사마법총司馬法總 일행을 배웅하는 송사送使로 당나라에 건너가 다음 해 귀국했다. 그 후 686년(주오朱鳥 1) 10월에 오쓰大津 황자 사건[11]에 연좌되지만 죄를 면하게 되었고, 695년(지통 9) 9월에는 신라 파견사로 임명되었으며, 700년(문무文武 4)에는 대보율령大寶律令[12] 편찬사업의 일원으로 발탁되기도 했다. 말하자면 젊은 외교관에서 국가 율령 제정과 관련한 중추적인 관직에까지 오른 인물이었기 때문에 그가 전한 견당사에 관한 기록도 중시되었을 것이다.

무엇보다 앞에서 언급한 하카도코의 책에는 다카무코노 구로마로가 당나라에서 객사한 것을 비롯해 견당사들의 삶과 죽음에 관해 자세한 내용은 전해지지 않고 단지 당나라에서 죽었다거나, 아니면 바다에서 죽었다는 등의 사실밖에 알 수 없기 때문에 그들을

기》에 의하면 678년까지 탐라에서 총 아홉 차례 일본에 사신을 파견했다고 전해진다.

11 *663~686. 덴무(天武) 천황의 제3 황자. 황위 계승자로 유력시되었으나 제2 황자가 황태자에 오르고 686년에 덴무 천황이 서거하자 역모를 꾸민다는 밀고로 인해 붙잡혀 결국 자살한다. 이 사건으로 그를 따르던 많은 신하가 유배되고 처형되었다.

12 *701년(대보 1)에 제정된 일본의 법전으로 총 17권.

둘러싼 상상을 더욱더 자극한다. 객사했다는 구로마로와 에묘, 가쿠쇼는 어디에서 어떤 생애를 보냈는지, 바다에서 죽었다는 치쇼, 치코쿠, 기쓰 등은 어떻게 조난을 당했는지 의문은 끝없이 이어진다. 그러나 하카도코의 기록이 없었으면 그들의 이름조차 알려지지 않았을 것이고, 그 삶과 죽음의 흔적조차 찾을 수 없었을 테니 하카도코의 기록이 갖는 의미는 실로 크다고 할 수 있다.

정진성井眞成의 묘지墓誌

견당사 중에 현대에 와서 새롭게 그 이름이 밝혀진 견당사라고 하면 '정진성'[13]을 들 수 있다. 그는 견당사 시대에서 천수백 년 지나 우연히 발견된 묘지에 의해 비로소 그 존재가 밝혀진 인물이다. 2004년 10월, 중국 서안시西安市의 서북대학교에서 공표한 정진성의 묘지는 그때까지 전혀 알려지지 않았던 견당사 일원의 존재를 알려주는 귀중한 자료로 갑작스러운 각광을 받게 되었다. 대국 당나라의 수도 장안, 지금의 서안시에 묻혀 있던 묘지가 21세기에 와서 시내 공사 현장에서 발견된 것이다.

묘지에는 '상의봉어尙衣奉御[14]의 관직을 받은 정 공井公의 묘지문'이라고 쓰여 있으며, 일본인 유학생 정진성이 734년(개원開元 22) 정월에 사망했기에 '상의봉어'의 관직을 유증받은 것으로 되어 있다.

---

13 일본어 발음으로 '이노 마나리'라고 할 수 있지만 그의 일본 이름은 알려지지 않았다. 묘지는 현재 중국 서북대학교 박물관에 소장되어 있다.

14 *황제의 의복 등을 관리하는 상의국(尙衣局)의 최고 장관.

그의 일본명은 알 수 없다. 향년 36세로, 역산하면 699년(문무 3)에 태어난 것이 된다. 견당사의 일원으로 당나라에 건너간 것은 마키비와 나카마로 등이 파견된 717년(영귀 3)의 제8차 견당사 파견 때였을 것이라고 생각되며, 당시 그의 나이는 아직 10대였다. 이 묘지에는 '국호 일본'이라고 쓰여 있어 현존하는 비문碑文 가운데 일본 국호를 칭한 가장 오래된 사례로 여겨진다. 묘지에 "예악禮樂을 갖추고, 의관을 두르고, 관복 차림으로 조정에 나가다."라고 쓰여 있는 것을 보면 정진성은 당나라 장안에서 관료가 되었던 것으로 추정된다. 그리고 말미에 보이는 "몸은 이미 이 땅에 묻혔지만 영혼은 부디 고향으로 돌아가기를 바란다."라는 구절에는 그를 애도하는 마음이 담겨 있어 보는 이로 하여금 가슴을 뭉클하게 한다. 정진성이 사망했던 해는 마키비와 겐보玄昉[15] 등이 탄 견당사선이 귀국길에 오르던 해였다. 함께 돌아왔어야 할 정진성이 죽어 마키비와 겐보 등의 일행만이 귀국선을 탔을 것으로 추측되며 그들은 당나라에서 정진성과 잘 알고 지냈을 가능성이 크다.

서북대학교에서 정진성의 묘지가 공표된 후 일본에서는 '정진성'이 누구인가가 문제시되었다. 그의 이름을 일본어 발음 '이노 마나리'라고 부르며, 이름에 보이는 '이井'라는 성은 '후지이藤井'라는 성과 통한다는 견해가 제기되었다. 그러자 오사카의 후지이데라시

---

15 *?~755. 나라 시대 법상종 승려. 717년에 견당사 일행의 학문승으로 당나라에 건너가 17년 동안 당에 머물며 현종에게 자가사(紫袈裟)를 하사받고 734년에 5천 권의 경전과 불상 등을 가지고 귀국했다. 754년, 후지와라노 나카마로(藤原仲麻呂)의 난으로 인해 다자이후의 간제온사(観世音寺)로 좌천되어, 이듬해 755년에 입적했다.

藤井寺市가 '후지이'와 같은 발음의 도시명이라는 점을 내세워 정진성, 즉 일본식 이름 이노 마나리와의 관련으로 시선을 끌고자 '마나리 군'이라는 캐릭터를 비롯해 특산품 '마나리 만두'까지 만들어 홍보하고, 그의 묘지 초청과 묘지 반환 운동을 일으키기에 이르렀다. 정진성 묘지의 발견은 천수백 년 전 당나라로 건너가 생을 마친 후 역사 속에 묻혀 잊혔던 한 견당사의 인생이 되살아난 전형적인 예로 앞으로도 이러한 사례가 또 나올지 모른다.

하구리노 쓰바사羽栗翼 · 가케루翔 형제

견당사 중에는 중국인과 결혼해서 아이를 갖는 사례도 적지 않았던 것 같다. 그중에서도 하구리노 쓰바사('하구리노 다스쿠'라고도 한다.)와 가케루 형제가 유명하다. 이 형제는 견당사였던 하구리노 요시마로羽栗吉麻呂가 장안에서 중국 여성과 결혼해서 태어났다. 형 쓰바사는 719년(양로 3)에 태어났고, 734년(천평 6)에 아버지 요시마로를 따라 동생과 함께 귀국하는 견당사선을 타고 일본으로 왔다. 이때 마키비와 겐보도 같은 배를 타고 귀국했다. 이들 쓰바사와 마키비 일행의 귀국 시기는 앞에서 살핀 정진성이 사망했을 무렵에 해당하기 때문에, 하구리노 부자가 귀국 전에 장안에서 정진성과 교류를 가졌을 가능성이 크다고 본다.

쓰바사는 일본에 온 후 출가해 불문에 들어가지만, 조정의 명령으로 환속해 관리로 등용된다. 775년(보귀 6)에는 견당록사遣唐錄事에 임명되고 얼마 지나지 않아 견당준판관遣唐准判官[16]에 올랐으며, 이듬해에는 대외기大外記[17]와 칙지대승勅旨大丞[18] 등의 관직을 겸임했다. 777년(보귀 8)에는 제12차 견당사 일원으로 부사 오노노 이와네 등과 같은 배로 당나라로 파견되었는데, 이때 쓰바사 일행은 일본에서 산출된 백랍白鑞[19]으로 보이는 금속을 지참해 가서 당나라 도착 후 양주揚州에서 감정을 받았다고 한다. 이듬해 쓰바사는 장안에 이르러 견당사 귀국선을 타고 일본으로 돌아온다. 이때 쓰바사는 26년 전에 견당사 대사로 당나라로 파견된 후 귀국하지 못하고 객사한 후지와라노 기요카와의 딸 기조喜娘를 데리고 돌아온 것으로 잘 알려져 있다. 또한 쓰바사는 귀국할 때 당나라의 《보응오기력경寶應五紀曆經》[20]을 가지고 돌아와 일본 조정에 헌상했다.

781년(천응天應 1)에 쓰바사는 간무桓武 천황의 명을 받아, 오사카 나니와難波에서 박초朴硝[21]를 정제했다. 그는 본초학本草學에 조예가 깊었기 때문에 786년(연력 5)에는 내약정겸시의內藥正兼侍醫[22]에 임명되어 천황을 가까이 모셨고 798년(연력 17) 5월에 사망했다고 한다.

반면 동생 가케루는 형과는 또 다른 인생길을 걸었다. 가케루는 아버지 요시마로와 형 쓰바사 등과 함께 일본으로 온 후 759년

---

16 *견당사 관련 기록 문안의 심사 등을 담당했던 관직.

17 *태정관에 속한 외기 중 상위 두 명의 관직명. 칙서의 후반부와 태정관 상소문 등의 초안 작성을 담당했다.

18 *칙지성(勅旨省)에 속한 제3등관의 관직. 칙서의 전달, 황실 재정 관리 등의 업무를 담당했다.

19 *납과 주석의 합금.

20 당나라 보응연간(762~763)에 편찬된 태음 태양력의 《오기력(五紀曆)》으로 추정되며, 762년부터 783년까지 22년간 사용되었다.

21 *초석(硝石)을 한 번 구워 만든 약재. 이뇨제로 쓰인다.

22 *중무성(中務省) 소속 기관인 내약사(內藥司)의 내약정(內藥正)과 시의(侍醫)의 직을 겸했다는 뜻으로 천황과 황족의 진찰과 약 처방을 담당했던 관직이다.

(천평보자 3)에 견당사 대사로 당나라에 건너가, 돌아오지 못한 채 있는 후지와라노 기요카와를 일본으로 데려오기 위한 제11차 견당사 파견의 견당록사로 가게 된다. 가케루 일행이 탄 견당사선은 발해를 경유해서 당나라에 도착 후, 발해의 하정사신賀正使臣[23]과 함께 장안으로 향했다. 그러나 당시 장안에는 현종과 양귀비의 비극으로도 이어지는 안록산·사사명의 반란, 즉 안사의 난(755~763)이 일어나 극심한 혼란 상태였고, 그로 인해 기요카와는 귀국 허가를 받을 수 없게 되었다. 그러자 기요카와는 귀국할 예정이었던 가케루를 자신의 곁에 남게 했고, 다른 견당사 일행들은 급히 배에 올라 일본으로 향했다.[24] 말하자면 야속하게도 가케루를 당나라 땅에 버려두고 간 것이다. 그 후 가케루에 관한 소식은 전해지지 않았다. 안사의 난이 평정된 후, 777년에 형 쓰바사가 견당사로 파견되어 장안으로 갔다. 그때 어쩌면 쓰바사는 장안에 남겨진 동생 가케루를 찾아 형제가 재회를 했을 수도 있고, 그 시점에서 이미 가케루의 행방을 알 수 없게 되었을 수도 있다.

참고로 엔닌이 저술한 《입당구법순례행기》를 보면, 840년(개성開成 5) 3월에 엔닌이 등주登州의 개원사開元寺[25]에 머물면서 본당 안에 있는 서방西方정토와 보타락補陀落정토를 그린 벽화를 보고 그 벽화

23 *조공사신과는 별개로 신년 경하를 위해 파견된 사신이다.

24 하구리노 가케루에 관해서는 《속일본기》 759년(천평보자 5) 11월 3일 기사에 자세히 전해지고 있다.

25 *당 황제 현종의 칙명으로 장안과 낙양을 비롯해 각 주군(州郡)에 건립한 관영(官營) 사찰의 명칭. 산동성(등주)에는 제남시(濟南市) 불혜산(佛慧山)에 개원사지(開元寺址)가 있다.

가 일본국 사신들의 기원으로 그려진 것임을 발견했다고 한다. 이때 엔닌의 기록에 의하면 벽화에 쓰인 기원자 일본국 사신들의 이름 중에 '녹사錄事 정육위상正六位上의 우풍상羽豊翔'이라는 이름을 확인했다고 한다. 여기에 보이는 한자 '풍豊'은 '율栗' 자를 오인해서 잘못 쓴 것으로, 바로 하구리노 가케루羽栗翔의 이름이다. 이 벽화는 759년(천평보자 3)에 가케루가 견당록사로 파견되어 갔을 때 기원한 것으로, 80년이 지난 후에 엔닌이 그의 자취를 찾아냈다는 것이 특필되어 주목받았다.[26]

후지와라노 기요카와藤原清河

이어서 비운의 견당사 대사 후지와라노 기요카와에 대해서도 살펴보자. 기요카와는 후지와라 성姓의 북가北家 계열 시조인 후사사키房前의 넷째 아들로 태어나 지금의 장관직에 해당하는 참의參議 관직에까지 오른 인물이다. 제10차 견당사 대사로 752년(천평승보 4)에 당나라로 건너가, 장안에서 황제 현종을 알현하고 현종으로부터 "학식과 덕행이 높은 군자"라는 칭송을 들었다고 한다. 이듬해 당나라에 파견된 조공국 사신들과 함께 궁궐에서 하례를 올리게 됐는데, 하례 석상에서 기요카와가 일본의 자리가 신라보다 아래로 정해진 것에 대해 항의해, 결국 신라 사신과 자리를 바꾸게 했다는 일화가 잘 알려져 있다. 이때의 견당사 부사는 오토모노 고마로와 마키비

26 高木博, 《万葉の遣唐使船》, 教育出版センター, 1984.

였는데, 당시 마키비는 두 번째 견당사 파견이었다. 기요카와는 후에 아베노 나카마로와 함께 고위 관료로 등용되어 당나라에서 20여 년의 긴 세월을 보내며 여러 차례 귀국을 시도했지만, 악천후와 안사의 난 등으로 인해 일본으로 돌아오지 못하고 당나라에 남겨진 채 778년에 사망했다.

기요카와의 불운은 753년(천평승보 5) 귀국선에 있었다. 기요카와는 귀국선에 그와 동행했던 견당사 일행만을 태워 일본으로 돌아가려 했던 것이 아니었다. 당나라에 35년이나 머무르며 고위 관직에 올라 있었던 나카마로와, 일본 도항을 계획하고 있었던 승려 감진鑑眞 일행들도 함께 귀국선에 태워서 돌아가는 것이 목적이었다. 그러나 당나라 조정에서 승려 감진의 출국을 금지하는 바람에 기요카와는 어쩔 수 없이 감진의 승선을 거부했다. 그런데 부사 오토모노 고마로가 감진의 출국 금지령에도 그의 독단으로 감진을 자신의 배에 몰래 태워 출항했다. 고마로의 뒤를 이어 기요카와도 나카마로를 자신의 배에 태워 양주에서 출항하게 되었다. 그러나 기요카와 일행이 탄 귀국선 제1선은 폭풍우를 만나 당나라 남쪽의 안남安南 취주驩州[27]에 표착하게 되었고 배에 탔던 많은 사람이 그 지역 사람들에게 살해되었다. 그때 기요카와는 나카마로와 함께 가까스로 목숨을 부지해, 2년 후에 당나라 현종의 명령으로 다시 장안으로 돌아오게 되었다. 그 후 기요카와는 당나라에서 비서감秘書監[28] 관직에 올랐다. 한편 승려 감진을 태운 귀국선 제2선과 마키비가

27 현재의 베트남 중부 게안성(Tỉnh Nghệ An) 빈시(Vinh).

28 *고대 중국의 관명으로 서책 등을 관리하는 비서성(秘書省)의 장관.

탄 제3선은 무사히 일본으로 귀환했으니, 그들과 기요카와의 차이는 우연과 운명이 만들어 낸 비운의 결말이었다고밖에 생각할 수 없다.

759년(천평보자 3)에 파견된 제11차 견당사 일행은 당나라에 머물고 있는 기요카와를 데리고 오는 것이 제일의 임무였다. 이때 파견된 견당사선에는 앞에서 살핀 하구리노 쓰바사의 동생, 가케루도 타고 있었다. 견당사 대사 고 겐도를 필두로 일행이 탄 배는 발해를 경유해 당나라에 도착했지만, 기요카와는 안사의 난으로 인해 출국 허가를 받지 못해 귀국하는 견당사선에 탈 수 없었다. 그렇게 또다시 당나라에 남겨진 기요카와는 18년이 지난 후, 777년(보귀 8)에 가케루의 형 쓰바사가 제12차 파견의 견당사선으로 당나라에 도착한 이듬해인 778년에 귀국의 꿈을 이루지 못하고 객사한다. 기요카와의 사망 소식을 접한 당나라 조정은 그에게 노주 대도독潞州大都督[29]의 관직을 추증했다고 한다. 기요카와에게는 당나라 여성 사이에서 낳은 딸 기조가 있었는데, 아버지 기요카와가 사망한 해인 778년에 견당사 일행과 함께 일본으로 건너왔다. 당시 그녀의 나이는 열네 살이었으며, 당나라에서 숨진 아버지의 대리로 견당사선에 탈 수 있었다.

그러나 기조의 항해 또한 순탄하지 않았다. 기조는 견당사 일행과 항해 도중 배가 침몰하는 사고를 당했는데 이때 견당사 부사 오노노 이와네와 당나라 측의 호송 사절단 조보영趙寶英 등이 목숨을

---

29 *중국 산서성(山西省) 장치시(長治市) 일대에 설치되었던 행정 구역 노주(潞州)의 군정(軍政)을 담당했던 장관.

잃었다. 바다에 던져진 기조도 목숨이 위태로웠는데 다행히 판관 오토모노 쓰구히토大伴繼人에 의해 발견되어 그의 도움을 받아 구사일생으로 목숨을 건져 일본으로 올 수 있었다. 일본에 와서는 후지와라 씨 일족의 환대를 받았다고 한다. 쓰바사와 기조는 어머니가 당나라 사람이며 당에서 태어나 자란 같은 처지였기 때문에 교우가 있었을 것이다. 기조는 779년(보귀 10)에 견당사를 일본으로 호송했던 당나라 사절단 손흥진孫興進을 태워 보내는 제13차 견당사선에 편승해 당나라로 돌아갔을 것으로 짐작된다. 그 이후 기조에 관한 소식은 알 수 없다. 과연 기조의 눈에 아버지의 조국은 어떻게 비쳤을까?

이상으로 불과 몇몇 정도밖에 남아 있지 않은 견당사의 궤적을 살펴보았다. 참으로 기구한 운명이었다고밖에 말할 수 없는 그들의 비운의 삶을 볼 수 있었다. 특히 정진성이나 기요카와처럼 일본으로 돌아오지 못하고 죽은 사람들이나 중국에서 태어나 일본과 중국을 오가야 했던 하구리 형제와 기조 등의 애석하고 기구한 생애에서 눈을 뗄 수 없다. 그들은 어떤 심정으로 당나라 장안을, 그리고 일본을 보았던 것일까? 정진성처럼 후대에 발견될 인물이 앞으로 더 나올지 모른다.

그런데 기요카와는 후년 가마쿠라 시대[30]에 편찬된 백과사전 《이중력二中歷》[31]에 직예職藝와 기예技藝가 뛰어난 인물을 열거한 '예능

30 *일본의 역사 시대 구분의 하나로 가마쿠라에 막부가 있었던 1192년부터 1333년까지의 시대를 말한다. 무로마치 시대(1336~1573)와 더불어 일본의 중세 시대로 구분되기도 한다.

력藝能歷'의 '점술인相人' 항목에 이름이 올라 있다. 점술인에 관한 항목에 의하면 당나라 사람인 '장만동張滿洞-주고통周皐通-기요카와'의 순으로 점술이 전수되었다고 하며, 이어 일본의 '기요카와-간에이觀睿-에이코睿公-기슌義舜' 등에게 점술이 이어져 내려갔다고 한다. 또한 이들의 전승과는 별개로 도조洞昭라는 이름도 보이는데, 도조에 관해서는《금석이야기집今昔物語集》[32] 권17 제17화, 권24 제21화 등에 그의 백발백중 점술이 세상에 알려져 도성 사람들이 그가 거처하는 절로 몰려들었다는 일화가 전해지지만, 기요카와가 점술의 명인이었다는 전승은 구체적으로 확인할 수 없다. 아마도《이중력》은 후대에 마키비가 음양도의 시조로 추앙된 것을 의식해 기요카와 또한 점술의 대가로 이름을 올린 것이 아닐까 싶다.

아베노 나카마로

그리고 일본으로 돌아오지 못하고 이국땅에서 숨을 거둔 비운의 견당사의 상징이라고 하면, 아베노 나카마로를 빠뜨릴 수 없다. 나카마로는 698년(문무 2)에 태어나서, 770년(보귀 1)에 사망했다. 쓰쿠시노 다자이노 소쓰筑紫大宰帥[33]를 역임했던 아베노 히라후阿倍比羅夫의 손

---

31 *헤이안 시대 말기에 미요시노 다메야스(三善爲康, 1049~1139)가 엮은 백과사전《장중력(掌中歷)》과《회중력(懷中歷)》의 2종을 합쳐서 가마쿠라 시대 초기에 편찬해 표제를《이중력》이라고 한 것이다.

32 원정 시대 12세기 초에 만들어진 작자 미상의 설화집으로 전 31권. 천축(天竺, 인도)·진단(震旦, 중국)·본조(本朝, 일본)의 3부 구성으로 1천여 편이 넘는 설화를 체계적으로 편찬한 설화의 집대성.

자로 당나라에서 불린 이름은 '조형朝衡'이었다. 나카마로는 717년(영귀 3)에 제8차 견당사 대사 다지히노 아가타모리가 이끄는 견당사 일행의 유학생으로 파견되었다. 같은 유학생으로는 마키비와 겐보가 있었다. 나카마로는 당나라로 건너간 후 과거에 급제해 현종의 조정에서 여러 관직을 역임했고 이백李白, 왕유王維와 같은 당대를 대표하는 저명한 문인들과 친교를 가졌다.

733년(천평 5)에 견당사 대사 다지히노 히로나리가 이끄는 제9차 견당사가 파견되어 이듬해 734년에 마키비와 겐보를 태워 귀국길에 올랐다. 하지만 이때 나카마로는 귀국선 승선의 기회를 놓쳐 당나라에 머물게 된다. 한편 귀국길의 견당사선은 제1선만이 일본 큐슈의 다네가種子섬[34]에 도착하고 나머지 세 척의 선박은 조난당했다. 이때 마키비와 겐보는 다네가섬에 표착한 제1선에 타고 있었기 때문에 무사히 돌아올 수 있었지만, 견당부사 나카토미노 나시로中臣名代가 탔던 제2선은 풍랑으로 인해 복건福建[35] 지역에 표착했고 일행은 일단 장안으로 돌아가서 다시 귀국을 시도했다. 한편 견당사 판관 헤구리노 히로나리平群廣成 일행이 탄 제3선은 남쪽 바다를 거쳐 곤륜국崑崙國[36]에 표착한 후, 구사일생으로 도망쳐 장안으로 돌아

33 *후쿠오카현 다자이후(大宰府)의 장관. 규슈 지역의 외교·방위 총책임자.

34 *가고시마현 남단의 오스미제도(大隅諸島)를 구성하는 섬 중 가장 동쪽에 위치한 섬.

35 *중국 복건성(福建省)의 동중국해에 면한 지역.

36 참파 왕국(2~17세기). 현재의 베트남 중부에서 남부에 걸쳐 인도네시아계인 참족이 세운 왕국. 중국의 문헌에는 임읍(林邑), 환왕(環王), 점파(占婆), 점성(占城) 등으로 기록되기도 한다.

갔다. 이때 나카마로가 표류 끝에 장안으로 돌아온 견당사 일행의 귀국을 위해 배편을 교섭하는 등 분주히 애써 결국 일행들은 발해를 경유해 일본으로 돌아올 수 있었다고 한다.

752년(천평승보 4)에 후지와라노 기요카와가 이끄는 제10차 견당사 일행이 파견되어 왔다. 35년이라는 오랜 세월을 당나라에서 보내야 했던 나카마로에게 귀국의 기회가 주어진 것이다. 이듬해 비서감·위위경衛尉卿[37]으로 승진한 나카마로는 귀국을 시도해, 마침내 기요카와 일행의 견당사선을 타고 꿈에 그리던 고국을 향해 귀국길에 오른다. 그러나 이듬해 754년(천평승보 6), 나카마로와 기요카와가 탄 제1선은 폭풍우를 만나 표류하게 되고, 앞에서 말했듯이 나카마로 일행은 2년 후 장안으로 다시 돌아간다.

나카마로는 귀국을 단념하고 당나라에서 다시 관직에 오른다. 760년(천평보자 4)에는 진남도호鎭南都護·안남절도사安南節度使[38]로 임명되어 다시 안남도호부로 내려가, 767년(신호경운神護景雲 1)까지 7년 동안 안남 지역에서 머물며 관직에 임했다. 그 후 나카마로는 일본으로 돌아가지 못한 채 당나라에서 노주 대도독의 관직을 마지막으로 770년(보귀 1)에 73세의 나이로 생을 마친다. 사후 당나라에 있는 그의 유족들이 궁핍해서 장례를 제대로 치르지 못했다는 소식을 들은 일본 조정에서 유족들에게 비단과 솜을 보냈다고 한다.

---

37 *고대 중국의 관명. 궁문 경비를 담당하는 위사(衛士)의 장관에 해당한다.

38 *당나라 때 변경의 이민족 통치를 위해 설치된 육도호부 중의 하나로 현재의 베트남 북부와 중부 지역을 통치했다. 757년에 안남도독부에서 진남도호부로 승격해 768년에 안남도호부로 개칭되었다. 안남도호부의 군장, 군사령관에 해당하는 관직을 안남절도사라고 한다.

드넓은 하늘
저 멀리 보이는 달은
내 고향 가스가春日의
미카사三笠산[39] 위에
떠 있는 바로 그 달이겠지.

《고금와카집古今和歌集》[40]이나 《백인일수百人一首》[41]에 실려 너무나 유명한 이 시는 일본으로 돌아오지 못하고 죽은 나카마로가 망향의 심정을 담아 지은 시로 꼽힌다. 나카마로가 이 시를 언제 읊었는지에 관해서는 753년(천평승보 5)에 그를 위해 베풀어진 송별 연회 때 왕유 등 친한 벗들 앞에서라고도 하고, 혹은 일본에서 파견될 때 당나라로 향하는 배에서라고도 한다. 또 어떤 사람은 나카마로는 실제로는 귀국을 했으며 이 시는 일본에 돌아와서 읊었다고 하는 등 여러 가지 설이 있다.

현재 중국 서안시의 흥경궁興慶宮 공원에 나카마로 기념비가 세워져 있고, 강소성江蘇省 진강鎭江의 북고산北固山에도 시비詩碑가 세워져 있다. 흥경궁 공원의 기념비에는 위의 《백인일수》에 수록된 나카마로의 시를 오언절구의 한시로 번역한 시가 새겨져 있다.

---

39 *나라현 나라시 동쪽에 위치한 가스가산(春日山)의 서쪽 봉우리 산.

40 *905년 칙명에 의해 편찬된 일본 최초의 칙찬와카집(勅撰和歌集). 1,100수의 와카가 수록되어 있다.

41 *원정 시대 말기의 가인(歌人) 후지와라노 사다이에(藤原定家, 1162~1241)가 가인 100명의 빼어난 와카(和歌)를 한 수씩 골라 집대성한 와카집.

고개를 들어 동쪽 하늘을 올려다보니
마음은 이미 내 고향 나라奈良로 달려가네.
고향의 미카사산 위에도
밝게 빛나는 바로 이 달이 떠 있겠구나.

翹首望東天
神馳奈良邊
三笠山頂上
想又皎月圓

《전당시》 권732에는 나카마로가 당나라에서 불렸던 조형이라는 이름으로 되어 있으며, 귀국 송별 연회석에서 읊었던 〈조형이 황제의 명을 받들어 본국으로 돌아가며 지었다銜命還國作〉라고 하는 오언배율五言排律의 한시가 수록되어 있다. 이 시는 왕유가 나카마로에게 보낸 송별시인 〈비서감 조형을 일본국으로 보내며送秘書晁監還日本國〉(《전당시》 권127)에 대한 답례로 지었다고 한다.

넓고 넓은 바다는 그 끝이 어디인지도 모르는데
어찌 그 크고 넓은 바다의 동쪽, 그대의 고국을 알 수 있겠는가.
중국 밖 어느 곳이 이보다 멀까
그대가 가는 멀고 먼 고국의 길은 허공을 날아가는 것 같으리오.
고국을 향해 가려면 오직 태양만을 볼 것이고
그대의 귀국 범선은 다만 바람에만 의지해야 하리.
거북의 몸은 하늘이 등 위에서 비추어 검고

물고기의 눈은 파도에 반사돼 붉을 것이오.
그대 고향의 나무는 해가 뜨는 동쪽 바다 너머에 있으니
주인인 그대는 그 외딴섬 안으로 간다네.
헤어지고 나면 서로가 아주 먼 다른 나라의 사람이 되니
소식은 또 어떻게 통할 수 있으리오.

積水不可極
安知滄海東
九州何處遠
萬里若乘空
向國惟看日
歸帆但信風
鰲身映天黑
魚眼射波紅
鄕樹扶桑外
主人孤島中
別離方異域
音信若爲通

이 시는 바다를 건너는 여행이 얼마나 힘든 여정이었는가를 상기시켜 주고 있다.

또한 나카마로가 조난을 당해 죽었다는 잘못된 소식이 당나라에 전해졌을 때, 이백이 나카마로를 위해 지은 추모의 칠언절구가 바로 〈조형 경의 죽음을 슬퍼하며 울다哭晁卿衡〉(《전당시》 권184)라고

하는 한시이다.

> 일본 친구 조형이 황제가 있는 장안에 이별하고
> 범선을 타고 동쪽 바다의 봉래산을 돌아 일본을 향했건만
> 명월처럼 고결한 그대는 푸른 바닷속으로 가라앉아 돌아가지 못하고
> 흰 구름이 한없이 슬픈 빛을 띠며 창오산[42] 허공을 가득 메우고 있네.

> 日本晁卿辭帝都
> 征帆一片繞蓬壺
> 明月不歸沈碧海
> 白雲愁色滿蒼梧

이는 나카마로를 명월에 비유한, 《전당시》 중에서도 절창으로 꼽히는 시로 이백과 나카마로의 두터웠던 친분을 연상케 한다.

《속일본기》 775년(보귀 6) 10월 2일 기사에 보이는 마키비의 부고를 전하는 글에서는 "우리 일본의 학생으로 이름을 당나라에 드높인 사람은 오직 대신(기비노 마키비)과 조형 두 사람뿐"이라고 하며 나카마로를 마키비와 더불어 견당사로서 이국에 명성을 떨친 인물로 칭송하고 있다. 견당사의 전설화는 자연히 이 두 사람에게 초점이 맞춰지게 될 것이다.

---

42 *중국 전설 속의 황제인 순제(舜帝)가 행차 중에 병사했다고 전해지는 호남성(湖南省) 영원현(寧遠懸)에 위치한 산. 여기서는 나카마로의 죽음을 순제의 여행지에서의 예상치 못한 죽음에 비유해 읊은 표현이다.

2. 기비노 마키비:
인물과 문물

마키비의 생애

이제 이 책의 중심인물인 기비노 마키비의 생애를 더듬어 보자.

기비노 마키비(695~775)는 원래는 시모쓰미치下道라는 성姓이었으나 마키비 스스로 기비吉備라는 성을 칭했다. 마키비는 나라 시대를 대표하는 학자이며, 관료로는 우대신의 관직에까지 올랐고 두 차례나 견당사로 파견되었다. 717년(영귀 3) 제8차 견당사 파견 때는 견당 유학생으로 나카마로, 겐보, 정진성 등과 함께 당나라로 건너갔다. 일본으로 돌아온 것은 17년 후인 734년(천평 6)이었는데, 이 때 마키비는 당나라에서 경서, 사서, 천문, 음악, 병학 등을 습득하고 《당례唐禮》,[43] 《대연력경大衍曆經》,[44] 《동관한기東觀漢記》,[45] 《악서요록樂書要錄》[46]을 비롯한 서적과 악기, 활, 화살 등 많은 문물을 일본으로 가지고 돌아왔다.

738년(천평 10)에 마키비는 다치바나노 모로에橘諸兄의 우대신으

---

43 공자와 그 제자를 기려 제사를 올리는 유교 의식 석전(釋奠)에 관해 기록한 의례서《영휘례(永徽禮)》로 추정된다.

44 728년 편찬. 당나라 현종의 칙명으로 승려 일행(一行)에 의해 편찬된 태음·태양력의 역법서.

45 중국 후한(後漢)의 광무제(光武帝, 재위 25~57)부터 영제(靈帝, 재위 168~189)까지의 시대를 기전체(紀傳體)로 기술한 역사서.

46 당나라 측천무후(則天武后)의 칙명으로 편찬된 음악 이론서. 총 10권이라고 하지만 6권과 7권만이 현존한다.

로 등극 후 관료로 등용되었고, 2년 후 740년에 후지와라노 히로쓰구藤原廣嗣의 난[47]이 평정됨으로 인해 승진한다. 746년(천평 18)에는 성 시모쓰미치를 기비로 바꾸었는데, 그해는 겐보가 사망한 해이다. 750년(천평승보 2)에는 후지와라노 나카마로[48]의 전횡으로 인해 다자이후[49]로 좌천된다. 2년 후, 다자이후에서 올라와 조정에 출사한 마키비는 752년(천평승보 4)에 견당사 부사로 임명되어 당나라로 건너가 나카마로와 재회한다. 이듬해

기비 대신 동상. 오카야마현(岡山縣) 구라시키시(倉敷市)
(사진 제공: 김영순)

753년에 마키비는 귀국 견당사선 제3선에 승선해 바다를 건너 일본의 규슈 남해의 야쿠屋久섬[50]과 기슈紀州의 무로노 사키牟漏崎[51]를 거

47 *740년에 규슈 지역에서 일어난 반란. 겐보·마키비 등과 대립해 오던 후지와라노 히로쓰구(715~740)가 규슈로 좌천된 것에 대해 불만을 품고 겐보와 마키비의 관직 박탈을 요구하면서 수천 명의 병사를 이끌고 관군과 격전을 벌였지만 진압당해 처형되었다.

48 *706~764. 여제(女帝) 고켄(孝謙) 천황(재위 749~758)의 즉위 후 정권을 장악해 당시의 권세가 다치바나노 모로에 일족을 몰락시키고 태정관(太政官)에 올랐으며 고켄 천황의 황위를 계승한 준닌(淳仁) 천황을 옹립해 조정 최고 권력자로 군림하면서 독재정치를 펼쳤다.

49 *7세기 말에 지금의 후쿠오카현(福岡縣) 서부에 설치됐던 행정기관. 규슈 지역의 군사 외교 등을 맡았으며, 나라·헤이안 시대에는 중앙에서 실각한 귀족의 좌천지로 여겨졌다.

50 *가고시마현 남단 오스미제도의 남서쪽에 위치한 섬.

51 *와카야마현 히가시무로군(東牟婁郡) 동쪽의 갑(岬)으로 지금은 다이지사키(太地

쳐 귀국한다. 한편 제2선에는 당나라 승려 감진과 귀국 견당사 일행이 타고 있었는데 그들은 다네가섬을 거쳐 규슈의 보노쓰坊津[52]에 도착해 귀국했다. 754년(천평승보 6)에 마키비는 규슈 다자이후의 차관으로 임명되었고, 10년 후인 764년(천평보자 8)에는 70세의 나이로 도다이사東大寺 창건을 총괄하는 장관에 올랐으며 후지와라노 나카마로의 난[53] 이후에는 추토군을 지휘하라는 명을 받고 그 일당을 격파했다.

766년(천평신호 2)에는 쇼토쿠稱德 천황(고켄 천황의 재등극)과 법왕 도쿄道鏡[54]의 비호를 받아 중납언中納言[55]에 올랐고, 곧이어 우대신으로 승진했다. 770년(신호경운 4)에 쇼토구 천황이 서거하자, 좌대신 후지와라노 나가테藤原永手와 손을 잡고 시라카베왕白壁王을 황태자로 세웠다. 훗날 시라카베왕이 천황으로 등극해 고닌光仁 천황이 된다. 775년(보귀 6)에 마키비는 향년 81세로 별세했다. 그의 저서로는《사교유취私敎類聚》,《도선화상전찬道璿和上傳纂》 등이 있다.[56]

이상이 마키비의 약력이라고 할 수 있는데, 마치 나라 시대 후

崎)라고 불린다.

52 *가고시마현 미나미사쓰마시(南さつま市)의 서쪽 남단에 위치하는 항구도시.

53 *764년에 긴키(近畿) 지역(시가현, 효고현 등)에서 일어난 반란. 고켄 천황이 승려 도쿄를 총애해 법왕의 지위를 하사한 것에 불만을 품은 후지와라노 나카마로가 긴키 지역의 호족들과 결탁해 병사를 이끌고 도성을 공격한 쿠데타 사건으로 천황의 토벌군과 격전을 벌여 패배했다.

54 *700~772. 고켄 천황의 각별한 총애를 받아 막강한 권세를 누렸던 승려 정치가. 천황에 준하는 법왕(法王)의 지위를 받아 정무에 참여해 귀족들의 반감을 샀다.

55 태정관에 속한 관직. 대신, 대납언 등과 함께 조정에 참여하고 정무를 운영했다.

56 마키비의 저서에 관해서는 다음 절 '마키비의 저작과 위서'에서 자세히 다루어진다.

기의 역사 그 자체를 더듬어 가는 것과 같은 그러한 생애였다.

마키비가 당나라에서 가져온 것

마키비가 당나라에 있을 때 장안에서 무엇을 했었는지, 그 구체적인 사실을 알 수 있는 기록은 전해지지 않는다. 하지만 그가 일본으로 가지고 돌아온 물건들을 살펴보면, 당나라에서의 생활이 어느 정도 상상이 갈지 모른다. 《속일본기》 735년(천평 7) 4월 26일 기사에 마키비가 일본으로 돌아와 조정에 헌상한 목록이 실려 있다.

당례唐禮 130권

대연력경大衍曆經 1권

대연력입성大衍曆立成 12권

측영철척測影鐵尺[57] 1장

동율관銅律管[58] 1부

철여방향鐵如方響[59]

사율관성寫律管声[60] 12조

57 *철제의 긴 막대기를 지면에 세워 그림자를 측정해 태양의 고도나 남중 시간 등을 조사하는 천문 관측용 기구.

58 *악률(樂律)을 측정하기 위해 동(銅)으로 만든 원통형의 관.

59 *상하 두 개의 단으로 된 가지에 긴 네모꼴의 얇은 철판을 위아래에 각각 8개씩 드리우고, 2개의 채로 쳐서 소리를 내는 아악기(雅樂器).

60 *악기 조율의 표준이 되는 관의 일종으로 추정된다. 아악에서는 12율을 표준으로 하며, 12개의 대나무 관을 장단의 순으로 배열한다.

악서요록樂書要錄 10권

현전칠각궁絃纏漆角弓[61] 1자루

마상음수칠각궁馬上飮水漆角弓 1자루

노면칠사절각궁露面漆四節角弓 1자루

사갑전射甲箭 20척

평사전平射箭 10척

위 목록을 보면 의례서나 역전曆典, 음악서, 활과 화살의 무구 등 모두 국가의 성립 기반이 되는 실용적인 것들이다. 나카마로와는 대조적으로 마키비가 남긴 시가詩歌는 거의 알려지지 않는다. 마키비는 실학 중심으로 문예와는 인연이 별로 없었다고 볼 수 있겠다. 다만《속일본기》738년(천평 10) 7월 7일 기사에 의하면, 쇼무聖武 천황이 마키비를 비롯한 조정 관료와 문인들에게 궁궐 안 전각 앞에 심은 매화나무를 가리키며 "봄을 상징하는 시를 매화나무를 소재로 읊으라"고 명해, 그 자리에 모인 관료와 문인 30명이 시를 지었다고 한다. 기사의 필두로 이름이 올라와 있는 마키비도 이때 시를 지어 올렸을 것이다.

위에 열거한 것들 외에 마키비가 가지고 돌아온 서적으로《동관한기》가 있다. 헤이안 시대에 일본에 전래된 중국 서적 목록으로 유명한 9세기 말의 후지와라노 스케요藤原佐世가 편찬한《일본국견

61 *옻칠을 한 활. 현전칠각궁 이하의 활과 화살 등에 관해서는 자세한 내용을 알 수 없다.

재서목록日本國見在書目錄》[62]에도 《동관한기》의 서명이 보이는데, "기비 대신이 가지고 돌아왔다."라고 전하면서 이 서적은 "마키비가 당나라에서 구하고자 애를 썼으나 완본을 얻지 못해 간신히 필사해 가지고 온 것뿐이다."라는 주기가 붙어 있다. 《동관한기》는 당대 초기에는 3대 사서(《사기史記》, 《한서漢書》, 《동관한기》) 중의 하나로 손꼽혔으나, 시대가 변하면서 《사기》, 《한서》, 《후한서》가 3대 사서로 간주되고 《동관한기》는 중시되지 않게 되었으며, 그 결과 《동관한기》의 필사본이 무척 귀했다고 한다. 앞에서 언급한 가마쿠라 시대의 백과사전 《이중력》에는 《동관한기》를 설명한 글에 "기비 대신이 3대 사서함 안에 이 3대 사서를 넣었다."라는 주기가 보이는데 이것은 마키비에 의해 《동관한기》가 필사되어 전해졌다는 것을 근거로 한 것으로, 마키비가 《동관한기》를 3대 사서의 하나로 인식하고 있었음을 보여 준다.

마키비가 일본에 가져온 서적 중에 특히 중시되는 것은 의례서와 역전이다. 《당례》 130권이라고 하는 것은 당시 고종 때의 영휘 연간(650~655)에 편찬된 의례서 《영휘례》를 말한 것으로, 그것을 《당례》라고 칭한 것으로 보인다. 또한 《대연력경》 1권과 《대연력입성》 12권 등의 역전을 마키비가 일본으로 가져왔다고 하는데, 이 중에서 《대연력경》은 장안의 대흥선사大興善寺의 밀교 승려로 유명한 일행一行[63]이 편찬한 역전이며, 원래는 《대연력경》·《대연력입성》·

62 *891년경 편찬. 일본 최고(最古) 한적 분류 목록으로 한적 1만 6,790편을 기록했다.

63 *683~727. 당나라의 승려, 천문학자. 수력으로 움직이는 천구의(天球儀)를 제작해 천문 관측을 하고 대규모의 자오선(子午線) 측량을 실시했으며 관측 결과를 기반

《대연력의大衍曆議》 등 역전 3종이 세트였다고 알려져 있다. 하지만 마키비가 가져온 역전 중에 《대연력의》도 있었는지에 대해서는 아직 밝혀지지 않았다. 대연력大衍曆이 당나라에서 사용되기 시작한 것은 729년부터이며 일본에서는 마키비에 의해 전래되어, 34년 후인 763년(천평보자 7)부터 대연력을 사용하게 되었다. 그 이전까지 일본에서는 690년(지통 4) 이래 써왔던 의봉력儀鳳曆[64]이 있었으나, 763년에 대연력으로 변경했던 것이다. 이렇듯 마키비가 가져온 의례서와 역전은 그야말로 당시를 지배하는 왕권의 초석이 되는 서적이었으며, 그런 중요한 임무를 마키비가 맡았던 것이다.

또한 음악서는 유교적 의례와 결부되어 왕권 유지에 필수적이며, 활과 화살 등의 무구 또한 말할 나위 없이 왕권과 관련되는 중요한 물건이다. 마키비가 후년에 후지와라노 나카마로의 난을 평정하기 위한 추토군을 지휘할 정도로 용병작전에 능통했던 것도 당나라에서 배운 학식이 충분히 발휘되었기 때문이라고 생각한다. 《속일본기》 760년(천평보자 4) 11월 10일 기사에 의하면, 마키비가 규슈 다자이후에 있을 때 조정에서 무관 6명을 파견해 마키비에게 제갈량의 팔진八陣,[65] 손자의 구지九地[66] 등을 배우도록 했다고 하며, 이듬

으로 《대연력경》을 편찬했다고 한다. 《송고승전》 권5에 전기가 수록되어 있다.

64 *당나라 때 이순풍(李淳風)이 편찬한 태음·태양력 《인덕력(麟德曆)》이 677년(의봉 2)에 일본에 전래되어 의봉력으로 개칭되어 697년에서 763년까지 사용되었다.

65 *전쟁에서 군사들이 진을 치는 8종의 형태. 오행(五行)의 진형, 역(易)의 팔괘(八掛), 정전법(井田法) 등의 도식을 바탕으로 고안되었다고 한다.

66 *《손자병법》 〈구지편(九地篇)〉의 병법을 가리키는 것으로 추정된다. 〈구지편〉에서는 전쟁에 있어 지형의 이용, 적의 취약점 조성과 주도권 쟁취, 기동의 신속성 등을 강조했다.

해 11월 17일 기사에서는 마키비에게 오행五行의 진陣[67]을 배워 오도록 했다고 한다. 마키비가 후세에 병법이나 군학의 시조 중 한 명으로 거론되는 것도 이러한 기억이 오래도록 계승되었기 때문일 것이다. 또한 마키비가 도다이사를 창건하는 국가 대규모 사업에 장관으로 임명된 것으로 보아 건축설계 등에도 능통했을 것으로 보인다.

시대는 헤이안 말기 원정院政 시대로 내려가지만, 오에노 마사후사가 저술한 의례서 《강가차제江家次第》[68] 권5의 〈2월·석전〉 편을 보면, "선성先聖·선사先師·구철九哲[69]의 화상을 고세노 가네오카巨勢金岡가 그렸는데, 그 화상 중에 선성과 72제자의 화상은 당본唐本이다." 라고 한다. 그리고 이어서 이들 화상의 당본에 관해 "혹설或說에 의하면 마키비가 당나라 홍문관에서 화상을 가지고 와서 규슈 다자이후의 학업원學業院[70]에 안치한 후, 백제의 화가에게 화상을 베껴 그리게 했으며, 그 사본을 도성의 대학료大學寮[71]에 안치한 것이다."라고 덧붙여 전하고 있다. 마키비가 당나라에서 화상을 가져왔다는 '혹

---

67 *음양오행설에 근거한 방(方)·원(圓)·곡(曲)·직(直)·예(銳) 등 다섯 형태의 진.

68 *1111년 편찬. 궁중의 연중행사와 신불 제례를 비롯해 천황 즉위식·궁중 향연·신하의 의례에 이르기까지 궁중 의례 전반을 기록한 의례서다.

69 *선성과 선사는 공자(孔子)와 그의 수제자 안회(顔回). 구철은 공자 문하 10명의 제자 십철 중에서 안회를 제외한 민자건(閔子騫)·염백우(冉伯牛)·중궁(仲弓)·재아(宰我)·자공(子貢)·염유(冉有)·자로(子路)·자유(子游)·자하(子夏) 등 9명의 제자.

70 *나라·헤이안 시대에 다자이후에 설치된 관리 양성을 위한 교육기관. 다자이후학, 학교원 등으로도 불렀으며, 8세기 말에는 학생·의생·산생(算生) 등 200명이 넘는 인원이 교육받았다.

71 *나라 시대에 도성에 설치된 중앙 관료 양성 교육기관. 관료 후보생의 교육, 시험을 비롯해 매년 유교의 중요 의식인 공자와 제자를 위한 제사를 주관했다.

설'의 진위는 분명치 않지만, 이렇게 전래된 문물을 마키비와 관련지어 전하려는 사례들이 많았을 것으로 여겨진다.

또한 마키비와 함께 두 차례나 견당사로 파견되었던 겐보도 5,000여 권의 불교 경전을 가져왔다고 전한다. 그런데 이때 불교 경전은 겐보뿐만 아니라 마키비의 딸 유리由利도 일본으로 가지고 돌아와 헌상했다고 알려져 있다. 766년(천평신호 2)의 《기비유리원경吉備由利願經》[72]이라 일컬어지는 것이 바로 그것이다. 또한 유리가 필사해서 돌아와 헌상한 《성유식보생론成唯識寶生論》[73] 권2의 간기에는,

> 천평신호 2년 10월 8일, 정4위하正四位下 신하 기비노 유리가 조정에 《일체경률론소집전一切經律論疏集傳》[74] 등 1부를 필사해 바쳤다.

라고 했으며, 《니시다이사자재류기장西大寺資財流記帳》[75]에도

> 1부, 기비노 명부命婦 유리가 사왕당四王堂에 진납한다. 대소승경률

---

72 *766년에 마키비의 딸 유리의 발원으로 필사된 사경 《등목보살경권중(等目菩薩經卷中)》 총 3권 13장을 말한다. 이 사경은 《화엄경》의 십정품(十定品)에 해당하는 《불설등목보살소문삼매경(佛說等目菩薩所問三昧經)》을 필사한 것으로 나라 시대 후기를 대표하는 사경으로 알려져 있으며 현재 도쿄 국립박물관에 소장되어 있다.

73 *현장법사의 제자 의정(義淨, 635~713)이 한역한 《유식이십론(唯識二十論)》의 주석서.

74 *불교 전적을 집성한 것. 부처와 그 제자의 교설을 전하는 경장(經藏), 교단과 승려의 계율을 담은 율장(律藏), 부처의 교설을 논의·연구한 논장(論藏)의 삼장과 후대에 경전 주석과 불교자의 저술 등을 수록해 집대성한 대장경을 가리킨다.

75 *780년 편찬. 니시다이사(西大寺)의 자재 장부. 총 4권으로 알려져 있지만 권1만이 현존한다.

론소장집전大小乘經律論疏章集傳,[76] 출경록외경出經錄外經[77] 등 1,023부 5,282권.

이라고 했다. 마키비의 딸 유리는 당나라에 있을 때 중국 여인과의 사이에서 태어났다는 설도 있지만, 자세한 것은 알 수 없다.

마키비의 저작著作과 위서僞書

현존하는 마키비의 저술은 많은 편이 아니다. 《도선화상전찬》,[78] 《걸해골표乞骸骨表》, 《사교유취》[79] 등에 불과하다. 먼저 《도선화상전찬》은 당나라에서 일본으로 건너온 승려 도선道璿의 전기이다. 도선에 관해서는 산일되어 일부만이 전해지는 승려 사탁思託의 《연력승록延曆僧錄》[80]에 전기가 수록되어 있다. 《연력승록》에 의하면 도선은 당나라 측천무후 때인 720년(장안 2)에 태어나, 760년(천평보자 4)에 일본에서 생을 마쳤다고 한다. 도선이 일본으로 오게 된 경위는

---

76 *불교 전적을 집대성한 대장경을 가리킨다. 《일체경률론소집전》 참조(앞의 주 74 참조).

77 *불교 경전 목록에 수록된 불교 이외의 교설을 전하는 경전.

78 나라 시대의 문서를 집대성한 《영락유문(寧樂遺文)》에 수록되어 있다. 竹內理三, 《寧樂遺文》, 東京堂出版, 1943~1962.

79 완본은 현존하지 않으며 일문이 日本思想大系, 《古代政治社會思想》, 岩波書店, 1979 및 《日本古典僞書叢刊》, 現代思潮新社, 2004에 정리되어 있다.

80 *당나라 고승 감진을 따라 일본에 건너온 제자승 사탁이 788년에 저술한 일본에서 가장 오래된 승려 전기. 총 5권이라고 하지만 완본은 현존하지 않으며 여러 문헌에 전하는 일문에 의하면 총 142명의 전기가 수록되어 있었다고 한다.

나라의 간고사元興寺 승려 류손隆尊의 발안으로 시작해, 733년에 덴무 천황의 황자인 도네리친왕舍人親王의 주청으로 전계사승傳戒師僧[81] 초청을 위한 제9차 견당사(대사 다지히노 히로나리)가 파견되고, 그 일행으로 당나라에 건너온 학문승 요에이榮叡와 후쇼普照의 요청을 받아들여 전계사승으로 오게 된 것이다. 도선은 736년(천평 8) 8월에 바라문승정 보리선나婆羅門僧正菩提僊那,[82] 임읍의 승려 불철佛哲[83] 등과 함께 전계사승으로서 일본으로 건너와 751년(천평승보 3)에는 도다이사의 대불상 완성을 기념해서 행해진 법회에서 기원문祈願文을 낭송할 수 있는 최고 지위의 승려인 주원사呪願師를 맡았다. 마키비와 오미노 미후네淡海三船 등이 도선을 스승으로 섬겼다고 한다.

《결해골표》는 《속일본기》 770년(보귀 1) 10월 8일 기사에 전하는데, 마키비가 관직을 사임하려는 의향을 밝힌 글, 즉 사표이다.

> 도성으로 돌아온 후 병이 나서 집에 돌아가 쉬고 있었는데, 갑자기 병란이 일어 장교로 복무했다. 병란이 마무리되고 나서 논공에 의해 승진을 하는 바람에 관직을 사퇴하지 못한 채 벌써 몇 년이 지났다.

---

81 *출가를 허가받은 자에게 직접 계(戒)를 주고 승려 지위를 수여하는 고승. 나라 시대에는 사도승(私度僧)이 많았기 때문에 전계사 제도를 보급해 국가에서 출가승을 관리하려는 목적으로 당나라에서 고승을 초빙했다.

82 *일본에 귀화한 인도 승려. 중국 오대산 문수보살의 영험에 감응해 당나라로 건너가 머물다가 736년에 승려 도선과 함께 일본으로 왔다.

83 *일본에 귀화한 참파 왕국 출신의 승려. 바라문승정 보리선나의 제자. 스승과 함께 당나라에서 머물다가 736년에 스승을 따라 일본으로 왔다.

위의 《걸해골표》의 글에 의하면 마키비는 이전에 사임할 기회를 놓쳤던 이유를 병란 후의 승진이라고 했다. 후지와라노 나카마로의 난을 평정한 활약으로 인해 마키비가 대납언, 우대신으로 연이어 승진했었던 것을 알 수 있다.

마키비 저술의 《사교유취》는 산일서로 완본은 전하지 않지만, 헤이안 시대에 편찬된 《정사요략政事要略》,[84] 《습개초拾介抄》[85] 등에 그 일문이 보인다. 《정사요략》에서는 '기비 대신의 사교유취'라고 하고, 《습개초》에서는 '기비 대신의 사교유취목록'이라고 전하고 있지만, 이 외에 마키비의 저술임을 확증할 수 있는 기사를 찾아볼 수 없다. 참고로 《사교유취》에 보이는 마키비와 관계되는 점술이나 산술 등에 관한 예를 두어 개 들어 본다.

> 거짓 무격詐巫을 쓰지 말 것
>
> 참된 무격은 나라에서 관리해 잘 알려져 있으며, 신령한 영험이 명백히 나타남은 굳이 말할 바가 아니다. (중략) 무릇 가짜 무격은 집에 들여서는 안 된다. 무격을 들일 때마다 거짓을 행함이 끊이지 않게 된다.

> 서점筮占을 알아야 함
>
> 자고로 《안씨가훈顔氏家訓》에 이르기를 "세상에 전하는 말에 의하면

---

84 11세기 초에 편찬된 정무 운영에 관한 사례를 집대성한 법제서로 총 130권. 현재 26권만이 전해진다.

85 가마쿠라 시대 중기 성립된 백과사전의 일종. 14세기경에 후지와라노 긴가타(藤原公賢, 1291~1360)에 의해 총 3권으로 증보·교정되어 편찬된 책이 현존한다.

음양의 깊은 도리를 이해하는 자는 귀신의 시기를 받는다."라고 했다. (중략) 점술은 성인聖人의 업業이다. 다만 근래에는 뛰어난 점술가가 없어 적중시키지지를 못한다. 옛사람들은 점술로 의문을 해결하고, 지금 사람들은 점술로부터 의문을 얻는다.

서書와 산술算術을 알아야 함

산술 또한 육예六藝의 중요한 기술 중 하나이다. 예로부터 학문에 뛰어난 유생, 천도의 운행을 이해해 달력을 제정하는 자, 이들은 모두 산술을 배웠기에 분야에 능통했다.

이렇듯《사교유취》의 점술, 산술 등에 관한 항목에는《안씨가훈》,《논어》등에서 인용한 글이 많이 보이며, 이 외에도 '의방醫方을 알아야 함', '학문에 힘쓸 것', '활쏘기를 알아야 함' 등의 항목도 주목된다. 대부분 유교 윤리나 불교 교리에 입각한 처세나 도덕적 교훈으로 일관하고 있어 바람직한 가훈家訓의 전형적인 글이라고 할 수 있다. 이《사교유취》는 일본에 현존하는 가장 오래된 가훈서라고 할 수 있으나, 마키비 저작의 진위가 거론되어 위서일 가능성이 거듭 제기되어 왔다. 하지만 마키비의 이력과《사교유취》의 항목을 대조해 보면, 마키비였기에 숙지하고 있었고 그것에 주안을 두어 기술했겠다고 생각되는 항목이 적지 않다. 설령《사교유취》가 위서라고 해도 저자가 마키비로 간주되었던 요인은 음양, 병법 등을 비롯한 실학 중심의 마키비 '상'에 초점화되기 쉬웠기 때문이었다고 볼 수 있다. 마키비 '상'에 맞도록, 혹은 마키비에 가탁해서 이러한 가훈이 집약되었을 것이다.

또한 914년(연희延喜 14)에 미요시 기요유키三善清行가 작성한《의견 12개조意見十二箇條》[86]에서는 마키비에 관해 다음과 같이 전하고 있다.

> 삼가 고기古記를 살피니, 우리 나라에 대학이 세워진 대보년을 시작으로 천평년 대에 이르기까지 기비 우대신께서 널리 도예道藝를 퍼뜨려 친히 전수하셨다. 즉 학생 400명에게 오경五經, 삼사三史, 명법明法,[87] 산술算術, 음운音韻, 주전籒篆[88] 등의 육도六道를 가르치셨다.

마키비가 학생들에게 오경, 삼사를 비롯한 육도를 배우게 하고 친히 가르쳐 전수했다는 것이다. 말하자면 일본 대학료의 기초를 닦았다고 할 수 있으며 마키비가 전수한 육도는 명경, 문장, 명법, 산算, 음운, 서도 등과 각각 대응하고 있음이 잘 알려져 있다. 후세의 규범이 되는 여러 분야 학예의 기본을 담당했던 것이 바로 마키비였다는 인식이 이미 10세기에 확립되어 있었음을 알 수 있다. 실제로 그러했을지도 모르지만, 일종의 시조 전승으로 성장했음을 보여 주고 있다고 할 수 있다.

---

86 *914년에 다이고(醍醐) 천황에게 제출한 정치 의견서. 비추(備中, 지금의 오카야마현)의 장관직 경험을 바탕으로 국가 재정이 궁핍해진 원인과 그에 대한 대책을 쓴 글이다.

87 *법률에 관한 서적이나 지식. 당나라 때 문관을 등용하는 과거의 법률 과목을 '명법'이라고 했다.

88 *중국 주나라 선왕(宣王, B.C. 828~B.C. 782) 때의 서체. 여기서는 서체에 관한 서적이나 지식을 말한다.

3. 전설화한 마키비

증식하는 문물

마키비는 81세까지 살았으니 당시로서는 장수했으며, 생전에는 장관급인 우대신 관직에 올랐고, 더구나 두 차례나 견당사로 파견되었으니 세상 사람들에게 오래도록 기억되었고, 그에 관한 일화 또한 주목받기도 했으니, 이 가운데 마키비는 전설화했다. 마키비가 어떻게 전설화했는지 그를 둘러싼 전설의 양상을 살펴보자. 원정 시대의 역사서《부상략기扶桑略記》[89]의 735년(천평 7) 4월 26일 기사에 마키비에 관한 글이 보이는데, 기본적인 내용은 앞에서 살핀《속일본기》에 근거해 전하면서, 말미에는《속일본기》에 보이지 않는 새로운 내용이 추가되어 있다.

> 또한 여러 종류의 서적, 귀중한 물건 등은 그 전부를 빠짐없이 기록할 수 없을 정도이다. 당나라에서 유학하면서 19년이라는 세월을 보내며 전수받은 학예는 삼사三史, 오경五經, 명형名刑,[90] 산술算術, 음양陰陽, 역도曆道, 천문天文, 누각漏剋,[91] 한음漢音, 서도書道, 비술秘術, 잡점雜占 등의 13도道였으며, 그 많은 학업을 배우고 익혀 여러 분야

89 아자리 고엔(阿闍梨皇圓, ?~1169)에 의해 편찬된, 불교 관계에 중점을 두고 기록한 역사서.

90 *《의견 12개조》에 보이는 '명법'과 같은 형벌 등의 법률에 관한 서적이나 지식을 말한다.

91 *물시계의 일종으로 물의 증가 또는 감소로 시간을 측정하는 장치.

> 의 기예에 능통했었다. 이로 인해 당나라 조정은 마키비를 일본으로 보내는 것을 아쉬워해 계속 머무르게 하고 귀국을 허락하지 않았다.
>
> 또 어떤 기록에 이르기를, 당나라에서 마키비가 몰래 해와 달을 봉해 10일 동안 천하를 어둡게 하는 소동을 일으켰다. 원인을 몰랐던 당나라 조정에서 점을 치게 했더니 일본의 유학생이 귀국할 수 없게 되자 비술을 써서 해와 달을 봉한 것이라고 했다. 이에 칙령을 내려 마키비의 귀국을 허락해 마침내 일본으로 돌아왔다고 한다.

여기에서 마키비가 가져온 문물과 여러 분야의 기예에 관한 내용이 많이 늘어나 있음을 알 수 있다. 시대가 내려갈수록 환상화가 더해 가는데, 이는 교토 히에이산比叡山의 천태종 승려로 당나라에 갔던 엔닌이나 엔친圓珍이 가져온 문물의 목록이 후대로 내려갈수록 늘어나 전해지는 것과 유사하다. 특히 마키비의 '명형, 산술, 음양, 역도, 천문, 누각, 한음, 서도, 비술, 잡점' 등이 주목받으며, 이후 마키비 전설의 비대화로 이어진다. 마키비는 일본 '음양도'의 시조로 여겨지는 설이 특히 유명한데, 어쩌면 이미 원정 시대에 그러한 설화가 전해져 있었기에 위와 같은 내용이《부상략기》에 기록되었을 가능성도 있다. 게다가 마키비의 재능을 탐낸 당나라 조정이 귀국을 허락하지 않았다고 하는 것도, 실제로 나카마로나 기요카와 등이 그러했기 때문에 마키비 역시 그들의 경우를 본떠 해석되었을지 모른다.

한층 더 눈길을 끄는 것은 위의《부상략기》의 말미에 보이는 '어떤 기록'이 전하는 내용이다. 마키비가 귀국이 허락되지 않자 은

밀히 해와 달의 움직임을 막아 열흘 동안 천하를 어둡게 했고, 당나라 조정에서 점을 치게 해서 마키비의 소행임을 알게 되어 마침내 귀국을 허락했다고 하는 것이다. 이는 제2부에서 살필 예정인 《강담초》에 보이는 마키비에 관한 이야기의 마지막 부분과 일치한다. 아마도 《강담초》의 마키비에 관한 화제가 그만큼 널리 퍼져 있었거나, 아니면 해와 달을 봉했다는 마키비 설화가 이미 여러 형태로 전해져 있었을 가능성도 있다.

음양도의 방술方術

헤이안 시대에 마키비 전설이 상당히 발전해 있었음을 짐작할 수 있게 하는 것이 12세기 전반의 《금석이야기집》이다. 이 설화집의 권11 제6화 〈승려 겐보가 당에 건너가 법상法相을 전한 이야기〉는 마키비와 같은 견당사였던 겐보의 사지를 갈가리 찢어 죽인 후지와라노 히로쓰구의 악령을 마키비가 항복시키는 이야기로, 말미에는

> 기비는 음양도에 정통한 사람으로 그 음양의 도술로 자신의 몸을 악령에게 찢기지 않게 굳건히 지키면서 진심을 다해 악령을 달래는 말을 했으므로 악령의 재앙이 없어졌다.

라고 하며 이야기를 매듭짓는다. 이 이야기는 〈가가미명신연기鏡明神緣起〉[92]로도 전해지고 있다. 그리고 《금석이야기집》 권14 제4화 〈황

---

92 *후지와라노 히로쓰구의 원령(怨靈)을 위로해 모시는 지금의 사가현(佐賀懸) 가라

금에 집착해 뱀의 몸으로 재생한 여인이 법화경의 힘으로 천상에 태어나는 이야기〉에서도 마키비가 등장해《법화경》의 위력으로 악령을 진압하는데,

> 그 무렵에 기비 대신이라는 사람이 있었다. (중략) 원래 이 사람은 음양도의 달인이므로, 이렇게 악령을 두려워함이 없었다.

라고 전하고 있어 마키비가 이미 음양도의 시조로 간주된 것을 알 수 있다.《금석이야기집》은 출전이 있는 설화로 엮여 있기 때문에 위에서 본 마키비에 관한 설화 또한 다른 어떤 기록이나 설화집에 담겨 있었을 것이다. 마키비를 둘러싼 설화가《금석이야기집》의 편찬 시대보다 훨씬 더 일찍 형성되어 있었던 것은 의심의 여지가 없다.

마키비에 관한 설화는 11세기의 문인 후지와라노 아키히라藤原明衡의 저술《신원락기新猿樂記》[93]에도 전해진다.《신원락기》는 여러 기예의 양상을 묘사한 작품으로 〈열 번째 딸의 남편〉이라는 이야기에서는

쓰시(唐津市)의 가가미신사(鏡神社)에 전해지는 연기.

93 *'猿樂'의 일본어 발음은 '사루가쿠'이며 헤이안 시대의 대중 예능을 말한다.《신원락기》에서는 인형극이나 곡예, 성대모사 등의 예능을 들어 원락을 설명하고 명인들의 기예를 논평한 후, 관중인 우에몬죠(右衛門尉) 일가 33인을 한 사람씩 소개하고 있다.

> 기비 대신은 칠좌법왕七佐法王[94]의 도를 배워 전했다. 그뿐만 아니라 주력注曆,[95] 천문도天文圖, 숙요宿耀,[96] 지판경地判經[97]에도 통달했다. 그렇기에 그는 형체는 인간의 모습으로 태어났지만 정신은 바로 타계에 있는 귀신의 마음과도 통하고 있다는 것이다. 육체는 이 인간세계에 머물러 있지만, 그 영혼은 천지간을 종횡으로 날고 있다는 것이다.

라고 전해진다. 이 이야기에서는 마키비가 '칠좌법왕의 도'를 전했다고 하며 달력, 천문, 숙요, 지판경 등 여러 학예의 시조로 여겨져 있는 것을 볼 수 있다. 또한 12세기의 가인 후지와라노 기요스케藤原清輔가 지은 가학서歌學書《대초지袋草紙》상권 128〈송문誦文의 시〉에는〈기비 대신의 꿈속 예언이 실현되지 않게 하는 송문의 시〉가 실려 있다.

> 사냥꾼의 활 끝에 서서 이제 막 쏘이려는 사슴일지언정 활 끝이 틀

94 《신원락기》에만 보이며 밀교나 도교, 음양도 등과 관련된 용어로 추측되지만 상세한 내용은 알 수 없다.

95 *나라 시대부터 16세기 무로마치 시대에 걸쳐 사용된 한자로만 쓰인 달력의 일종. 매년 음양료(陰陽寮)에서 만들었으며 각 날짜 아래에 그날의 길흉, 화복, 금기 등에 관한 자세한 주기가 쓰여 있다.

96 *일월 운행의 위치와 별들과의 관계에 의해 역일(曆日)을 정하고, 그것을 바탕으로 사람의 화복을 점치는 일종의 점성술. 헤이안 시대에 일본에 전해져 크게 유행했다.

97 891년에 편찬된 중국에서 전래된 서적 목록《일본국견재서목록》〈오행가(五行家)〉편에 '지판경 1권'이라고 보이므로 9세기 말 이전에 일본에 전래한 것으로 보이나, 상세한 내용에 관해서는 알 수 없다.

리면 맞지 않는다고 들었네.

이 시에는 후반에 읊은 '틀리면 맞지 않는다고 들었네'의 구절에 꿈속 예언이 적중되지 않기를 바라는 마음이 담겨 있는 것 같기도 하지만 정확한 뜻은 알 수 없다. 하지만 뜻이 명확하지 않기에 더욱 주문呪文으로서 기능했던 것으로 생각된다. 이 외에 《대초지》의 〈밤길을 가는 도중의 시〉에도 주문이 읊어져 있다.

어찌하리오, 가려 했건만 숨겨 둔 술에 손이 취하고 다리가 취하고 나는 흠뻑 취해 버렸네.

밤길에 백귀百鬼의 행렬과 마주치더라도 해를 당하지 않기 위해 일부러 술에 취했음을 알리는 주문을 읊었다고 한다.

가로챈 꿈

꿈에 관해서는 13세기의 설화집 《우지습유이야기宇治拾遺物語》[98] 제165화 〈꿈을 사는 것〉이라는 설화에 마키비가 비추국備中國[99]에 살았던 젊은 시절에 다른 사람의 꿈을 가로챈 이야기가 전한다. 이 이야

---

98 작자 미상. 표제는 우지대납언 미나모토노 다카구니(源隆國)가 집성한 《우지대납언이야기(宇治大納言物語)》에서 빠진 화제를 모았다는 뜻이다. 총 197화를 수록한 중세 시대를 대표하는 설화집.

99 *고대 일본의 지방 행정 단위인 국(國)의 하나로 지금의 오카야마현 서부 일대. 마키비의 출신 지역으로 알려져 있다.

기는 예로부터 너무나 잘 알려져 있어서 꿈을 주제로 하는 논문에서는 필수로 취급한다고 해도 과언이 아닐 만큼 많이 인용된다.

> 옛날에 비추국의 한 고을에 군사郡司[100]가 있었는데, 그에게는 '히키노 마키비토備吉のまき人'라고 하는 아들이 있었다. 마키비토가 젊은 시절에 꿈을 꾸어 해몽을 받기 위해 꿈풀이 여인의 집으로 가서 해몽을 들은 후 잡담을 하고 있는데, 비추국 국수國守[101]의 아들인 타로太郎 도령이 4, 5명의 하인을 거느리고 왔다. 타로 도령은 나이가 17, 18세 정도로 성품은 알 수 없으나 용모는 단정해 보였다. 마키비토가 안쪽에 있는 방으로 들어가서 문구멍으로 들여다보니까, 타로 도령이 "실은 내가 꿈을 꾸었는데 좀 들어 보게나."라고 하면서 자신의 꿈 이야기를 들려주었다. 꿈풀이 여인이 "굉장히 좋은 꿈입니다. 훗날 반드시 대신大臣에 오르고 출세하실 겁니다. 정말 멋진 꿈을 꾸셨습니다. 하지만 절대로 다른 사람한테 꿈 이야기를 해서는 안 됩니다."라고 답하자 타로 도령은 기분이 좋아 해몽의 대가로 자신의 옷을 벗어 꿈풀이 여인에게 주고 돌아갔다.
>
> 그러자 마키비토가 안쪽 방에서 나와 꿈풀이 여인에게 "남의 꿈을 살 수 있다는 말을 들어 알고 있네. 지금 그 도령의 꿈을 내게 팔아 주길 바라네. 지방으로 내려온 국수는 4년의 임기를 마치면 도

---

100 *국(國)에 소속된 군(郡)의 행정을 담당했던 지방 관리로 주로 그 지역 출신의 호족이 임명되었다.

101 *중앙에서 파견되어 지방 행정 구역 국을 다스리는 장관으로 지금의 도지사에 해당하는 관직이다.

성으로 돌아가지만, 나는 이 고을 출신이고 앞으로도 계속 여기에 있을 것이며 더군다나 이 고을 군사의 자식이니 나를 더 소중히 여겨야 할 것이네."라고 을러 대며 말하니, 꿈풀이 여인은 "분부대로 하겠습니다. 그러면 아까 그 도령님께서 방으로 들어오신 것부터 시작해서 꿈에 대해 말씀하신 것을 한 치도 틀리지 말고 그대로 저에게 말씀해 주십시오."라고 했다. 그 말에 마키비토는 기뻐하며 도령이 방으로 들어오는 흉내부터 시작해 엿들었던 꿈 이야기를 빠짐없이 꿈풀이 여인에게 들려주고, 꿈풀이 여인 또한 도령에게 답한 해몽을 그대로 마키비토에게 말했다. 마키비토는 너무 기뻐서 옷을 벗어 그녀에게 주고 돌아갔다.

그 후 마키비토는 중국의 한문 서적을 읽고 배웠는데, 시간이 갈수록 점점 학문에 통달하게 되어 뛰어난 학재로 소문이 났다. 조정에서도 그의 평판을 전해 듣고 수차 그의 학식을 시험했다. 하지만 마키비토의 학식은 조정 관료 누구도 따를 수 없었으므로 "당나라에 가서 더 많은 것을 배워 오라."는 명이 내려졌고 마키비토는 당나라로 파견되었다. 그 후 오랫동안 당나라에 있으면서 여러 분야의 학문을 배워 통달해 많은 문물을 가지고 돌아오니, 천황도 훌륭한 인물로 여겨 관직을 연이어 승진시켜 마침내 마키비토는 대신에까지 올랐다.

그러므로 꿈을 산다는 것은 참으로 현명한 것이다. 마키비토가 가로채 꿈을 빼앗겨 버린 도령은 결국 벼슬길에 오르지도 못한 채 생을 마쳤다. 만약 꿈을 빼앗기지 않았다면 도령이 대신의 자리까지 올랐을 텐데. 역시 꿈은 남에게 들려주어서는 안 된다는 것을 전하고 있다.

장차 대신까지 출세할 수 있었던 지방 장관 아들의 꿈을 그 지방 관리의 아들인 마키비토가 꿈풀이 여인을 위협해 가로챈 이야기로, 꿈은 가로챌 만한 가치가 있다고 여겼던 것을 알 수 있다. 호조 마사코北條政子가 여동생의 꿈을 가로채 가마쿠라 막부 장군인 미나모토노 요리토모源賴朝의 아내가 되어 막대한 권력을 가지게 되는 이야기를 담은 무로마치 시대[102]의 《소가이야기曾我物語》[103]에 등장하는 일화를 연상하게 한다.

꿈을 가로채기 위해서는 그 사람이 꾼 꿈을 똑같이 말해야 하는 의례적인 행위가 필요했다는 것도 흥미로운 부분이며, 나아가 그러한 행위는 꿈의 내용 이상으로 꿈을 말로 전하는 이야기의 힘이 요구된다고 할 수 있다.

이 이야기의 주인공 히키노 마키비토야말로 기비노 마키비를 가리킨다는 것에는 의심의 여지가 없을 것이다. 마키비토의 출신지 비추가 기비吉備[104] 지역의 일부라는 점, 견당사로 파견되는 점, 대신으로 승진하는 점 등 이는 마키비를 전제로 하지 않으면 성립할 수 없다. 또한 주인공의 성 '히키備吉'는 '기비'의 한자를 반전시킨 것이고, '마키비토'라는 이름도 '마키비'의 발음을 편의상 바꿔 부른 것

102 *일본 역사 시대 구분의 하나로 가마쿠라 막부의 멸망에 이어 아시카가 다카우지(足利尊氏)가 교토에 막부를 세운 1333년부터 오다 노부나가(織田信長)에 의해 추방당하는 1573년까지의 아시카가 막부 정권 시대를 말한다.

103 작자 미상. 가마쿠라 막부의 권력 항쟁을 배경으로 소가(曾我) 형제의 복수를 그린 이야기집이다.

104 *지금의 오카야마현 전역과 히로시마현(廣島縣) 동부, 효고현(兵庫縣) 서부에 걸친 지역.

이나 다름없다. 이는 기비에 살고 있을 때의 청년 마키비의 일화로, 이 외의 젊은 시절 이야기는 알려지지 않았다. 이 이야기의 배후에는 중앙에서 4년간 파견되는 지방 장관 국수와 지방 호족 출신 관리 군사와의 권력상의 우열 관계가 작용하고 있으며, 마키비가 군사의 아들이라는 권위를 등에 업고 꿈풀이 여인을 위협하는 장면 또한 관리와 백성과의 힘의 관계를 보여 준다고 볼 수 있다.

이는 마키비의 전설화를 이루어 낸 설화의 정점이라고 할 만한 이야기로, 견당사에 대한 기억이 오래도록 살아 있었음을 잘 보여 주고 있다. 이 외에 마키비 관련 지역 설화로는 14세기 중엽에 편찬된 하리마국播磨國[105]의 지지地誌 《봉상기峯相記》[106]에 전하는 이야기가 있다. 당나라에서 귀국한 마키비가 하리마의 히로미네산廣峯山[107]에서 묵고 있을 때 홀연 귀인이 나타나 마키비는 꿈인지 생시인지를 가늠할 수 없었다. 그때 귀인이 "내가 집에서 쫓겨나 소민蘇民[108]의 도움을 받으며 유랑인이 되어 거처를 정하지 않고 있을 때, 중국에서 그대와 약속을 나누었기에 이렇게 그대의 뒤를 좇아왔소."라고 말하기에, 마키비가 귀인의 혼령을 히로미네산에 모시고 제를 올렸는데 그게 바로 우두천왕牛頭天王[109]이었다고 한다. 마키비에 의한 우

---

105 *효고현 남서부 일대. 마키비의 출신지인 오카야마현과 인접하고 있다.

106 작자 미상. 하리마(播磨, 효고현 일대) 게이소쿠사(鷄足寺)의 노승과 참배하러 온 승려가 나눈 문답체의 지지다.

107 *효고현 히메지시(姬路市) 중부에 위치한 산.

108 *고대 일본의 설화 '소민쇼라이(蘇民將來)'의 주인공. 천신이 유랑인 모습으로 나타나 가난한 소민에게 거처를 요구해 소민이 자신의 방을 내주자 천신이 역병을 물리칠 수 있는 띠로 둥글게 만든 고리를 주었다고 한다.

109 *불교에서는 기원정사(祇園精舍)의 수호신으로 되어 있지만, 일본에서는 '소민쇼

두천왕 전래를 화제로 한 이야기가 하리마 지역을 배경으로 전해진 것을 알 수 있다.

마키비는 음양도와 더불어 병법이나 군학의 시조로 후세에 계승되었는데, 무로마치 시대 낭창이야기語り物[110] 장르의 무본舞の本[111]《미래기未來記》[112]에서도 중국의 병법서를 마키비가 전래했다고 전한다. 《미래기》에 의하면 중국에 전해 내려오는 병법서 삼략三略[113] 칠서七書[114]는 당나라 상산商山[115]의 소케이そうけい라는 자가 전한 비서秘書인데, "기비 대신이 당나라에 건너가 그 병법서 84권 중에서 골라 뽑아 42첩으로 다시 써서 일본에 전했다."라고 한다. 또한 마키비는 병법의 시조일 뿐만 아니라, 일본어의 가타카나를 처음으로 쓰기 시작한 사람이라는 설도 있어 홍법대사 구카이가 히라가나를 만들었다고 하는 설과 대조된다. 그리고 바둑의 경우도 마키비가 시조라는 설이 전해지고 있다. 다양한 분야에서 마키비의 명성과 함께 그의 전설이 계속 살아 숨 쉬고 있었던 것을 확인할 수 있다.

라이' 설화의 유포로 역병을 물리치게 해주는 스사노오(素戔嗚) 신의 화신(化身)으로 여겨졌으며 무탑천신(武塔天神)이라고도 한다.

110 *일본어 발음은 '가타리모노'이다. 소리의 고저, 억양 등을 이용해 리듬 있게 이야기를 구연하는 중세 시대 문예의 일종이다.

111 *부채로 장단을 맞추어 춤을 추면서 낭창하는 이야기나 읽을거리를 말한다.

112 표제를《미래기》로 하고 있지만 내용은 무사와 병법에 관한 이야기를 담고 있다.

113 *중국 한나라 건국 공신 장량(張良, ?~B.C. 168)이 황석공(黃石公)에게 전수받았다고 하는 병서. 이 병서를 읽고 한나라 고조의 천하 평정을 도왔다고 한다.

114 *중국의 병법에 관한 대표적 고전으로 '무경칠서(武經七書)'로 꼽히는《손자(孫子)》,《오자(吳子)》,《위료자(尉繚子)》,《육도(六韜)》,《삼략(三略)》,《사마법(司馬法)》,《이위공문대(李衛公問對)》 등 7종의 책.

115 *중국 섬서성(陝西省) 상현(商縣) 동쪽에 위치한 산.

근세 에도 시대에는 나카마로와 함께 마키비를 둘러싼 전설이 더욱 증폭되었는데, 이에 관해서는 이 책의 제4부에서 자세히 살펴볼 것이다.

제2부

《강담초江談抄》 해독

회권繪卷으로의 길

1. 오에노 마사후사大江匡房의 담화

《강담초》의 설화

기비노 마키비를 둘러싼 이야기의 초점은 자연히 《기비대신입당회권》에서 찾을 수 있는데, 먼저 마키비 이야기가 어떻게 회권에 담기게 되었는지 그 과정을 살펴보자.

회권에 나오는 마키비 이야기는 견당사로 파견되어 만난 귀신 나카마로의 도움을 받아 난제를 연이어 해결하고 일본으로 돌아온 마키비의 활약을 그린 것이다. 회권의 내용과 가장 가까운 마키비 이야기를 전하는 문헌으로는 오에노 마사후사(1041~1111)의 담화를 기록한 《강담초》를 들 수 있다. 마사후사는 헤이안 말기의 원정 시대를 대표하는 학자이며 권중납언權中納言에 오른 관료다. 그의 가문은 대대로 학자를 배출한 학술 전승으로 유명한데, 학문의 신으로 불리는 스가와라노 미치자네菅原道眞의 가문과 어깨를 나란히 한다. 마사후사는 고이치조後一條·시라카와白河·호리카와堀河 등 3대 천황 시대에 고위 관직을 역임했고 마키비의 이력에 보이는 다자이후大宰府에도 부임한 경력을 갖고 있으며, 많은 저술을 남겼다. 《강담초》는 마사후사가 말년에 제자들에게 다양한 지식을 전수한 것으로 헤이안 시대 귀족사회의 설화나 의례, 고사故事 등을 살펴볼 수 있는 귀중한 작품이다. 《강담초》 전본은 마사후사와 제자들의 담화 형태로 엮어진 고본古本 계열과 나중에 내용을 분류해 재편성한 유취본類聚本 계열의 두 계통으로 나뉜다. 필사 시기가 오래된 것으로 추정되는 고본 계열에는 마키비 이야기가 없고, 후자인 유취본 계열 사본 권3 제1단에 〈기비 입당 동안의 이야기〉라는 장편의 이야기가 수록되어 있다. 이하 《강담초》에 실린 마키비 이야기의 줄거리를 간략하게 항목 순으로 적어 보았다.

① 기비 대신이 당나라로 건너가 여러 분야의 학문을 배워 기예와 학예에 널리 통달하게 되었으며, 매우 총명했기 때문에 당나라 조정은 위협을 느껴 은밀히 계략을 꾸며 마키비를 누각에 감금한다.

② 그 누각에 귀신이 나타나자, 마키비는 은신술을 써서 몸을 감추고 귀신과 문답을 나눈다.

③ 귀신이 "원래 나도 견당사로 왔었고 이 누각에 있었소."라고 말을 꺼내자, 마키비가 "나는 지금 일본국의 정식 사신으로 파견되어 왔으니 예를 갖추어 귀신의 자태를 고쳐 의관을 입고 오시오."라고 한다. 귀신이 의관 차림의 몸으로 바꾸어 다시 누각을 찾아온다.

④ 귀신은 자신의 이름이 아베노 나카마로임을 밝히고, "견당사 대신으로 파견되어 왔는데, 이 누각에 갇혀서 굶어 죽었다오."라고 하며 귀신이 된 경위를 이야기한 후, 일본에 남

은 자손들의 안부를 걱정한다.

⑤ 마키비가 자손들은 잘 지내고 있다고 전하자 귀신은 무척 기뻐하며 마음을 터놓고 밤새 마키비와 이야기를 나눈다.

⑥ 다음 날 식사를 가져 온 궁중 하인이 마키비가 귀신에게 해를 당하지 않고 살아 있는 것을 보고 놀란다. 저녁 무렵에 다시 귀신이 나타나 "이 나라에서는 견당사들에게 먼저 책을 읽게 하고 그것을 제대로 못 읽는 것을 조롱하려 한다오."라고 전한다. 그리고 읽게 하는 책은 《문선》이라는 "읽기 어려운 고서"로, "전부 삼십 권의 책으로 제자백가의 문집 중에서 신묘한 것을 골라 엮은 것"이라고 하며, 지금 당장이라도 유생 삼십 명이 《문선》을 강의받고 있는 곳으로 안내할 수 있다고 한다. 귀신이 "그대는 지금 누각에서 빠져나갈 수 있겠소?"라고 묻자, 마키비는 "자유자재로 비행하는 도술"을 알고 있다고 하며 문틈으로 빠져나가, 두 사람은 하늘을 날아 궁중에 침입한다.

⑦ 마키비는 귀신과 함께 강의하는 곳의 기둥 뒤에 숨어서 《문선》 강의를 몰래 훔쳐 들어 외운 후에 귀신에게 "오래 지난 달력 10여 권"을 구해 달라고 한다. 귀신이 달력을 가져오자, 마키비는 외워 두었던 "《문선》 상질上帙 1권"의 내용을 달력 종이 구석구석에 썼는데 한 번에 서너 장씩 써가며, 하루 이틀 사이에 모조리 암송한다.

⑧ 당나라 황제의 명을 전하러 온 유생이 누각에 들어와 《문선》의 내용이 쓰인 종이가 여기저기 널려 있는 것을 보고 연유를 묻자, 마키비가 "이것은 일찍이 일본에도 있으며 모

두가 외우고 있는지라 한번 써본 것이다."라고 대답해, 유생은 몹시 놀라며 감탄한다. 마키비는 자신이 쓴 내용이 맞는지 당나라의 책과 비교해 보자고 제안해, 감쪽같이 유생에게 《문선》 30권을 넘겨받는다.

⑨ 귀신이 궁중에서 사람들이 "마키비가 학재는 있어도 기예는 없을 테니까, 바둑으로 승부를 보자."라고 말하는 것을 엿듣고, 마키비에게 다음 난제가 바둑 대국이라고 알려 준다. 마키비는 누각에서 천장이 격자로 짜인 것을 보고 그것을 바둑판으로 삼아 삼백육십 목을 세어 보고 특히 성목[1]을 짚어 가며 하룻밤 사이에 바둑에서 무승부가 되는 '세키持'[2]의 수를 궁리해 낸다.

⑩ 다음 날 마키비는 당나라 바둑 명인과 대국하게 되었는데, '세키'의 수를 쓰다가 상대편의 검은 돌 하나를 몰래 집어삼킨 뒤 마침내 이긴다. 이때 마키비가 흰 돌, 당나라 명인이 상석上席으로 검은 돌이었다.

⑪ 마키비가 이긴 것을 미심쩍게 생각한 당나라 조정 신하들이 돌을 세어 보고 검은 돌 하나가 모자란 것을 보자, 점을 쳐서 마키비가 돌을 집어삼킨 것을 알게 된다. 증거를 잡기 위

---

1 *바둑판에 표시되어 있는 아홉 군데의 흑점. 정목(井目)이라고도 한다. 바깥쪽부터 세어서 네 번째 선을 중심으로 네 모퉁이의 4점과 그 중간 선의 4점, 그리고 중앙의 1점을 합해 모두 아홉 군데로, 바둑 대국에서 역량의 차이가 클 때 하수(下手)가 처음부터 아홉 군데의 점에 바둑알을 놓고 시작한다.

2 *바둑에서 서로가 상대의 돌을 잡으려면 자신의 돌을 잃게 돼서 손을 쓸 수 없게 되는 상태를 말한다.

해 설사약 '가리륵환訶梨勒丸'[3]을 먹이지만, 마키비는 설사를 멈추게 하는 도술로 변을 억제해 마침내 마키비의 승리로 바둑 대국의 난제를 해결한다.

⑫ 화가 난 당나라 신하들이 마키비를 다시 가두고 음식을 일절 끊어 버리자, 귀신이 밤중에 몰래 먹을 것을 가져다주었고 그렇게 몇 달이 지났다.

⑬ 귀신이 궁중에서 엿들은 세 번째 난제는 귀신이나 혼령이 들어가지 못하도록 결계結界[4]를 만들어 놓고 그 안에서 "지혜와 덕행으로 밀교를 수행하는 고승으로 이름 높은 승려 보지寶志"에게 글을 쓰게 한 후, 그것을 마키비에게 읽게 하는 것이었다. 이때 귀신은 마키비에게 "더 이상 내 힘으로는 안 될 것 같소."라고 한다.

⑭ 마키비는 누각에서 끌려 내려와, 황제 앞에서 승려 보지가 쓴 글을 읽고 해독하라는 명을 받는다. 궁지에 몰린 마키비가 일본을 향해 신불神佛, 즉 스미요시住吉 신과 하세長谷 관음에게 기도를 올리자 문득 거미가 글 위로 떨어져 줄을 치며 이리저리 움직였다. 이에 마키비가 거미줄을 더듬어 가며 글을 읽고 마침내 완벽하게 해독하자, 황제와 신하들은 물론 글을 쓴 '승려 보지'도 경악한다. 마키비의 학재에 위협

---

3 *인도 원산의 관엽교목 가자나무의 열매로 만든 한방약. 변비를 낫게 하는 효능이 있으며 복용에 따라서는 이질(痢疾)이 걸리기도 한다.

4 *불교에서 수행에 장애가 없도록 특정 법칙에 따라 일종의 성역(聖域)을 구분해 정해 놓는 것을 말한다.

을 느낀 당나라 측은 마키비를 누각에 다시 가두고 굶겨 죽이려고 한다.

⑮ 마키비가 귀신에게 백 년 묵은 오래된 주사위 통과 주사위판을 구해 달라고 해서 받은 후, 주사위를 판 위에 놓고 주사위 통으로 덮었더니 해와 달이 가려져 세상이 어둠으로 덮이는 큰 소동이 벌어진다.

⑯ 영문을 모르는 당나라 조정에서 점술가에게 점을 치게 했더니, "주술을 쓰는 자"의 짓으로 그가 누각 방향에 있다고 했다. 마키비가 심문당하며 "이렇게 된 것은 아무 죄도 없이 억울하게 굶어 죽게 되어 일본의 신과 부처님께 기도한 감응이니, 내가 일본에 돌아갈 수 있게 된다면 해와 달은 원래의 자리로 돌아갈 것이다."라고 대답하자, 당나라 황제가 돌아가게 해줄 테니까 봉했던 통을 빨리 풀라고 명한다. 과연 마키비가 통을 벗기자 해와 달이 나타났으며, 이로 인해 마키비는 드디어 귀국할 수 있게 된다.

⑰ 마사후사가 말하기를, "이 이야기는 자세한 내용을 정확히 어떤 책에서 본 것은 아니지만, 고故 다카치카孝親께서 들려주신 이야기라고 들은 적이 있다. 근거 없는 이야기가 아니다. 이야기의 대강은 세상에 전하는 대부분의 책에서도 볼 수 있을 것이다."라고 한다.

⑱ 마사후사는 계속해서 "그래서 일본의 이름을 드높인 사람이 바로 마키비이며 문선·바둑·야마대 등이 일본에 전해진 것은 마키비의 인덕人德에 의한 것이다."라고 말하며 이야기를 매듭짓는다.

마키비의 귀국으로 이야기가 종료된 후, 마사후사에 의한 총괄이 마지막에 덧붙어 있다. 그 총괄 부분 ⑰과 ⑱에 보이는 '고 다카치카'는 마사후사의 외조부 다치바나노 다카치카橘孝親를 가리키며, 마키비 이야기를 할아버지가 손자에게 들려주는 이야깃거리 수준으로 보고 있는 것을 알 수 있다. 하지만 한편으로는, 마사후사가 확실하게 '책'에서 본 것은 아니지만 세상의 어떤 책이나 기록에도 이 이야기가 전하고 있을 것임을 시사하고 있다. 여기서 구두 전승과 문헌과의 대비가 보인다. 조상이 전래한 구두 전승에 더해, 역시 문헌이야말로 확실한 근거임을 의식하고 있었던 것이다.

마키비 이야기를 전한 문헌이라고 하면 떠오르는 것이 바로 이 책의 제1부에서 살펴본 《부상략기》다. 특히 《부상략기》에 전해지는 마키비에 관한 이야기의 말미에 인용된 '어떤 기록'의 내용이 주목된다.

> 어떤 기록에 이르기를, 마키비가 몰래 해와 달을 봉해 10일 동안 천하를 어둡게 하는 괴이한 소동을 일으켰다. 점을 치게 했더니 일본국의 유학생이 귀국할 수 없게 되자, 비술秘術을 써서 해와 달을 봉한 것이라고 했다. 이에 귀국을 허가하는 칙령이 내려 마침내 일본으로 돌아왔다고 한다.

이는 마키비의 귀국이 좀처럼 허락되지 않자, 은밀히 해와 달의 움직임을 막아 열흘 동안이나 세상을 암흑으로 만들어 놓았기 때문에 중국 측이 점을 쳤더니 일본 유학생이 고국으로 돌아갈 수 없어 도술을 쓴 것이라고 밝혀지고 마침내 당나라 제왕의 칙령으로 귀국할 수 있었다고 하는 내용으로 조금 전에 살펴본 《강담초》의 결말과 일치한다.

이 '어떤 기록'이라는 것이 《강담초》를 가리키는 것인지, 아니면 다른 어떤 기록을 가리키는 것인지에 관해서는 단지 '어떤 기록'이라고 밖에 되어 있지 않아 확실한 것을 알 수 없다. 마사후사는 1111년(천영天永 2)에 사망했고, 《부상략기》 편찬의 추정 연대는 더 오래된 것으로 보이기 때문에 《강담초》에 의거했을 가능성은 작다고 볼 수 있다. 하지만 《부상략기》의 필사본이 후대에 유포되는 과정에서 '어떤 기록'의 내용이 덧붙었을 경우도 생각할 수 있으므로, 일률적으로 작품의 성립 연대만으로 판단할 수는 없다. 《강담초》에 마사후사가 "이 이야기는 세상에 전하는 대부분의 책에서도 볼 수 있을 것이다."라고 시사적으로 표현한 것은 어느 정도 확증이 있었기에 말했을 가능성도 있지만, 진상은 수수께끼다.

게다가 마사후사가 사망하기 수개월 전에 마키비 이야기를 제자에게 전했을 것이라는 증거가 나왔다. 이에 관해서는 뒤에서 자세히 설명한다. 또한 담화의 마지막에 마키비의 인덕에 의해 문선, 바둑, 야마대가 전해졌다고 한 것은 마키비가 해결한 세 가지의 문물을 일본으로 가지고 왔다는 것을 의미하는데, 다시 한번 이 부분과 마키비 이야기의 본문을 돌이켜 읽어 보면 '야마대', 즉 〈야마대시〉의 서명은 마키비 이야기의 본문 중에는 없고 마사후사가 이야기를 총괄해 정리한 마지막 부분에 가서야 나온다는 것을 알 수 있다. 그것이 어떤 의미를 가지는지는 《강담초》에 전하는 다른 이야기에서 찾아볼 수 있다.

2. 담화 장소의 복원

《강담초》의 다른 화제에서

〈야마대시〉에 관한 다른 이야기라고 하는 것은 유취본《강담초》권 5 제71단 〈중장中將 미나모토노 모로도키源師時의 저택에서 열린 문회文會[5]에서 아쓰마사篤昌의 이야기〉다. 이야기가 문답체로 되어 있기 때문에 줄거리를 문답 형식에 따라 아래에 정리한다. 이 문답에서 질문자는 마사후사이며 답변자는《강담초》를 기록한 인물 중 한 사람으로 추정되는 후지와라노 사네카네藤原實兼다.

마사후사가 "요즘 문회(시회)에 관한 화제는 없는가?"라고 말을 꺼낸다. 사네카네가 바로 대답하기를, "대단한 것은 아닙니다만, 일전에 미나모토노 모로도키의 저택에서 시회가 있었습니다."라고 한다. 마사후사가 "그 시회라면 어제 진사進士[6] 아쓰마사가 찾아와서 이야기해 주어서 알고 있네. 자네의 시가 그에게는 평판이 나빴던 모양이던데."라고 하자 사네카네는 "말씀하신 그대로입니다만, 아쓰마사의 시 또한 보기 드문 이상한 것이었습니다."라고 대답한다. 이어 마사후사가 말하기를 "아쓰마사의 시는 분명히 평가받을 만한

---

5 여러 명이 모여서 시나 글을 지어 감상하고 서로 비평하는 모임. 헤이안 시대 귀족들 사이에서 유행했다.

6 *헤이안 시대 관료 양성기관 대학료에서 한시문, 사서 등을 배우는 학생. 문장생이라고도 한다.

시는 아니었을 것이네. 그런데 그가 '영웅'이란 말을 쓴 모양인데, 그 말에 주위의 분위기는 어땠는가?"라고 묻자 사네카네는 기다렸다는 듯이 "안하무인에 기괴하기 짝이 없는 일이었습니다. 지관指貫[7]을 벗게 해야 합니다."라고 비난한다.

그러자 마사후사는 "하지만 '영웅'의 말을 거론하는 것은 이치에 맞는 것이다. 보지가 지은 《야마대》의 참讖[8]에 '천명天命은 삼공三公에 있고, 백왕百王의 흐름은 끝나 없어지고, 원숭이나 개가 영웅을 칭한다.'라고 되어 있네. 왕법이 쇠퇴해 헌법이 지켜지지 않게 될 징후를 나타낸 것이라네."라고 반론한다. 이에 사네카네가 묻기를 "그 참문의 유래는 어떤 것입니까?"라고 하자, 마사후사가 "아직 그걸 모르는가?"라고 되묻고, 사네카네가 "모릅니다."라고 답한다. 마사후사는 "그 참문이라 하는 것은 우리나라의 쇠상衰相을 예언한 것으로 일본에 전래해서는 '참서讖書'라고 부르게 된 것이고 그것을 바탕으로 일본국을 '야마대'라고 하는 것이네. 또한 그것이 일본에 전해진 유래에 관한 이야기가 있네."라고 설명한다.

이상이 마사후사와 사네카네가 나눈 문답이었다.

7 *문무백관이 정무를 볼 때나 궁중 의식 때 입던 하의(袴)와 겉옷(羽織)의 관복.

8 '참'은 예언하는 것, 또는 그 기록. 《야마대》의 한시, 곧 〈야마대시〉를 예언서로 인식하고 있음을 볼 수 있다.

〈야마대시野馬臺詩〉의 등장

여기서 문답의 초점은 모로도키의 저택에서 열린 시회에서 아쓰마사가 지은 시에 '영웅'이라는 말이 사용된 것에 맞추어져 있으며, 사네카네가 이를 극구 비난하고 있다. 이는 '영웅'은 근거가 없는 말이라는 의식에서 나온 비난으로 보인다. 원래 이 두 사람은 사이가 나빴었는지 서로의 시를 폄하하고 있고, 사네카네는 아쓰마사의 문관 관복을 벗겨야 할 정도로 수준이 형편없다고 업신여긴다. 아쓰마사도 하루 전에 마사후사를 찾아와 시회에서 사네카네가 지은 시를 혹평하는 보고를 한 것으로 보아 아쓰마사 또한 마사후사를 스승으로 모시고 있었던 것 같다.

아쓰마사에 관해서는《우지습유이야기》제62화,《십훈초十訓抄》[9] 제4의 3화 등에 그의 빨간 코가 사람들의 웃음거리가 되었다는 이야기가 전해져 있어, 그는 화제에 오르기 쉬운 인물이었던 듯하며 사네카네가 비난하는 요인도 그러한 점에 있었을 것 같다.《우지습유이야기》를 예로 들어 보면 민부대보民部大輔[10] 아쓰마사는 후지와라노 다다미치藤原忠通의 섭정 시대에 장인소藏人所[11]의 장관 '요시스케よしすけ'가 소집한 노역에 강제로 불려 가게 되었는데, 이에 화가 난 아쓰마사가 자신이 어떤 신분인지 알고 노역 대상으로 선정한 것이냐며 따졌다고 한다. 그때 요시스케가 "단지 코가 빨갛다는 것

---

9 1252년 편찬. 작자 미상. 열 개의 교훈에 의거해 여러 설화를 모은 책.

10 *민부성(民部省)의 차관직. 호적, 조세, 부역, 전답 관리 등을 담당했다.

11 *헤이안 시대 초기에 설치된 천황의 직속 비서관 업무를 보던 기관. 주로 칙서 작성, 상소문 전달 등을 담당했으나 헤이안 시대 중기에 와서는 경호·여관(女官)·악소(樂所)·회소(繪所) 등 궁중의 전반적인 업무를 맡았다.

만 알고 있습니다."라고 받아치자, 아쓰마사는 창피하고 어이가 없어 "허!"라고 하며 달아났다고 하는 우스운 이야기가 전해진다. 그리고 《십훈초》에서도 후지와라노 스케자네藤原佐實가 "꽃이 피었네, 꽃이 피었네. 아쓰마사敦正산의 봄 안개는 꽃 색깔로 빨갛다네."라는 시를 읊어 아쓰마사의 빨간 코를 야유하고, 이에 분노한 아쓰마사가 "볼 것 없네, 볼 것 없네. 스케자네 정원의 겨울 눈은 볼 것 없어 하얗다네."라는 시로 응했다고 하는 일화가 전한다.

문제는 《강담초》에서 사네카네가 아쓰마사를 비난하는 발언에 이어 마사후사가 '영웅'이라는 말에는 전거가 있다고 하며 승려 보지가 지었다는 '야마대의 참'이 거론되었다는 것이다. 이것이 훗날 〈야마대시〉로 불리게 되는 예언서(미래기)다. 더구나 마사후사는 "천명은 삼공에 있고, 백왕의 흐름은 끝나 없어지고, 원숭이나 개가 영웅을 칭한다."라고 해당 구절도 인용하고 있다. 이 구절은 전체 24구의 오언절구인 〈야마대시〉 후반, 제18에서 20구에 해당하는 이 시에서 가장 초점이 되는 절정 부분의 구절이다.

특히 "백왕의 흐름은 끝나 없어진다."라고 하는 구절은 마사후사의 시대에는 이미 널리 퍼져 있던 것으로, 천황 백대에 이르러 일본은 망한다고 하는 '백왕 사상百王思想'의 전거가 되고 있었다. 게다가 마사후사는 이 '야마대의 참' 전래에는 유래가 있는 것을 알고 있냐고 하며 사네카네를 추궁하고 있다. 하지만 사네카네는 그것을 몰랐던 것이다. 그렇기 때문에 마사후사가 그 자리에서 '야마대의 참'이 어떻게 일본에 전래되었는지를 말하기 시작하는 것은 당연했을 것이고, 그 유래가 바로 《강담초》 권3 제1단에서 마사후사가 외조부로부터 전해 들었다는 마키비 이야기, 즉 〈기비 입당 동안의 이야기〉임이 틀림없다. 사네카네가 '야마대의 참' 전래에 관한 유래를 모르고 있었던 것을 계기로 마사후사가 장편의 유래담을 이야기하게 된 것이다. 만약 사네카네가 알고 있었다면, 마사후사가 유래담을 꺼낼 일은 없었을 것이다. 아느냐 모르느냐에 따라 이야기의 전개가 좌우되어 아슬아슬하게 아는 것이 전해진 자리였다고 할 수 있다.

'영웅'이라는 어휘

과연 빨간 코의 아쓰마사는 이 〈야마대시〉의 "원숭이나 개가 영웅을 칭한다."라는 시구를 알고 시회에서 자신의 시에 '영웅'이라는 어휘를 썼던 것일까. 아니면 〈야마대시〉의 시구는 마사후사 혼자만이 알고 있었으며 아쓰마사의 시를 계기로 〈야마대시〉의 화제를 꺼냈던 것일까. 이것에 관해서는 당시 〈야마대시〉가 세상에 어느 정도 알려져 있었는지에 달려 있다고 본다. 참고로 '영웅'이라는 어휘는 정작 마사후사가 다자이후에 부임해 있을 때 "지혜가 뛰어난 성덕聖德이라 해도 어찌 예측할 수 있었으랴, 영웅이라 해도 누가 피해 돌아갈 수 있었으랴."[12]라고 읊은 시에 등장한 적이 있으며, 《강담초》 권3 제21단 〈영웅을 우류좌사右流左死라고 부르는 이야기〉에도 보인

12 *《본조속문수(本朝續文粹)》 권1, 서부작(西府作)·大江正房 〈聖德豈應面 英雄誰得避〉. 《본조속문수》는 헤이안 시대 말기 12세기의 문인 후지와라노 스에쓰나(藤原季綱)가 선집했다고 추정되는 한시문집으로 40명의 한시문 230편이 수록되어 있다.

다. '우류좌사'라고 하는 것은 우대신 스가와라노 미치자네가 유배당한 것과 좌대신 후지와라노 도키히라藤原時平가 젊은 나이에 요절한 것을 가리키며, 덕망 있는 인물, 즉 '영웅'을 우류좌사라고 칭했다고 한다.

〈야마대野馬臺의 참문讖文〉이란 무엇인가

이러한 경위로 마사후사는 사네카네에게 마키비에 관한 긴 이야기를 하게 되었던 것이고, 앞에서 언급한 '야마대'라는 말이 담화의 마지막에 가서야 나왔던 이유도 이제야 이해가 된다. 원래 계기가 '야마대의 참문'이 어떻게 전래되었는지 그 유래를 말하는 데 있었음을 역으로 증명한 셈이다.

참고로 〈야마대시〉의 시구를 살펴보자.

동해의 희씨국은	東海姬氏國
백세 동안 하늘의 솜씨로 대신한다.[13]	百世代天工
우사가 거들어 도와주고	右司爲扶翼
형주가 나라 발전의 공을 세운다.[14]	衡主建元功

---

13 '동해의 희씨국'은 동방의 이민족 국가를 뜻하지만 일본에서는 '희씨국'을 여제(女帝)의 나라로 해석해 아마테라스(天照大御神)나 진구 황후(神功皇后)가 다스리는 일본을 가리킨다고 여겼다. 이는 '하늘의 솜씨[天工]'는 《상서(尙書)》虞書에 "天工人其代之"라는 말이 있으며, 하늘의 일을 사람이 대신한다는 뜻이다.

14 '우사(右司)'는 군주를 모시는 신하를 말하며, '형주(衡主)'는 11세기 초 중국 불교 순례 기행집 《참천대오대산기(參天臺五臺山記)》 熙寧 5년 12월 1일 기사에 "台衡,

처음에 법으로 다스리는 일을 일으키고	初興治法事
나중에 조상 제사를 모신다.[15]	後成祭祖宗
본지가 천지에 널리고	本枝周天壤
군신이 처음과 끝을 바로잡는다.[16]	君臣定始終
골짜기가 파묻혀 전손이 도망쳐 뛰고	谷塡田孫走
생선회가 나와 날개를 펴고 하늘을 난다.[17]	魚膾生羽翔
칡넝쿨 후에 방패와 창이 움직이고	葛後干戈動
중엽에 쇠미해져 자손이 창성한다.[18]	中微子孫昌
백룡이 유영할 물을 잃고	白龍游失水
군급해져 호성에 의지한다.[19]	窘急寄胡城
누런 닭이 사람을 대신해 먹고	黃鷄代人食
검은 쥐가 소의 창자를 먹는다.[20]	黑鼠喰牛腸

堯舜贊風"이라고 하고 있어 재상급의 대신을 가리킨다고 추정된다.

15 법치체제를 갖추고 조상 제사를 지내게 된다는 뜻으로 일본에서는 〈헌법십칠조(憲法十七条)〉, 〈관위십이계(冠位十二階)〉 등을 제정해 법치국가의 기틀을 마련한 쇼토쿠 태자의 공적을 가리킨다고 해석한다.

16 '본지(本枝)'는 《文選》 4 〈南都賦〉에 "本枝百世, 天子位"라는 군주와 신하를 비유한 표현이며, '천양'은 하늘과 땅을 뜻한다. 군신에 의한 덕치가 천지에 널리 행해지고 군신의 질서가 잘 유지된다는 뜻으로 해석한다.

17 '전손(田孫)'은 정확한 뜻은 알 수 없으나 문맥상 귀인을 가리키며, 골짜기가 파묻혀 귀인이 도망치려고 우왕좌왕하고 생선회가 갑자기 날개가 돋아 하늘을 날 듯 하극상이 일어난다는 뜻으로 해석한다.

18 '방패와 창[干戈]'은 군사의 비유로 《論語》 〈李氏〉 제16에 "謀動干戈於邦內"라고 하였다. '미(微)'는 쇠미하다 또는 미천하다는 뜻으로 사용된다. 칡넝쿨이 만연한 후에 병란이 일고 중엽에 쇠미해져 미천한 자의 자손이 번성한다는 뜻으로 해석한다.

19 '백룡'은 《文選》 3 〈東京賦〉에 "白龍魚服"이라고 보이는 왕의 비유로 추정된다. '호성(胡城)'은 이민족의 성이라는 설도 있으나 정확한 뜻은 알 수 없다. 백룡이 물을 잃은 듯 왕이 위엄을 잃어 궁여지책으로 호성에 의지한다는 뜻으로 해석한다.

붉은 물이 흘러 다 없어진 후에　丹水流盡後
천명은 삼공에 있게 된다.[21]　天命在三公
백왕의 흐름은 끝나 없어지고　百王流畢竭
원숭이나 개가 영웅을 칭한다.[22]　猿犬稱英雄
유성이 들 밖에 날고　星流飛野外
종과 북소리로 나라 안이 시끄러워진다.[23]　鐘鼓喧國中
청구와 적토의 대지도　青丘與赤土
망망하여 마침내 아무것도 없게 된다.[24]　茫茫遂爲空

담화의 때와 장소

그렇다면 마사후사가 마키비 이야기를 언제 사네카네에게 들려준

---

20 동물을 비유로 하극상을 표현하고 있으며 그로 인해 세상의 질서가 붕괴한다는 뜻으로 해석한다.

21 '붉은 물[丹水]'은 《文選》 8 〈上林賦〉에 "丹水更其南, 紫淵徑其北"이라는 왕궁의 비유, 또는 《後漢書》 卷73, 《列傳》 63 〈公孫瓚傳〉에 "賊復大破, 死者數萬, 流血丹水"라는 전쟁으로 인한 핏물의 비유로도 사용된다. '천명(天命)'은 왕권을 가리키며, 붉은 물이 다 없어진 후에 왕권은 보좌하는 신하에게 맡겨진다는 것을 뜻한다.

22 '백왕'은 대대의 많은 왕이라는 뜻이지만, 여기서는 문맥상 백왕에서 종식한다는 것을 말하며, 일본에서 천황이 백 대째에서 종말을 맞이하고 원숭이와 개가 영웅을 칭하며 패권을 다투는 하극상과 군웅할거의 시대가 된다는 뜻으로 해석한다.

23 '종과 북소리(鐘鼓)'는 전쟁을 알리는 소리를 말하며 전란의 시대를 맞이한다는 뜻으로 해석한다.

24 '청구'는 한반도를 가리킨다는 설도 있지만, 여기서는 '적토(赤土)'와 함께 대지의 뜻으로 해석한다. 또한 '적토'는 《白氏文集》 3 〈捕蝗〉에 "雨飛蠶食千里間, 不見青苗空赤土"라는 시의 구절에 보이며 황폐해진 대지를 뜻한다. 전란으로 황폐해진 대지도 마침내 허무하게 무(無)로 돌아가 세계가 붕괴한다는 뜻으로 해석한다.

것이며, 아쓰마사가 영웅의 어휘를 넣어 시를 읊었다는 모로도키 저택의 시회는 언제 열렸던 것일까? 이에 관해서는 자신이 주최한 시회를 기록했던 모로도키의 일기를 통해서 알 수 있다. 모로도키의 부친 미나모토노 도시후사源俊房는 전 좌대신이었으며, 마사후사와는 절친한 관계였기 때문에 모로도키도 일찍이 마사후사를 스승으로 모셨다. 마사후사가 병을 앓았을 때 부친 대신 병문안을 하기도 했다. 모로도키는 시회나 가회歌會를 자주 열었기 때문에 당시의 대표적인 가인 미나모토노 도시요리源俊頼의 가집歌集에도 모로도키의 저택 팔조정八條亭에서 열린 가회에서 읊은 와카가 실려 있다. 모로도키의 일기는《장추기長秋記》라고 하는데 원정 시대 초기의 궁정 의례, 귀족사회의 풍습과 신앙 등을 알 수 있는 일등급 역사 자료이기도 하다.《장추기》에 의하면 사네카네와 아쓰마사가 참가한 시회는 1111년(천영 2) 6월 20일 기사에 보인다.

《장추기》의 기사에 의하면 당일 모로도키의 저택 팔조정에서 열린 시회는 글을 쓰기 위한 작은 책상 두 개, 벼루가 들어 있는 함, 둥근 방석 두 장, 촛대 두 자루 등을 갖추고 술잔을 열두 번 돌려 마신 후, 사계절을 비롯한 다섯 가지의 시제를 정해서 좌우로 나누어 자리에 앉아 제비뽑기로 시제를 고르고 좌우의 강사들이 순서대로 다섯 수를 읊었다고 한다. 이때 아쓰마사는 좌측의 강사였고, 상대는 우측의 강사 후지와라노 치카미쓰藤原周光였다. 그리고 사네카네는 시회의 서기 역을 맡고 있었다. 모로도키는 시회가 끝난 후에 사네카네가 적은 기록을 점검했다고 한다.

모로도키 저택에서 아쓰마사와 사네카네 두 사람이 자리를 함께한 시회는 이 외에도 있었으리라 생각되지만,《강담초》에서 화제가 되었던 시회는 기록으로 보면, 바로 이때의 일이 틀림없다. 마사후사는 그해 11월에 사망했으니 《강담초》의 '영웅'과 마키비에 관한 대화는 마사후사 말년의 이야기일 것이다. 또한 원정 시대의 역사 이야기를 엮은 《금경今鏡》[25]에 의하면 사네카네가 《강담초》의 기록자로 전하는데, 사네카네는 마사후사가 사망한 다음 해 1112년 4월에 28세의 젊은 나이로 요절한다. 결국 사네카네는 사망하기 1년 전에 스승인 마사후사와 담화를 나누고 기록했던 것이다. 《강담초》의 담화 시기를 규정할 수 있다는 점에서도 이 마키비 이야기는 귀중하다 하겠다.

《강담초》의 고본계와 유취본계

앞에서 언급한 《강담초》의 전본에 대해서 다시 한번 살펴보자. 마키비 이야기와, 아쓰마사가 '영웅'을 시에 읊은 모로도키 저택에서 열린 시회에 관한 이야기는 원래는 하나의 연결 고리였음이 분명한데, 《강담초》에는 왜 따로따로 떨어져 수록된 것일까. 《강담초》의 현존 사본은 고본계와 유취본계의 두 계통으로 구분되어 있다. 전자는 다이고사醍醐寺본, 마에다가前田家본, 간다神田본 등 세 개의 사본이 전해지는데, 필사 시기가 오래되었고 내용도 고태를 남기고 있으며 문답체 형식의 이야기가 비교적 많이 남아 있지만, 모두 잔결

25 *헤이안 시대 말기의 역사 이야기집. 1170년 성립설과 그 이후로 보는 설 등이 있다. 작자는 후지와라노 다메쓰네(藤原爲經, ?~1115)로 추정되며, 1025년부터 1170년까지의 역사를 좌담 형식의 기전체(紀傳體)로 서술하고 있다.

본殘缺本이기 때문에 부분적으로밖에 남아 있지 않다. 이에 비해 유취본계는 마사후사의 《화한랑영집和漢朗詠集》[26]의 주석, 이른바 〈낭영강주朗詠江注〉[27]까지 함께 실어 권5 내지는 권6까지 있고, 내용도 부류별로 재편되어 있다.

유취본계의 사본도 고본계와 비슷한 시기인 중세 시대에 만들어졌을 것으로 짐작되는데, 유취본이 필사되는 단계에서 마사후사의 '영웅'에 관한 유래담인 〈야마대시〉와 마키비 이야기가 분리되었던 것 같다. 담화의 뒷부분이었을 마키비 이야기는 권3의 제1단에, 담화의 기점이었을 시회의 '영웅'이라는 어휘를 둘러싼 이야기가 시에 관한 이야기만을 모은 권5에 수록되어 마키비의 이야기와 따로 떨어지게 됐다고 생각된다. 유취본계는 종종 마사후사가 제자와 나눈 담화의 문답체 형식을 고치거나 삭제하는 경우도 있지만, 다행히도 모로도키 저택의 시회를 둘러싸고 사네카네와 나눈 담화는 문답체로 남겨져 마키비 이야기와 연결된 것으로 판명되었다.

그런데 유취본계에 둘로 나뉘어 수록된 야마대시와 마키비 이야기는 유감스럽게도 현존하는 고본계의 사본에서는 찾아볼 수 없다. 그러나 최종적으로 확정 지을 수는 없지만, 고본계에도 마키비 이야기가 담겨 있었다는 것을 증명할 수 있는 문헌이 바로 대동급기념문고大東急記念文庫 소장의 《기비대신이야기吉備大臣物語》다. 이 《기

---

26 1018년 가인 후지와라노 긴토(藤原公任, 966~1041)에 의해 편찬된 낭송을 위한 시문집. 한시와 한문, 와카가 공존하는 앤솔러지다.

27 *《화한낭영집》 주석서의 일종. 본문의 글줄 사이에 주석을 덧붙이거나 본문 뒷면에 간단한 주석을 적은 형태의 기록이다.

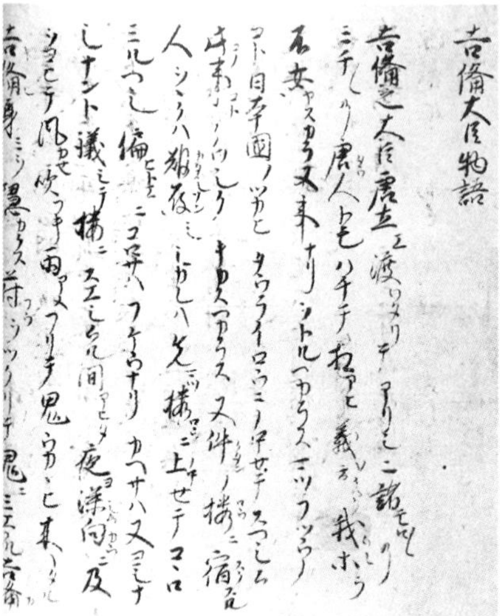

《기비대신이야기(吉備大臣物語)》

(大東急記念文庫所藏,《大東急記念文庫善本叢刊 中古中世篇 第1巻》, 汲古書院)

비대신이야기》는 한자와 가타카나를 병기해서 쓴 13세기 가마쿠라 시대 초기의 필사본으로 같은 시대의 이본은 전해지지 않으며 후대에 이 필사본을 전사轉寫한 사본이 현존한다. 한편 이《기비대신이야기》와《강담초》의 관계에 대해 지금까지 명확하게 밝혀지지 않았으나, 고마쓰 시게미小松茂美[28]가 지적한 바와 같이 고본계의《강담초》사본을 전사했다고 볼 수 있다.

28 小松茂美, 〈〈吉備大臣入唐繪巻〉考証〉, 日本繪巻大成,《吉備大臣入唐繪巻》, 中央公論社, 1977.

《기비대신이야기》의 존재

대동급기념문고 소장의 《기비대신이야기》는 나라에 있는 여러 사찰을 순례한 기록을 두루마리 책으로 엮은 《건구어순례기建久御巡禮記》[29]에 이어 덧붙은 한 부분이다. 즉, 두루마리 책의 제1지부터 제26지까지가 《건구어순례기》이고, 제27지부터 제30지가 《기비대신이야기》로 되어 있다. 또 이는 원래 《건구어순례기》 사본의 각 장 뒷면에 《기비대신이야기》를 필사한 것인데, 나중에 책을 보수할 때 뒷면 부분의 《기비대신이야기》를 따로 떼어 모아 두었다가 《건구어순례기》 마지막 장에 이어 붙인 것으로 밝혀졌다. 본문은 유취본계의 《강담초》와 《기비대신입당회권》 본문詞書의 중간 형태로 보이지만, 유취본계보다 회권 본문에 가까운 면도 있어, 원래는 같은 《강담초》에서 나온 것이라 해도 유취본계의 표현과 완전하게 일치하지는 않는다. 유취본계가 고본계를 개정한 결과 다소 상세해졌을 가능성도 생각할 수 있기 때문이다. 유취본계와 《기비대신이야기》의 필사 시기, 《강담초》에서의 전사 태도와 방법 등으로 인해 본문에 차이가 생겼다고도 볼 수 있다.[30]

나카마로 이야기로의 파생

그런데 《강담초》의 유취본계 사본 권3에는 마키비 이야기에 이어

29 1191년 고후쿠사(興福寺) 승려 지쓰에(實叡)가 나라의 7대 사찰을 순례하고 각 사찰의 연기를 집성한 기록. 《남도칠대사연기(南都七大寺緣起)》라고도 한다.

30 小松茂美, 앞의 글, 1977.

제2단 〈기비 대신의 승진 순서 이야기〉, 제3단 〈아베노 나카마로 시를 읊은 이야기〉라고 하는 두 개의 이야기가 보인다. 제2단은 마키비의 경력을 써내려 간 연보로 되어 있다. 제3단은 유명한 나카마로가 "드넓은 하늘을 저 멀리 내다보니"라고 하며 읊은 시를 둘러싼 이야기다. 이 두 이야기가 당초 고본계의 필사 때부터 존재했는지는 분명하지 않지만, 《강담초》 성립 이후에 아마도 유취본계가 만들어지는 단계에서 추가되었던 것으로 보인다. 이에 관해서는 나중에 자세히 서술하도록 하고, 여기서는 먼저 제3단의 나카마로 이야기부터 살펴보자.

> "영귀靈龜 2년에 견당사가 된 나카마로는 당나라로 건너간 후 귀국하지 못했다. 한가漢家의 누각에서 굶어 죽었다. 기비 대신이 후에 당나라에 건너갔을 때 귀신의 형상으로 나타나, 기비 대신과 대화를 나누고 당나라의 이모저모에 관해 알려 주었다. 하지만 나카마로는 귀국하지 못한 사람이다. 그가 읊은 시에 금기禁忌가 들어 있다는 것은 아니지만 아무래도 마음이 편치 않다. 이를 어찌 생각하는지."라는 글과 함께 모로기요師淸가 직접 나카마로의 시를 보내왔다.
>
> 드넓은 하늘
저 멀리 보이는 달은
내 고향 가스가春日의
미카사三笠산 위에
떠 있는 바로 그 달이겠지.

"이 시는 나카마로가 읊은 시라고 알고 있습니다. 견당사로 임명되어 당나라에서 읊었던 것이겠지요. 그렇지 않습니까? 그런데 무엇을 두고 금기가 있다고 하시는 것입니까?"라고 영구永久 4년 3월에 어떤 사람이 모로도오師遠에게 물었다.

이는 문답체 형식의 이야기로 '모로기요'와 '모로도오'의 이름이 보이고, 더구나 영구 4년(1116)이라는 마사후사가 사망하고 5년이 지난 해의 연호가 보인다. 먼저 모로기요와 모로도오는 대대로 궁중의 서기관이라고 할 수 있는 외기직外記職을 지낸 나카하라中原씨 가문의 사람들로 둘은 부자지간이다. 후에 '부가관백富家關白'[31]이라고 불리던 후지와라노 다다자네藤原忠實의 말을 기록해 《중외초中外抄》[32]를 엮은 것으로 유명한 나카하라노 모로모토中原師元도 모로도오의 아들이다. 당시 나카하라 가문에서는 귀족들의 언담을 기록한 문서를 수집해 관리하고 있었고, 마사후사의 말을 모은 《강담초》도 수집했을 가능성이 크다. 그렇게 구술을 관리하던 중, 《강담초》에 나카하라 가문의 구술 기록이 뒤섞이게 되고 그 사본이 유포되었는지도 모른다. 여하튼 《강담초》 권3에 장편의 마키비 이야기와 그의 경력에 관한 기록, 그에 이어 나카마로가 읊은 시를 둘러싼 화제가

31 *관백은 천황이 성인이 되기 전에 즉위할 경우 정무를 대신해 섭정하고, 성인이 되면 천황을 보좌하며 문무백관을 통괄하던 관료 최고의 관직이다. 후지와라노 다다자네(1078~1162)는 그의 저택명이 '부가전(富家殿)'이었으므로 부가관백으로 불렸다.

32 모로모토가 자신의 성씨 '나카하라(中原)'와 자신의 관직명 '외기(外記)'에서 한 글자씩 따서 지은 서명으로 1137년에서 1157년까지의 구술을 기록하고 있다.

거론되고 있다는 것은 마키비 이야기에서 파생되어 나카마로의 시가 연상되었다는 것을 알 수 있다.

위의 나카마로의 시에 관한 이야기에서는 당나라로 건너간 나카마로가 누각에서 굶어 죽은 것으로 되어 있고, 그가 읊은 시를 둘러싼 금기가 문제가 되고 있다. 이국에서 시를 읊은 것이 금기로 되어 있어 그 시비를 묻고 있으며, 나카마로가 일본으로 돌아오지 못하게 된 원인 중의 하나가 이국에서 시를 읊었기 때문이라고 추측했던 것으로 보인다. '어떤 사람'이 모로도오에게 무엇이 금기냐고 묻고 있는 것도, 그러한 시를 읊는 규칙에 관련되기 때문일 것이다.

3. 다른 전승의 탄생

나카도미 굿中臣祓의 기원

그런데《강담초》의 마키비 이야기와 비슷하면서도 이색을 띠는 그런 독특한 이야기가 일본의 불교서에 전해진다는 사실이 곤노 도오루今野達에 의해 지적되었다.[33] 가마쿠라 중기 히에이산比叡山 승려 쇼초承澄가 천태종에 전해 오는 밀교 수행에 관한 의례서를 집대성한《아사박초阿娑縛抄》권86〈육자하림법六字河臨法〉[34]의 한 구절인 '나카

33 今野達,〈吉備大臣入唐繪卷の周邊—隆國の記と女人の傳〉, 今野達說話文學論集刊行論集刊行會編,《今野達說話文學論集》, 勉誠出版, 2008.

34 *관세음보살을 본존으로 여섯 자 서언(誓言)의 주문을 염송하며, 일체 악마의 장애를 물리치고 고난과 재해를 소멸시키기를 기원하는 수행법.

도미 굿에 관한 것'에 보이는 마키비 이야기가 바로 그것이다. 나카도미 굿은 말 그대로 대대로 나카도미中臣 씨 가문에서 주관하던 굿, 즉 일본 종교인 신도神道에서 행하는 의례인데 이것을 천태종의 밀교에서 받아들여 수행법의 일환으로 삼았다. 이 '나카도미 굿에 관한 것'에서는 먼저 의례에서 낭독되는 제사문의 기원이 문제가 되고, '중국에서 전래된 것인가, 일본의 홍법대사 구카이空海가 쓴 것인가'에 관한 시비가 전개되고, '중국에서 시작된 것이라면 왜 시치라이 굿七瀨祓[35]이라고 일본어로 말하는 것인가'라는 질문이 나온다. 이에 이 굿은 중국에는 없으며, '나카도미 굿'이라는 문구가 일본 말인 것은 원래 일본어로 쓰였기 때문이라고 한다. 또한 〈기비대신재당일기〉 등에 이 굿의 제사문과 비슷한 내용이 있다고 하며, 그렇기 때문에 나카도미 굿은 그 나라(당)에서 시작했고 그것을 배워 일본에 전했을 것이라고 한다. 그리고 '미소기 굿禊祓'[36]이라는 말도 원래 당에 있었을까를 운운하며 문답이 이어진다.

1153년(인평仁平 3) 4월, 황후의 출산으로 육자하림법을 염송할 때, 대납언大納言 고래미치伊通가 밀교 승려 메이겐明玄에게 하림법의 기원이 중국인지 여부를 물으며, "하림법은 자각대사 엔닌이 당나라에서 가지고 왔다는 것인가? 그렇다면 왜 당나라 말이 아니라 일본어로 되어 있는가?"라고 했더니, 메이겐이 "그것은 세상 사람 모

35 *궁중에서 길일을 점쳐 천황에게 일어날 재앙이나 재난 등을 대신하는 의미로 만든 인형을 칙사가 일곱 군데의 여울에 흘려보내며 행하는 굿(祓)이다.

36 *나라 시대부터 행한 죄와 부정을 떨어 버리기 위한 일본 신도(神道)의 굿 의식. 헤이안 시대에는 천황이 원주(願主)가 되어 굿 의식을 행해 나라 전체의 액운을 떨어 버린다는 대굿(大祓, 나카도미 굿) 의식이 성립하게 된다.

두, 심지어 부녀자들한테까지도 잘 알려진 설이며, 일본어로 고치는 것은 어렵지 않습니다. 기비 대신이 당나라에 건너가 알려지게 된 것이며, 게다가 《다카구니경초기隆國卿抄記》를 보더라도 그것은 명백합니다."라고 답한다. 그러자 고래미치가 "하지만 〈일본기〉에는 당나라에서 건너왔다는 기록이 없지 않은가."라고 하자, 메이겐이 "그렇다면 나카도미 굿의 제사문이 중국 책에서 전해진 것이 아니라 일본의 누군가가 만들었다는 말씀입니까?"라고 받아쳤다. 고래미치는 더 이상 대답할 수 없었지만, 그때 음양료陰陽寮[37]의 학생 시게모리重盛가 《주 나카도미 굿注中臣祓》이라는 주석서에 그에 관한 내용이 있다고 하며 육자하림법과 나카도미 굿의 기원을 둘러싼 문답이 이어진다. 결국 마지막에 가서 "긴메이欽明 천황 때부터 나카도미의 성姓이 시작되었으니 나카도미 굿 또한 그 무렵에 만들어졌을 것이다."라고 결론 내린다.

《기비대신대당기吉備大臣大唐記》와 《다카구니경기隆國卿記》

문제는 그 후에 《기비대신대당기》, 《다카구니경기》 1·2를 검증해봐도 나카도미 굿이 긴메이 천황 때 만들어졌다는 것은 인용되어 있지 않다고 하며, 다만 그 책에는 다음과 같은 이야기가 전한다고 한다.

---

37 *중무성(中務省)에 속하는 기관으로 점술, 천문, 역술 등을 담당했다.

> 옛날에 모친이 읽어서 들려주신 글에 이르기를 "대신이 대국 당나라에서 귀신을 타고 야행하는 동안 그 굿을 외웠는데 '불에 달군 날카로운 쇠갈고리를 가지고 쏘아 대는 그런 것처럼'이라는 대목에 이르러 정말로 불에 달군 갈고리가 수없이 하늘에서 날아와 달려들자, 귀신이 갈고리에 찰릴 것을 두려워하여 도망쳐 버렸다. 대신은 그 말을 듣고 처음 구절부터 갈고리가 날아왔다는 부분까지를 적어 두었는데, 이튿날 아침 당나라 사람이 와서 보고 대신에게 굿의 정문正文을 주었다."라고 한다.

문장의 뜻이 통하지 않고 다소 애매한 부분도 있지만 대략 위와 같은 이야기가 실려 있다. 마키비가 귀신을 타고 야행했다고 하는 것은 《강담초》나 《기비대신입당회권》에 보이는 마키비와 귀신 나카마로가 누각을 빠져나와 하늘을 비행해 궁중으로 몰래 들어가 학자들이 읽고 있는 《문선》을 훔쳐 듣는 장면이 바탕이 되었을 것이다. 후세에는 마키비가 귀신을 타고 있는 모티브도 분명히 볼 수 있는데, 그것은 《지옥초지地獄草紙》[38]에 그려진, 귀신이 승려를 업고 뛰는 '절연당하는 귀신'이라는 제목의 그림을 방불케 한다.

위의 《기비대신대당기》, 《다카구니경기》에 전한다는 모친이 들려주신 이야기에서는 굿의 제문을 외운 주체가 분명치 않지만, 아마 귀신일 것이다. 그 제문 내용에 보이는 '불에 달군 날카로운 쇠

38 12세기에 제작된 지옥을 그린 회권. 《지옥초지》를 표제로 하는 4종의 회권이 현존하며, 고시라카와 원의 보고(寶庫) 렌게오원(蓮華王院)에 간직되었다는 간기(刊記)가 전하는 이본도 있다.

갈고리' 운운하는 대목에서 정말로 쇠갈고리가 날아와 귀신이 달아났고, 마키비가 거기까지 듣고 외운 문구를 적어 놓았더니 다음 날 아침 마키비를 보러 온 중국인이 경탄하며 굿의 제문 전부를 적은 본문을 마키비에게 건네주었다는 내용일 것이다.

변모해 가는 이야기

여기서는 귀신이 마지막에 도망쳐 버렸다고 했기에, 나카마로 귀신과는 다를지도 모른다. 마키비가 나카도미 굿의 제문을 부분적으로 적어 놓고 나중에 본문 전체를 건네받는 내용은《강담초》나《기비대신입당회권》에 보이는《문선》해독의 한 구절과 공통된다. 아마도 여기에서는 나카도미 굿의 제문을 모두 알아맞히는 것이 마키비에게 주어진 난제였을 것이다.

게다가 이 이야기는 어머니가 아이에게 읽어 주는 이야기다. 그것이《기비대신대당기》,《다카구니경기》1, 2에 전해지는 이야기라는 것이다. 이 두 책의 관계도 알기 어렵지만 연대로 보아《다카구니경기》1편이나 2편에《기비대신대당기》가 실려 있었던 것으로 추측된다. 다카구니라고 하면 '우지 대납언宇治大納言'이라든가, '난센방 대납언南泉房大納言'이라고 불렸던 미나모토노 다카구니源隆國를 말하며,《다카구니경기》는 곤노今野의 지적대로 산일되어 현존본이 없는 헤이안 시대의 설화집《우지대납언이야기》와 관계가 있다고 본다. '우지 대납언'은 다카구니를 가리키는 통칭으로, 그가 교토의 뵤도원平等院 난센방南泉房에서 행인에게 들은 여러 이야기를 받아 적어 모은 것이《우지대납언이야기》[39]라고 한다. 그렇다면 위의 모친이 들려준 마키비 이야기도 《우지대납언이야기》에 있었다면, 《다카구니경기》는 그 일문이었을 가능성이 있다.

앞에서 언급한 나카하라노 모로모토의 필기인 《중외초》에는 관백關白 후지와라노 다다자네가 어렸을 때 '대납언 이야기'를 낭독해 들은 일화가 있다. 그 이야기는 매를 훈련해 사냥하는 사람이 어느 날 매에 쫓겨 새가 되는 꿈을 꾸고 출가했다는 이야기로 《금석이야기집》 권19 8화와 공통되는 이야기이며, 이후 다다자네는 매 기르기를 그만두었다고 한다. 가령 위의 어머니가 들려주었다는 마키비 이야기가 《다카구니경기》에 실려 있었다면, 《강담초》 이전에 이미 마키비를 둘러싼 다른 이야기가 있었던 것으로 볼 수 있지만, 진위는 분명치 않다. 중세 시대에는 위서僞書가 워낙 많았기 때문에 마키비에 관해 얼마든지 여러 이야기가 만들어졌을 가능성이 크다. 그러므로 문헌을 저자의 실제 연대에 맞춰 실체화해서 파악하는 것은 위험하다고 할 수 있다.

또 과연 〈기비대신재당일기〉 혹은 〈기비대신대당기〉라는 기록이 정말 존재했을까. 마키비가 그런 기록을 남겼을 수도 있고 후대에 만들어진 것일 수도 있다. 하지만 역시 실재하지 않는 위서로 보는 것이 타당할 것이다. 두 번이나 당나라에 건너간 마키비가 남긴 기록은 많은 사람이 보고 싶다고 생각하는 공동의 환상과 같은 것이었으며, 언제부터인가 그것이 실재하고 있었던 것처럼 전한다.

---

39 11세기 헤이안 시대의 설화집. 《우지습유이야기》 서문에 의하면 미나모토 다카구니(1004~1077)에 의해 편찬되었다고 한다. 《금석이야기집》, 《고본설화집》 등의 성립에 많은 영향을 주었다고 추정되지만, 현존하지 않는다.

그것이야말로 중세 시대에 수없이 만들어졌던 위서의 우주, 그 한 부분이 아닐 수 없다.

그리고 위의 《아사박초》에 수록된 '나카도미 굿에 관한 것'의 말미에는 나카도미 굿은 이국의 적을 막는 굿으로 일본의 가스가 명신春日明神이 만들었다고 하는 천문박사 히로가타弘賢의 설도 인용되어 있다.

4. 이야기의 구조, '해독'의 이야기

신화와의 대응

《강담초》의 마키비 이야기로 다시 돌아가 보자. 이 이야기는 《고사기古事記》[40] 등에 저명한 오나무치大國主命[41]의 근국根の國[42] 왕래 신화와 매우 비슷하다. 다음과 같이 두 이야기의 모티브를 대조해 보았다.

	오나무치(《고사기》)	기비노 마키비
타국	근국	당
박해자	스사노오(スサノオ)	당나라 황제

40 710년 편찬. 일본 천황가의 정통성을 신대(神代)에서부터 기술한 일본 신화의 원전.

41 *일본 신화에 등장하는 대국주신(大國主神). 《일본서기》에 의하면 스사노오 신의 아들이며 일본국을 창건했다고 한다.

42 *일본 신화에 등장하는 이계(異界). 죽은 자의 영혼이 돌아가는 지하 세계, 혹은 바다 저 먼 곳으로 전한다.

	오나무치(《고사기》)	기비노 마키비
원조자	스세리 공주(スセリヒメ)	귀신(나카마로), 하세 관음, 스미요시 신
시련	감금, 불 고문	감금, 난제
위험 타개	스사노오를 구속	해와 달을 봉함
귀환	위원중국(葦原中つ國)[43]	일본
전래	검, 활과 화살, 거문고	문선, 바둑, 야마대시
결말	스세리 공주와 결혼, 팔십신(八十神)을 격퇴	일본의 이름을 드높임

《고사기》의 오나무치 신화는 타국에서 시련을 당하지만 원조자가 있어 도움을 받고 타국의 물건을 가지고 와서 힘을 발휘하는 이른바 귀종유리담貴種流離譚[44] 내지 타향 방문담으로 볼 수 있다. 오나무치는 야가미ヤガミ 공주를 둘러싼 형제들의 다툼으로 인해 미움을 사서 살해당한 후 근국으로 가서 스사노오에게 시련을 받지만, 스세리 공주의 원조를 얻어 극복하고 공주와 함께 근국의 신령한 검 등의 보물을 가지고 고국으로 돌아와 검의 힘으로 권력을 잡는다. 마키비의 경우 '일본국의 사신'으로 일본의 위신을 한 몸에 도맡고 있으며 귀신 나카마로의 지원으로 난제를 해결하고 마지막에는 하세 관음과 스미요시 신의 원조도 받는다. 난제로 주어졌던《문선》, 〈야마대시〉, 바둑 등을 가지고 돌아온다. 이른바 외교신화라고

43 *일본 신화의 세계관에서 본 지상 세계. '위원(葦原)'은 갈대가 우거진 무질서한 대지를 뜻하며 이러한 미개의 지상 세계에 천손(天孫), 즉 신이 나타나 평정한다는 것이 일본 신화의 주된 주제다.

44 *고귀한 신분으로 태어나 어린 나이에 타향을 떠돌며 갖가지 시련을 경험하고 그것을 극복한 결과 신이 되거나 고귀한 지위에 오른다는 설화의 한 유형이다.

볼 수 있다.

마키비 이야기는 동아시아의 국제관계를 바탕으로 한 복잡한 대외 인식이 깔려 있고, 대국에 대한 소국의 열등의식과 그 반전으로서의 우월의식이 얽혀 있는 외교를 둘러싼 기원담으로서의 의미를 지니고 있다.

또 이 마키비 이야기는 '해독'과 관련된 문제가 테마로 되어 있다. 마키비에게 주어진 세 가지 난제는 각각 주어진 텍스트를 어떻게 읽느냐 하는 것에 달려 있다. 《문선》은 본문을 훔쳐 듣고 외운 후 기록한다. 바둑 역시 바둑판의 눈금을 어떻게 읽느냐의 문제이며, 천장의 격자로 된 나무판 모양을 바둑판 삼아 돌의 배치를 읽어내는 방법을 검토한다. 적의 속셈을 어떻게 읽느냐의 문제이기도 하다. 〈야마대시〉에 이르러서는, 한자가 한 글자씩 사방팔방으로 뿔뿔이 배치된 암호와 같은 글을 어떻게 읽어 해독할지가 문제가 된다. 이 모두가 지적인 해독 게임이며, 마키비 이야기는 '읽기' 그 자체를 과제로 하는 이야기이기도 하다.

5. 마키비의 도술과 난제難題가 의미하는 것

마키비의 도술

마키비가 난제로 주어진 것들을 해독하기 위해 이용한 것은 각종 도술이었다. 귀신 나카마로와 처음 만났을 때는 은신술을 썼고, 《문선》 단락에서는 궁중에 침입하려 비행술을 썼고, 나아가 바둑 단락

비행술로 궁궐에 잠입하는 나카마로와 마키비

(보스턴 미술관 소장,《吉備大臣入唐繪卷》, William Sturgis Bigelow Collection by exchange32.131.3 Photograph © 2022 Museum ofFine Arts, Boston. All rightsreserved. c/o DNPartcom)

에서는 독한 설사약을 먹었음에도 용변을 억제하는 도술로 대항했으며, 마지막에는 해와 달의 움직임을 막는 도술을 써서 세상을 암흑으로 만들었다. 그러나 갖가지 도술을 자유자재로 쓸 수 있음에도 왜 누각에 갇힌 채로 있었는지 소박한 의문이 생긴다.

여기서 다시 한번 《강담초》를 읽어 보면, 마키비는 당나라에 건너가 여러 분야의 학문과 예능을 배워 학예와 지식에 깊이 통달했고, 총명하고 자애로웠기에 당나라 조정은 마키비의 탁월함에 비교되어 보이는 것을 부끄럽게 여겨 그를 누각에 가두었다고 한다. 이러한 마키비의 이미지가 전해진 것은 그가 두 차례나 견당사로 파견되었던 것을 전제로 하고 있을 것이다. 나카마로와는 첫 대면처럼 서술되어 있지만 사실은 첫 번째 파견 때 함께 같은 배로 건너갔고, 두 번째 파견되었을 때 장안에 머물고 있던 나카마로와 재회했음이 틀림없으며, 그러한 경위가 투영되어 있을 것이다.

어쨌든 이야기에서의 마키비는 이미 도술을 배워 익힌 상태였고, 그가 감금당한 누각은 대국 당나라에 정면으로 맞서기 위해 자신의 도술을 구사할 절호의 기회와 장소였다고 할 수 있다. 언제든지 누각을 벗어날 수 있었을 텐데 굳이 누각에 갇혀 있었던 것을 보면 시험하고 있는 것은 오히려 마키비이며, 당나라 측이야말로 마키비에게 시험당하고 있었다고 보아야 할 것이다.

도술을 구사하는 마키비의 '상'이 이미 만들어져 있었고, 음양도에 정통한 도술자인 마키비가 은신, 비행, 변통 봉쇄, 해와 달을 봉함 등의 여러 도술과 기예를 유감없이 발휘하는 데 이야기의 초점이 맞추어져 있었다. 시련을 두려워하지 않고 받아들여 그것을 극복하는 것이 마키비의 사명이었으며, 그의 외교 수완은 음양도로 대표되는 학예로 바뀌어 학문, 기예, 도술 등의 기원담이 되고 있다. 이는 앞의 장에서 보았던 마키비 전설과 깊이 관련되어 있다.《금석 이야기집》 등에서 마키비가 '음양도'에 깊이 정통해 있었다고 하는 것을 전제로 하고 있다.

마키비가 궁중에 침입해 몰래 엿들은《문선》의 한 구절을 오래된 달력의 구석구석에 써 놓았다고 하는 것은 음양도의 핵심이 역曆이었다는 것을 시사하는 점에서 간과할 수 없다. 또한 해와 달을 봉하는 도술이 오래된 주사위 통과 주사위 판으로 행해진 것도 원형과 방형의 판을 조합하는 음양도의 식반式盤[45]과도 관련이 있을 것이다.

---

45 *점술의 일종인 식점(式占)에 쓰이는 기구로 천지반(天地盤)이라고도 한다. 천반(원형의 반)과 지반(방형의 반)을 조합한 것이 기본형이며 천반이 회전하는 구조

난제가 뜻하는 것

여기서 마키비에게 주어진 난제의 의미에 대해 다시 한번 생각해 보자.

먼저 첫 번째 난제인 《문선》은 춘추전국 시대부터 중국 육조 시대까지의 시문을 집대성한 책으로 후에 일본에도 큰 영향을 미쳤지만, 12세기에는 이미 난해한 고전으로 인식되어 있었던 것 같다. 《강담초》 권6 제53단에서 마사후사는 "삼사와 《문선》에 대해 선사의 설을 전하는 자가 점점 끊어져, 사람들이 사화한조詞華翰藻를 중시하지 않게 되었다."라고 개탄하고 있다. 이것은 삼사(《사기》, 《한서》, 《후한서》)나 《문선》을 가르치는 사람이 없어졌고, 문장을 아름답고 화려하게 꾸미는 문장의 도道에 관심을 두지 않게 되었다는 것을 말한다. 또한 《강담초》 권6 제30단에서는 일본의 《일물집一物集》[46]이라는 책이 중국에 전해졌다고 하며, 당나라 사람이 가네아키라兼明 친왕이 지은 〈토구부兎裘賦〉[47]를 보고 이 글을 만약 중국 사람이 지었다면 필시 《문선》에 수록되었을 것이라고 하며 칭찬했다는 이야기가 있다.

《문선》이 난해한 고전으로 사람들이 읽기를 꺼려 거리가 멀어

로 되어 있다. 천반과 지반에는 각각 십간(十干), 십이지(十二支) 등의 점술에 필요한 문자와 기호가 그려져 있으며 그것을 기반으로 간단한 계산을 한다.

46 〈토구부〉와 같은 뛰어난 문장을 모아 엮은 책이었을 것으로 추측되나 현존하지 않으며, 《강담초》 외 다른 문헌이나 기록에 서명이 보이지 않는다.

47 *원문은 1060년에 편찬된 한시문집 《본조문수(本朝文粹)》 권1에 수록되어 있다. 다이고(醍醐) 천황의 제16 황자인 가네아키라(914~987)가 당시의 권세가 후지와라(藤原) 씨 가문에 의해 정계에서 밀려나 은둔할 때 원통한 마음을 표현한 글로 유명하다.

지게 되어 거꾸로 《문선》을 훔쳐 듣고 하루 이틀 사이에 외웠다는 마키비 이야기가 나왔던 것이다. 마키비가 오래된 달력에 써서 암송하고, 《문선》은 이미 일본에 있다고 장담하는 설정 그 자체에서 잃어버린 교양에 대한 환상을 엿볼 수 있다.

이어서 두 번째 난제인 바둑에 관해서는 《일본삼대실록日本三代實錄》[48] 866년(정관貞觀 8) 9월 22일 기사에 804년(연력延曆 23) 견당사의 일원으로 바둑 명인 도모노 오가쓰오伴少勝雄가 파견되었다고 전해지는 것을 보면, 바둑은 외교상 중요한 게임으로 의식되었던 것을 알 수 있다. 또한 선행 연구에서 이미 지적되었듯이 당대 소설 《두양잡편杜陽雜編》[49] 하권의 한 삽화에 일본 왕자가 당나라에 건너가 일본의 진귀한 그릇과 음악을 헌상하고 중국의 바둑 명인 고사언顧師言[50]과 바둑 대국을 두었다고 한다. 대국은 33번째 수에 이르러서도 승부가 나지 않다가, 고사언이 친 진신두鎭神頭[51]의 묘수로 인해 결국 일본 왕자가 패한다. 이때 왕자는 통역에게 고사언의 바둑 역량은 중국에서 3번째라고 듣고(실제로는 중국 제일의 명인), 소국의 제1위는 대

48 *901년 우다(宇多) 천황의 칙명으로 후지와라노 도키히라 등에 의해 편찬된 역사서. 세이와(淸和)·요제이(陽成)·고코(光孝) 등 3대의 천황 시대(858~887) 약 30년간을 편년체로 서술하고 있다.

49 *당대 말기의 문인 소악(蘇鶚)이 당나라의 진귀한 보배(珍寶)에 관해 전해 들은 이야기를 엮은 책.

50 *9세기경의 당나라 바둑 명인. 생몰년 미상. 《구당서》 권18, 선종본기 848년[대중(大中) 2] 3월 기사에 의하면 선종(宣宗)의 칙명으로 일본국에서 조공을 위해 온 왕자와 바둑 대국을 했다고 한다.

51 *고사언과 일본 왕자의 바둑 일화에 의해 만들어진 바둑 용어. 두 개의 축을 한 번에 방어하는 묘수를 말한다.

국 제3위의 역량에도 미치지 못한다고 경탄했다고 한다.

이《두양잡편》에 보이는 고사언은《구당서舊唐書》에도 전해지는 명인으로, 고사언이 친 '진신두'의 한 수가 세상에 알려져 '고사언 삼십삼진신두도顧師言三十三鎮神頭圖'라는 도판도 그려졌다고 한다.《두양잡편》의 일본 왕자와 고사언의 바둑 대국은 마키비 이야기와는 정반대로, 대국 당나라의 힘이 발휘되는 내용이다. 혹은 마키비의 바둑 이야기는 이《두양잡편》의 이야기를 바탕으로 주객을 전도시켜 일본이 승리하는 이야기로 각색했을 가능성도 있다. 그러나 이케다 온池田溫의 논설에 의하면,《두양잡편》에서 고사언과 바둑 대국을 둔 왕자는 일본 출신이 아니라 신라권 인물일 것이라고 한다.[52]

또 바둑 이야기에서 마키비는 누각 안에서 격자로 짜인 천장을 바둑판으로 삼아 360목을 헤아리고 그중에서 아홉 군데의 흑점인 성목聖目을 찾아 가리키고, 하룻밤 사이에 무승부로 판을 끝낼 방법을 생각해 낸다. 그런데 이 대목을《강담초》에서는 무승부를 의미하는 '세키'가 되는 수를 생각해 냈다고 서술하고 있는데, 이에 비해 회권에서는 '361목'으로 표현하고, 성목도 숫자 '구'로 표기해 한층 더 구체화하고 있다. 바둑의 역사에서는 양나라 무제武帝 때 바둑판이 17줄에서 19줄, 총 361로로 개량되었다고 한다. 양나라 무제라고 하면 바로 〈야마대시〉를 승려 보지에 쓰게 했다는 황제다. 양 무제 때를 중심으로 개량된 바둑판과 〈야마대시〉가 연결되는 것이 흥미롭다.

---

52 池田溫,《東アジアの文化交流史》, 吉川弘文館, 2002.

오무로 미키오大室幹雄의 바둑에 관한 논설에 의하면 361은 해와 달과 별들이 주행하는 주천周天의 수를 나타내며, 이 수가 나뉘어 네 귀퉁이가 되어 사계절을 나타낸다고 하며, 흑백 음양의 바둑알이 어떻게 놓이고 나열되느냐에 따라 우주의 발생과 만물의 생성·존재·멸망, 사계절의 추이 등이 마치 꿈이나 환상을 보는 것처럼 빠른 속도로 전개된다고 한다.[53]

마키비가 마지막으로 보인 도술에서 통과 주사위 판으로 해와 달을 봉했다고 하듯이 바둑과 주사위 등의 반상놀이는 도술의 중요한 도구였다. 흑백, 음양은 일월日月과도 통하므로 바둑과 마키비의 해와 달을 봉하는 도술은 어딘가에서 연결되어 있다고 생각한다.

〈야마대시〉의 해독

마키비에게 주어진 마지막 난제인 〈야마대시〉에 관해서는 필자의 구저[54]에서 언급했듯이, 이 시가 중국에서 만들어졌다고 하지만 언제 어떻게 일본에 전해졌는지 자세한 내용은 알 수 없다. 불과 5언 24구의 짧은 예언시이므로, 무엇인가의 짤막한 글이었거나 단편적인 부분, 아니면 무엇인가의 인용 등 여러 가지 가능성을 생각할 수 있다. 문제의 기점은 그것이 일본을 가리키는 예언서로 인식되어 가는 단계에서 찾을 수밖에 없다.

〈야마대시〉가 일본 문헌에 처음으로 인용된 것은 중세 시대의

---

53 大室幹雄, 《囲碁の民話學》, 岩波現代文庫(初版: 1977, せりか書房), 2004.

54 小峯和明, 《《野馬臺詩》の謎—歷史敍述としての未來記》, 岩波書店, 2003.

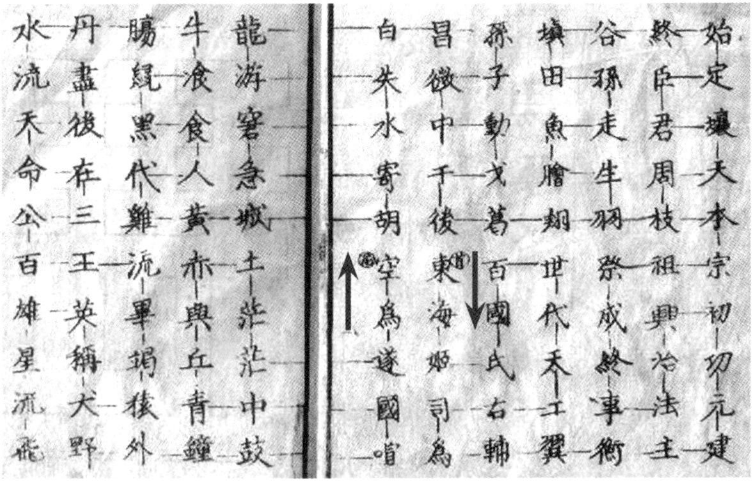

〈야마대시〉 도판. 해독을 하면 위쪽에 왕(王) 세 글자가 나타나며, 아래쪽에 왕의 권위를 상징하는 글자 정(鼎)과 비슷한 모양이 위의 세 글자를 받쳐 주는 구도가 드러난다.

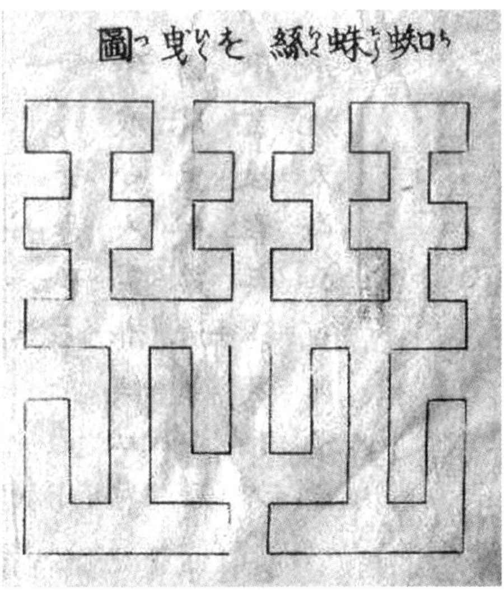

기비노 마키비가 〈야마대시〉 글 위에서 거미가 줄을 치며 움직이는 것을 더듬어 가며 해독하는 장면

에도시대 출판 〈야마대시〉 주석서 수록 도판

(그림 제공: 고미네 가즈아키(小峯和明), 《野馬臺詩經典余師》)

《엔랴쿠사호국연기延暦寺護國縁起》[55]에 보이는 '연력 9년 주기注記'다. 즉 8세기 말 790년 나라 시대 말기의 기사 주석에 인용된 것이다. 그다음으로 〈야마대시〉가 인용된 예는 미요시 기요유키三善清行의 《선가비기善家秘記》[56] 중 한 부분으로 기요유키가 사망한 918년(연희 18) 이전에 인용되었고, 또한 《일본기사기日本紀私記》[57] 정본丁本 936년(승평承平 6) 기사에도 인용된 것으로 보아 10세기에는 어느 정도 일본에 정착되어 있었다고 볼 수 있다. 특히 '연력 9년 주기'가 글자 그대로 연력 9년의 주석이라고 한다면, 나라의 헤이조경에서 나가오카경長岡京[58]으로 도성이 옮겨지던 시점의 것이 된다. 이 시대의 전후를 살펴보면, 770년에 고켄孝謙 천황에서 고닌光仁 천황으로 바뀌고 곧이어 781년에 간무桓武 천황이 즉위해서 10년이 지나지 않은 시기이며, 794년 도성이 나가오카경에서 헤이안경平安京으로 옮겨간 과도기적 시대였다. 그렇다면 〈야마대시〉는 나라 시대 말기의 도쿄道鏡와의 관계로 잘 알려진 고켄 천황에서 고닌 천황으로 바뀌는 황통의 전환점을 예언한 시로 볼 수 있으며, 이 전환점이야말로 마키비가 활

---

55 *가마쿠라 시대 중기에 편찬된 작자 미상의 엔랴쿠사(延暦寺) 연기(縁起). 천태종의 전교대사 사이초(最澄, 766~822)의 이야기를 비롯해 다른 종파 종조(宗祖)의 뛰어난 행적도 아울러 기록하고 있다.

56 *헤이안 시대의 학자 미요시 기요유키(847~919)에 의해 편찬된 한문 표기의 일본 괴이설화집. 완본은 현존하지 않는다.

57 *나라·헤이안 시대에 칙명으로 궁중에서 《일본서기》를 강의했던 박사들이 쓴 주석서. 갑·을·병·정 4종의 사본이 현존하며 정본은 936년(승평 6)에 강의한 주석서로 알려져 있다.

58 *교토 히다카시(日高市), 나가오카시(長岡市), 교토시 사이교구(西京區) 일대의 지역에 위치했던 도성. 784년에 헤이조경에서 도읍을 나가오카경으로 천도한 후, 794년에 헤이안경으로 도읍을 옮겼다.

약하던 시기에 해당한다.

임신壬申의 난[59] 이후, 쇼무聖武 천황에서 고켄 천황까지 이어지던 덴무天武 천황 계통이 단절되고 다시 덴치天智 천황 계통의 고닌 천황으로 황통이 교체되고, 이어 간무 천황 때 헤이안경의 시대가 시작되니, 고대사의 큰 전환점이라 해도 무방하다. 그 전환을 〈야마대시〉가 예언했다고 하면 충격은 실로 컸을 것이다. 그것을 전래한 것이 고켄 천황을 섬기고 고닌을 황태자로 옹립한 마키비였다면 예언의 신빙성은 두말할 나위 없이 높았을 것이며, 단번에 〈야마대시〉는 시대를 읽는 예언서로서 주목되고 그 존재의 의의가 확고히 다져졌을 것이라고 짐작된다.

실제로 〈야마대시〉에 관한 주석서는 중세 시대에 증가하지만, 주석의 위상으로 따지면 앞에서 언급한 나라 시대 말기에 초점을 맞춘 문헌들이 필사 시기가 오래되었고 내용도 고태를 남기고 있는 고사본층을 형성하고 있다.

예언서로서의 〈야마대시〉가 맡은 의의는 두 가지다. 첫째는 '야마토'라는 일본 국호의 전거가 되었다는 점이다. 둘째는 '백왕의 흐름이 끝나고 원숭이와 개가 영웅을 칭한다'라고 하는 시구를 바탕으로 일본은 천황 백대에서 망한다는 종말관, 이른바 백왕사상의 전거가 되었다는 점이다. 후자는 앞에서 살펴본 대로 《강담초》에서

---

59 *672년 황위계승 분쟁으로 일어난 내란. 덴치 천황 사망 후, 오토모(大友) 황태자가 황위를 계승하는 것에 반기를 든 천황의 동생 오아마(大海人) 황자가 지방 호족들과 병합해 군사를 일으켜 관군과의 격전 끝에 승리해 즉위해서 덴무 천황이 되고 패배한 황태자는 자살했다.

마사후사가 문제시하고 있던 것과 관련되며, 후에는 고시라카와 원에 의한《기비대신입당회권》의 제작과도 연결된다.

'야마토'의 어원설은 앞에서 언급한《일본기사기》정본에 보인다. 936년(승평 6) 12월, 궁궐 안 전각 의양전義陽殿에서 열린 제5차《일본서기》강석에 관한 기록에 일본의 국호가 거론된다. 이때 강사는 야타베노 긴모치矢田部公望였다. 일본의 국호가 문제가 되는 대목에서 시대를 거슬러 올라가며 계속 여러 설이 제기되는 가운데 〈야마대시〉의 시구가 인용되어 있으며, 이는 일본이 어떤 나라인가를 물을 때 중요한 자료가 〈야마대시〉였음을 보여 준다. 먼저《일본기사기》에 의하면 일본의 칭호를 놓고 여러 설이 제기되었고, 그중에서 "양나라 때 승려 보지의 참에 이르기를, 동해의 희姬씨국"이라고 하며 희씨국의 칭호가 나온다. 또한 '동해의 희씨국'은 '야마토국'의 이름이라는 설도 함께 인용되고, 희씨라고 하는 것은 아마테라스 대신天照大神이나 진구神功 황후 등을 가리키며 그들이 여성이었기 때문에[60] '희씨국'이라는 칭호가 나왔다고 한다. 이《일본기사기》에 인용된 '동해의 희씨국'이라는 문구야말로 양나라 승려 보지의 참, 즉 〈야마대시〉의 첫 시구였던 것이다.

〈야마대시〉는 10세기에는 이미 일본 칭호설의 일환으로 여겨져, 여신과 여왕설의 전거가 되어 간다. 〈야마대시〉가 중국에서 만

---

60 헤이안 말기의 관료 일기《산괴기(山槐記)》1161년 4월 22일 기사,《병범기(兵範記)》1169년 1월 26일 기사 등에 이세(伊勢) 신궁 아마테라스 신전에 남성용 정장이 봉납되었다고 전해지고, 이후 중세 시대에는 아마테라스가 어린 동자(童子) 상으로 그려져 남성 신으로 이미지화되기도 했다.

들어졌다고 해도 그것이 일본에 전해지자 일본의 미래와 관련된 예언서로 취급되는 근거로 인식되어 간다. 동방을 뜻하는 한자어 '부상扶桑'이 일본을 가리키는 설로 의미가 변환되어 가는 예와도 공통될 것이다.

백왕사상은 이미 헤이안 시대 중기인 11세기에는 여러 문헌에서 찾아볼 수 있으며, 이를 통해 그만큼 〈야마대시〉의 영향력이 강했던 것을 알 수 있다. 마사후사가 야마대를 '왕법 쇠미' 혹은 일본의 '쇠상'을 예언한 것으로 보는 것도 이러한 백왕사상을 바탕으로 하고 있으며, 마지막에 '승려 보지의 야마대의 참'이라고 서명을 말하고 '일본', 즉 '야마대'의 설을 거론한 것도 당시 원정 시대까지의 일본과 백왕사상 흐름의 집약점에 〈야마대시〉가 있었음을 잘 보여준다.

그 연장선에 《기대신입당회권》이 모습을 드러내게 될 것이다.

제3부

《기비대신입당회권吉備大臣入唐繪卷》의 형성과 세계

1. 사네카네實兼 · 신제信西의 〈강담江談〉에서 고시라카와 원後白河院의 회권으로

고사본 《수언초水言鈔》의 존재

앞의 제2부에서 살펴본 《강담초》에서 마사후사는 자신의 이야기를 듣고 기록하는 사네카네에게 다음과 같이 말하고 있다.

> 나이 칠십을 바라보고 있다는 것은 근래에는 드문 일이지. 짧은 인생은 아니었네. 중국의 안회顔回는 지덕智德이 지극히 뛰어났지만 불과 30년 만에 세상을 마쳤지. 그래서 나는 세상에 아무것도 여한이 없다네. 단지 마음에 걸리는 것은 장인두藏人頭[1]의 관직을 마치기도 전에 자손이 젊은 나이로 세상을 떴다는 것일세. 자네와 같은 자손이 있다면 더 이상 무엇을 바라겠는가. 가문 대대로 내려오는 기록이며 학문의 깊은 뜻과 기예의 비법 등을 적어 소중히 간직해 온 책들이 모두 연기처럼 사라지려 한다네.(《강담초》 권5 제73단)

1 *칙서나 상소문 등을 관리하는 장인소(藏人所)의 실무 전반을 총괄하는 실질적인 책임자로 천황의 수석 비서관에 해당하는 관직이다.

'자네와 같은 자손이 있다면 더 이상 무엇을 바라겠는가'의 구절에서 사네카네가 자신의 아들이었으면 얼마나 좋았을까 하는 마사후사의 탄식이 보인다. 마사후사가 다자이후의 관직 임기를 마치고 도성으로 돌아오기 전에 아들 다카카네隆兼가 병사했고, 자신 또한 연로의 몸이 되어, 학문 전승의 가문으로 고명한 오에大江 씨 가문이 단절된다는 위기감이 고조되어 있었던 것이다. 마사후사가 자신의 가문에 전해오는 학문과 지식을 모두 전수해 주고 싶을 정도로 사네카네는 장래가 촉망되는 인물이었던 것 같다. 하지만 사네카네는 마사후사가 죽은 다음 해인 1112년에 28세의 젊은 나이로 의문의 죽음을 맞이한다. 당시 관백關白이었던 후지와라노 다다자네藤原忠實의 일기 《전력殿曆》에서는 '사네카네가 살해된 것이 아닐까'라고 그의 죽음에 대한 의문이 제기되었고, 후지와라노 무네타다藤原宗忠의 일기 《중우기中右記》에서도 그의 요절을 아쉬워하는 기사가 보인다. 아직 20대의 의기왕성한 궁중 관인이었던 사네카네는 상당히 장래가 기대되는 인재였을 것이다. 앞에서 살펴본 모로도키 저택의 시회에서 아쓰마사를 신랄하게 비판하는 모습 등으로 보아 사람들로부터 시기심이나 미움을 사기 쉬웠을지도 모른다.

그러나 사네카네는 마사후사의 이야기를 오늘에 전하는 귀중한 기록을 남겼다. 그것이 사네카네의 후손에게도 꾸준히 전해져 왔던 것이다. 사네카네는 후지와라 씨 남가南家의 학자 가문이다. 그의 아들은 고시라카와 원의 근신近臣으로 유명한 승려 정치가 후지와라노 미치노리藤原通憲다. 미치노리는 출가 후 법명인 신제로 불렸고 승복 차림으로 날카로운 정치 수완을 발휘해 권세를 장악하지만, 마침내 평치平治의 난[2] 때 참수당하는 최후를 마쳤다.

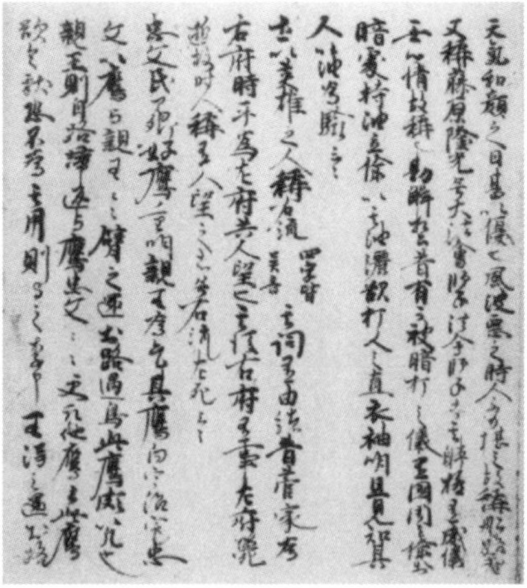

다이고사 소장《수언초》
(古典保存會複製,《水言鈔》, 國立國會圖書館 Digital Collections, 1925)

고본계《강담초》의 고사본 중 하나로 다이고사醍醐寺 산포원三寶院[3] 소장의《수언초》가 전하는데, 이 사본은 신제의 아들로 다이고사 주지를 지낸 쇼켄勝賢이 신제의 손자 조켄成賢에게 전한 것으로 알려져 있다. 쇼켄은 신제의 아들, 조켄은 쇼켄의 형인 사쿠라마치 중납언桜町中納言 시게노리成範의 아들로 둘은 숙부와 조카 사이가 된다. 모두 헤이안 말기부터 중세 시대의 다이고사 산포원을 거점으로 활약한 학문승이다. 즉《강담초》의 고사본《수언초》는 사네

2 *1159년에 일어난 반란. 고시라카와 원의 근신 신제와 다이라노 기요모리(平清盛)가 결탁해 정권을 장악한 것에 불만을 품은 미나모토노 요시도모(源義朝)가 일으킨 반란으로 고시라카와 원을 별궁에 유폐시키고 신제를 참수하지만 결국 기요모리에게 패한다.

3 *교토 후시미구(伏見區)에 위치한 다이고사의 말사(末寺). 1115년에 신제의 아들 쇼켄(1138~1196)이 창건했다.

카네-신제-쇼켄-조켄으로 전해 온 것이다. 또한 이 책의 말미에는 1198년(건구建久 9)에 조켄이 조다이고사上醍醐寺의 가쿠도원覺洞院에 거처하면서 염송 독경을 하는 틈틈이 《강담초》를 읽었는데, 이 책과 같은 내용의 기사가 많다고 하며 의문을 제기하고 있다. 1245년(관원寬元 3)에 필사된 마에다가본前田家本도 《수언초》 계통으로 여겨지고 있다. 그리고 이와는 다른 계통인 고잔사高山寺 소장의 사본에는 '영구永久 2, 3년(1114, 1115)'에 필사되었다고 전해져, 상당히 이른 단계에서 《강담초》는 확대·개편되었을 가능성이 있다. 하지만 안타깝게도 이들 사본은 모두 완본이 아니고 부분적으로밖에 남아 있지 않은 잔결본이다.

마사후사의 학통은 어떤 면에서 보면 사네카네를 통해 신제와 그 후손들에게 전해졌다고 볼 수 있다. 예를 들어 신제의 아들 중 한 명인 천태종 아구이류安居院流[4] 창도唱導[5]의 대성자로 알려진 승려 조켄澄憲이 지은 《언천집言泉集》에서 이를 찾아볼 수 있다. 《언천집》은 '설초說草'라고 불리는 작은 책자에 쓰인, 법회에서 사용하기 위

---

4 *아구이는 가마쿠라 시대 초기에 신제의 아들 초켄(1126~1203)에 의해 창건된 교토 가미교구(上京區)에 위치했던 지쿠린원(竹林院)의 승방(僧房) 이름이며, 사찰과 승방은 폐사되어 현존하지 않는다. 초켄은 미성(美聲)의 낭창기법으로 설법하는 승려로 이름이 높으며, 아들 쇼카쿠(1167~1235)가 그 특유의 설법 기법을 대성한다. 그로 인해 아구이는 조켄과 쇼카쿠의 낭창 설법을 배우려는 승려들의 근거지가 되고, 이러한 조켄 계통의 설법을 아구이류라고 칭했다.

5 *설법을 통해 불교의 교의를 가르쳐 불도로 이끄는 것이 원래의 뜻이지만, 중세 시대에는 글을 모르는 서민 교화를 계기로 목소리의 고저, 억양 등 리듬을 곁들인 낭창으로 경전의 교리나 비유·인연담 등을 설법해 청중을 감화시키는 특유의 창도가 성행했다. 이러한 법회의 창도는 창도사(唱導師, 설경사)가 전문화되어 가면서 무로마치 시대의 낭창이야기와 예능·문예 장르로 이어진다.

해 설교나 중요 경문, 의례문, 설화 등을 모아 만든 편람서와 같은 것인데, 이 《언천집》에 마사후사가 쓴 원문집인 《강도독납언원문집江都督納言願文集》[6]에서 인용한 문구가 가장 많이 보이는 것도 그 한 예다.

이렇게 고본계 《강담초》의 전승을 살펴보면, 고마쓰 시게미를 비롯한 선행연구에서 이미 지적된 바와 같이 《강담초》의 마키비 이야기 또한 신제나 쇼켄 등 사네카네의 후손에 의해 당시 고시라카와 원에게 전해졌다고 볼 수 있을 것이다. 또한 앞에서 살핀 대동급기념문고 소장 《기비대신이야기》가 고본계 《강담초》에서 발췌한 것이라면, 유취본계 《강담초》보다 《기비대신입당회권》의 본문에 가까운 면이 있다는 것도 납득이 갈 것이다.

고시라카와 원과 회권

고시라카와 원과 회권의 관련은 오늘날 알려진 것만으로도 상당 히 깊다. 궁중과 도성을 중심으로 한 의례와 제례를 집대성한 《연중행사회권年中行事繪卷》은 근세 시대에 모사한 사본 일부분만이 현존하고 있지만, 《고금저문집古今著聞集》[7] 권11에 의하면 원래는 60권으로 만들어졌다고 한다. 또 《기비대신입당회권》과 함께 중세 시대에 와카

---

6 1061년에서 1111년에 걸쳐 지은 원문(願文) 115편. 원문은 법회에서 낭독되는 원주의 기원을 한문 대구(對句) 형식으로 화려하고 기교 있게 표현한 글을 말한다.

7 1254년 편찬. 가마쿠라 시대 초기의 문인 다치바나노 나리스에(橘成季)가 설화의 백과사전을 목표로 엮은 책.

사若狹의 오바마小浜로 피난시켰던 《반대납언회권》이나 《히코호호데미존회권》을 시작으로 《지옥초지地獄草紙》, 《아귀초지餓鬼草紙》 등 불교의 육도六道[8]를 그린 회권도 모두 고시라카와 원의 보고寶庫인 렌게오원蓮華王院에 소중히 간직되었다고 한다. 《기비대신입당회권》도 역시 고시라카와 원에 의해 궁중의 회소繪所에서 제작되었을 것이다.

한편 신제가 고시라카와 원의 후지와라노 노부요리藤原信賴[9]에 대한 총애를 간언하기 위해 《장한가회권長恨歌繪卷》을 만들게 해서 고시라카와 원에게 헌상했다는 일화도 전해진다. 이 일화는 당시의 관백이었던 후지와라노 가네자네藤原兼實의 일기 《옥엽玉葉》이나 평치의 난을 서술한 《평치이야기平治物語》[10]에도 보이는 것으로 보아 당시 상당히 알려진 이야기였을 것이다.

하지만 안타깝게도 신제의 《장한가회권》은 오늘날 전하지 않는다. 현종과 양귀비를 둘러싼 비련의 이야기로 알려진 〈장한가〉의 화제가, 군주에게 간언을 하기 위한 정치적 의미에서 회권으로 만들어졌다는 것은 백거이白居易의 《백씨문집白氏文集》에 수록된 〈장한가〉 본래의 '풍유諷喩'에 입각한 것이었음을 엿볼 수 있다. 회권은 결

---

8 *불교의 윤회 사상에 의해 중생이 그 업에 따라 죽은 후 가게 되는 천도, 인간도, 아수라도, 축생도, 아귀도, 지옥도의 여섯 세계를 말한다.

9 *1133~1160. 고시라카와 원의 각별한 총애를 받아 원의 처소인 별궁을 총괄하는 별당(別當)직에 특별 승진해 당시 권세를 누리던 신제와 대립했다. 신제가 승진을 방해한 것에 불만을 품어 1159년에 미나모토노 요시도모와 결탁해 반란(평치의 난)을 일으켜 신제를 참수하지만, 다이라노 기요모리(平清盛)에게 살해당했다.

10 가마쿠라 시대에 만들어진 작자 미상의 이야기집으로 평치의 난을 둘러싼 사건들을 서술하고 있다.

코 단순한 오락거리나 오늘날과 같은 예술 감상을 위한 것만이 아니라 오히려 정치권력이나 종교 신앙에 깊이 관계된 것이었다. 신제가 몸소 간언하고자 《장한가회권》을 만들었다면 《기비대신입당회권》 또한 비슷한 경위로 생각할 수 있지 않을까. 《기비대신입당회권》에는 천황 백 대에 일본은 망한다는 종말을 예언하는 〈야마대시〉가 등장하기 때문에 고시라카와 원과도 무관하다고 생각되지 않으며, 오히려 왕권 유지의 차원에서 더욱 심각하게 받아들여야 했었을 것이다.

신제가 젊은 나이에 별세한 부친 사네카네의 유지를 잇기라도 하듯 《강담초》에 나오는 당나라에서의 마키비 이야기를 제시해 고시라카와 원이 크게 감화했던 것은 아닐까 상정해 보고 싶다. 혹은 그것이 신제가 아니라 아들 쇼켄이나 손자 조켄이었을 수도 있다. 이들은 모두 진언종眞言宗 밀교의 산포원을 거점으로 하는 다이고사 주지 승려들로 고시라카와 원의 정치에 깊이 관여했던 인물들이기 때문에 신제의 정치관, 사상 등 그의 맥을 이어갔을 것이다.

또 후지와라노 가네자네의 일기 《옥엽》 1191년(건구 2) 6월 20일 기사에 고시라카와 원과 관련해 신제의 아들 쇼켄이 보인다. 이 기사에 의하면 헤이씨平氏 가문에 의해 불타 버린[11] 나라의 도다이사를 재건하기 위해 분주히 힘썼던 승려 초겐重源[12]이 고시라카와 원

---

11 *평치의 난 이후 정권을 장악한 헤이씨에 대항해 겐씨(源氏)가 반란을 일으켜 6년 동안 내전을 벌였던 겐페이(源平)의 난(1180~1185) 때, 헤이씨 일족이 그들의 정권에 반항적이었던 도다이사를 비롯한 나라의 여러 사찰에 불을 질러 태워 버린 사건을 말한다.

12 *1121~1206. 도다이사 대권진직(大勸進職)에 임명되어 도다이사 재건을 위해 각

에게 무로사室生寺[13]에 전해지는 불사리를 헌상했는데, 그 자리에서 신제의 아들 쇼켄이 '경문 및 미래기'를 낭송했더니 고시라카와 원이 사리에 심취하고 크게 감화받아 '미래기에 들어가셨다'고 한다. 훗날 이 사리는 가짜였음이 판명된다. 그런데 여기서 쇼켄이 낭송한 '미래기'란 아마도 쇼토쿠聖德 태자의 예언서 〈쇼토쿠태자 미래기〉[14]였을 것으로 추정되고 있지만, 회권에 그려진 〈야마대시〉였을 가능성도 없지는 않다. 특히 고시라카와 원이 '미래기에 들어가셨다'라는 독특한 표현이 눈길을 끈다. 미래기에 사로잡혀 버렸다는 의미일 것이다. 이는 고시라카와 원이 진위를 가리지 않고 사리와 미래기를 믿는 모습을 가네자네가 비난하며 야유한 것이었다. '미래기에 들어가셨다'라는 말은 확실치 않은 것을 안이하게 믿어 버리는 것을 비난하는 당시의 속담이었던 것 같다.

어쨌든 여기에서 쇼켄이 고시라카와 원과 연관되어 있었다는 것을 명확히 알 수 있다. 그렇다면《강담초》를 매개로 하는 마키비 이야기도 위와 같은 자리에서 전해져, 고시라카와 원의 관심을 끌고 위기의식을 크게 부추겼을 것이라는 추측도 터무니없지는 않을 것이다.

지를 돌며 설법으로 포교하면서 모금 활동을 적극적으로 펼쳤다.

13 *681년에 창건되었다고 추정되는 나라현 우다시(宇陀市)에 위치한 진언종 사찰.

14 한 편의 고정화된 작품이 아닌 쇼토쿠 태자의 예언을 전하는 글이나, 태자에 가탁한 예언서《어기문(御記文)》,《미래기》 등의 쇼토쿠 태자 〈미래기 군(群)〉을 말한다. 태자가 자신이 죽은 후 시텐노사(四天王寺) 창건, 헤이안경 천도, 불법의 흥망 등에 관해 예언했다고 한다. 小峯和明,《予言文學の語る中世―〈聖德太子未來記と野馬臺詩〉》, 吉川弘文館, 2019.

또한 고시라카와 원의 아들 중 한 명인 닌나사仁和寺의 슈카쿠 법친왕守覺法親王[15]의 저서 《우기右記》에는 다음과 같은 마키비와 관련된 글이 보인다.

> 옛날에 기비 대신이 당나라에 건너가 있을 때, 계림鷄林의 술사術師에게 배워 마대馬臺의 박사博士를 전했다고 한다.

이는 고시라카와 원의 주변에 마키비에 관한 이야기가 퍼져 있었다는 것을 뒷받침하는 중요한 사례다. 그런데 여기서 '계림'은 신라를 가리키는 것이며 신라의 술사에게 〈야마대시〉의 '박사', 즉 읽는 법을 배워 일본에 전했다고 한다. 거미줄을 더듬어 해독한 것이 아니라 신라의 술사에게 읽는 법을 배웠다고 하는 등 마키비 이야기를 둘러싼 다른 전승이 있었던 것이다.

---

15 *친왕은 천황의 형제, 황자의 지위를 가리키는 칭호. 759년 준닌(淳仁) 천황의 칙명에 의해 사용되기 시작했으며 황녀는 내친왕(內親王)이라고 하고 출가한 친왕을 법친왕(法親王)이라고 한다. 슈카쿠 법친왕(1150~1202)은 출가 후 교토의 닌나사에 머물며 진언종 법류를 계승했다.

2. 《기비대신입당회권》의 성립과 유전流傳

세 개의 회권을 기점으로

고시라카와 원의 명령에 의해 제작된 것으로 보이는 세 개의 회권 《반대납언회권》, 《히코호호데미존회권》, 《기비대신입당회권》이 오늘날까지 전해진 것은 중세 시대에 오바마로 피란했기 때문이다. 후시미궁伏見宮[16] 사다후사 친왕貞成親王[17]의 일기인 《간문일기看聞日記》 1441년(가길嘉吉 1) 4월 26일 기사에 의하면 이 세 개의 회권을 와카사 오바마의 신하치만궁新八幡宮에서 가져다 자신의 아들[18]에게 보여주었다고 한다. 그 후 회권을 언제 어떻게 반환했는지에 관해서는 현존 《간문일기》의 사본에는 보이지 않지만, 아마 일기의 낙장 부분에 있었으리라 생각한다. 확실치는 않지만, 그리 멀지 않은 시점에서 오바마로 되돌려 보냈을 것으로 추측한다.

그 후 세 개의 회권이 걸어간 운명은 참으로 기구했다. 먼저 《히코호호데미존회권》의 경우를 보면 에도江戶 시대[19]로 들어서면서

16 *천황에게 궁호(宮號)를 하사받은 황족 일가의 저택을 궁가(宮家)라고 하며, 후시미궁은 스코(崇光) 천황의 아들 요시히토(榮仁) 친왕(1351~1416)이 거처했던 저택에 처음 내려진 궁호로 역대 친왕들이 계승해 갔다.

17 후시미궁 요시히토 친왕의 아들로 훗날 즉위해 고스코(後崇光) 천황(1372~1456)이 된다.

18 고스코 천황의 제1 황자로 훗날 즉위해 고하나조노(後花園) 천황(1419~1471)이 된다.

19 *일본 역사 시대의 구분 중 하나로 에도(도쿄)에 막부가 세워진 1603년부터 메이

오바마의 성주가 된 사카이 다다카쓰酒井忠勝[20]에 의해 관리되다가, 당시 에도 막부 제3대 장군이었던 도쿠가와 이에미쓰德川家光에게 기증되어 에도성으로 옮겨졌다. 그러나 에도성의 화재[21]로 회권은 불길에 휩싸여 소실된다. 다행히 이 회권을 에도성에 헌상할 때 오바마 성주가 화가 가노 다네야스狩野種泰에게 베껴 그리게 한 모사본이 오바마의 고찰 묘쓰明通寺에 현존한다.

《기비대신입당회권》은 20세기에 들어서면서 유출되어 현재는 미국의 보스턴 미술관에 소장되어 있다. 마지막까지 오바마의 사카이 성주 집안에서 대대로 소중히 보관해 오던《반대납언회권》또한 1983년(소화昭和 58)에 도쿄 이데미쓰出光 미술관에 양도되었다. 궁중의 같은 회소에서 제작되어 함께 오바마로 옮겨져 살아남은 회권들이 저마다 우여곡절을 겪으며 오늘날에 이르게 된 것을 보면, 사람의 운명과 마찬가지로 작품의 명운을 생각하지 않을 수 없다.

이 세 개의 회권은 우연히 함께 옮겨졌던 것이 아니었다. 작풍도 비슷하고 얼핏 보면 인물이나 초목 등의 묘사에도 유사성이 있고, 제작 시기와 장소뿐만 아니라 내용상으로도 원정院政 권력 수호와 깊게 관련되는 내용을 담고 있었기 때문에 함께 피란했다고 본

지(明治) 천황 시대가 시작하는 1869년까지의 시대를 말한다.

20 *1587~1662. 에도 막부의 제1대 장군 도쿠가와 이에야스(德川家康)의 가신 사카이 다다도시(酒井忠利)의 아들로 태어나 제3대 막부 장군 도쿠가와 이에미쓰(1604~1651)의 시중을 들며 보좌해, 1634년에 와카사(후쿠이현 일대)를 다스리는 오바마의 성주가 되었다.

21 *에도 시대의 3대 대화재(1657년 3월 2일, 1772년 4월 1일, 1802년 4월 22일) 중에서 1657년에 일어난 화재는 에도 지역의 반 이상이 불타 버리고 에도성의 중심부인 천수각(天守閣)을 포함한 성의 대부분이 타버린 대화재로 알려져 있다.

다. 필자의 생각으로는 《반대납언회권》은 1177년(안원安元 3) 대화재를 계기로 헤이안경 귀신御靈 신앙[22]의 일환으로 제작되었다고 본다. 당시의 대화재는 《방장기方丈記》[23]의 상세한 서술로 잘 알려진 역사상으로도 손꼽힐 정도의 대화재였다. 또한 《히코호호데미존회권》은 스토쿠 원崇德院에게서 황위를 찬탈한 고시라카와 원의 황통을 둘러싼 정통성을 보증하기 위해 신화를 회권으로 제작한 것으로 보인다. 그리고 《기비대신입당회권》은 동아시아의 긴장 극복, 혹은 새롭게 북송과의 교류를 시도하기 위한 외교신화, 나아가 백왕 사상 종말관의 위기감으로 인해 제작되었다고 볼 수 있다. 세 회권 모두 고시라카와 원의 황권 유지에 있어 필수적인 회권이었으며, 결코 한가함을 메우는 오락적 산물이었을 리 없다. 정치권력과 연관되는 확고한 목적을 갖고 제작되었을 것이다.

회권의 유전

《기비대신입당회권》이 어떻게 유전됐는지에 대해서는 지금까지 이루어진 연구로 상당히 자세한 경위가 밝혀졌다. 여기서는 선행 연

---

22 *일본어 발음은 '고료'다. 천변지이나 역병이 유행하는 것을 불행하게 또는 원통하게 죽은 사람의 원령(怨靈)이 부른 저주로 여겨 그러한 원령을 위로하기 위해 신으로 모셔 제사를 지내는 일본 고유의 신앙이다. 9세기경부터 신불(神佛) 절충의 법회 '고료회(御靈會)'가 행해졌으며 전국 각지에 귀신을 모시는 신사(神社)가 건립되기 시작했다.

23 1212년 가인(歌人) 가모노 초메이(鴨長明, 1155~1216)가 쓴 수필. 천변지이가 계속되던 헤이안 시대의 혼란한 세상을 불교의 무상관을 기조로 서술하고 있다.

구에 의거해 다음과 같이 정리한다.

앞에서 15세기 《간문일기》에 보이는 오바마로 회권이 피란한 것에 대해서는 언급했으므로 그 이후의 유전에 관한 특기 사항을 간다 후사에神田房枝의 논문을 참조해 연대순으로 알기 쉽게 정리해 보았다.[24]

① 1593년(문록文祿 2) 기노시타 가쓰도시木下勝俊가 와카사 성주가 되자, 세 회권을 에도 막부에 헌상했다(요시다 곤린吉田言輪, 《와카사군현지若狹郡縣志》 권8).

② 1636년(관영寬永 13) 가라스마루 미쓰히로烏丸光廣가 회권의 본문을 요시다 겐코吉田兼好에게 감정하도록 했다(회권·부속문서).

③ 1675년(연보延寶 3) 이전, 고히쓰 료세쓰古筆了雪가 요시다 겐코와 함께 회권 본문을 감정하고, 회권의 그림 지면 수를 조사했다(회권·부속문서).

④ 1685년(정향貞享 2) 이전, 가노 야스노부狩野安信가 도사 미쓰나가土佐光長와 함께 그림을 감정했다(회권·부속문서).

⑤ 1714년(정덕正德 4) 《히코호호데미존회권》의 모사본과 함께 오바마의 묘쓰사의 보물로 지정됐다(요시다 곤린, 《와카사군현지》 권8).

⑥ 1732년(향보享保 17) 이전, 교토의 상인 미키 곤다유三木權太夫가

---

24 神田房枝, 〈〈吉備大臣入唐繪卷〉再考—その独自性からの展望〉, 《佛教藝術》 311, 2010.

회권을 소장했다(회권·부속문서, 《기비대신입당권모사본》, 토사 미쓰요시의 필사기奧書).

⑦ 1803년(향화享和 3) 무렵, 롯카쿠六角 가문의 미쓰이 사부로스케三井三郎助(당시 고령)가 소장했다(《스미요시가감정공住吉家鑑定控》).

⑧ 향화 3년, 스미요시 히로유키住吉廣行가 토사 미쓰나가와 함께 회권 본문·그림과 아울러 부속문서 등을 감정했다. 이때 모사본이 작성된 것으로 추측된다.

⑨ 에도막부 말경에 다시 오바마로 돌아와 사카이酒井 씨 가문의 귀중한 보물이 되었다(《보장탐심록寶藏探審錄》, 《온양묘측기溫良廟則記》).

⑩ 19세기 후반 메이지 시대 야마나 쓰라요시山名貫義가 스승인 스미요시 히로사다住吉弘定(혹은 히로쓰라弘貫)의 모사본을 전사했다(도쿄 국립박물관). 히로사다의 모사본은 스미요시 히로유키의 모사본을 보고 그린 것으로 추측된다.

⑪ 1932년에 오사카 고미술상 도다戸田상점이 회권을 낙찰했다.

⑫ 1932년에 보스턴 미술관 동양부장 도미타 고지로富田幸次郎가 야마나카 상회山中商會의 중개로 회권을 구입했다. 이를 계기로 이듬해 일본 정부에 의해 '중요 미술품 등의 보존에 관한 법률'이 만들어진다.

이처럼 《기비대신입당회권》은 에도 시대 18세기 이후 오바마의 묘쓰사로 옮겨 갔다가, 교토 상인들 손에 넘어갔지만 다시 오바마 사카이 가문의 보물로 되돌아가, 20세기에 이르러 오사카로 유출되어 마침내 바다를 건너 보스턴 미술관으로까지 가게 된 것이다. 그동안 스미요시 히로유키, 스미요시 히로사다, 야마나 쓰라요시 등 세 명의 화가에 의해 시대별로 모사되었음을 알 수 있다. 그리고 위의 유전 경위와는 별도로 나라에 있는 고후쿠사興福寺 말사 다이조원大乘院의 기록 《다이조원사사잡사기大乘院寺社雜事記》[25]에도 회권에 관한 두 개의 기사가 보인다. 첫 번째는 1479년(문명 11) 7월 17일 '기비대신회吉備大臣繪 수리 완료 상하 2권'이라고 전하며, 두 번째는 1491년(연덕 3) 9월 그믐날 '그림 주문繪注文, 삼장회三藏繪 12권을 본원으로. 기비대신회 2권도 동일함'이라고 전한다. 전자는 수리가 끝난 기록이고, 후자는 유명한 《현장삼장회玄奘三藏繪》의 그림과 함께 다이조원으로 돌아갔다고 전한다.

위의 다이조원의 기록에 보이는 그림이 현존 《기비대신입당회권》이라면, 앞에서 살핀 《간문일기》의 기사가 1441년(가길 1)이므로 다이조원 기록은 그 후 38년이 지난 해에 해당한다. 그때는 아직 회권이 오바마에 피란 중이었으니까 그동안에 회권을 수리했다는 것이 된다. 어쩌면 다이조원 기록의 '기비대신회'는 현존 회권과 다른 것이었을 가능성도 있다. 만약 여러 개의 《기비대신입당회권》이 있었다고 하면 《히코호호데미존회권》이 16세기에 같은 내용, 다른 제목의 《신대이야기회권神代物語繪卷》으로 만들어졌던 것과 마찬가지로 마키비 이야기를 그린 회권의 모사본이 여러 개 만들어져 유전되었던 것일까.

---

25 *다이조원의 대표 주지 승려 네 명의 일기와 관련된 기록. 1450년부터 80년간 주지 승려들의 행적을 기록하고 있다.

3. 회권의 이야기

회권 본문을 읽다

현존하는《기비대신입당회권》은 마키비가 당나라로 건너가 누각에 갇히게 되는 회권 첫머리의 본문詞書과 세 번째 난제인 〈야마대시〉 해독 부분, 그리고 해와 달을 봉하는 도술을 써 귀국하기에 이르는 결말 부분의 본문과 그림이 없어져 전하지 않는다. 현존 회권 본문은 마키비가 갇혀 있는 누각에 귀신 나카마로가 찾아오는 단락부터 서술된다. 이야기 내용은 앞서 본《강담초》,《기비대신이야기》와 동일하며, 이 두 책의 내용과 대조해 회권에서 없어진 부분을 추측할 수 있다.《기비대신입당회권》,《강담초》,《기비대신이야기》 세 작품을 비교하면 약간의 표현 차이를 볼 수 있는데, 몇 가지 특징적인 차이를 간추려 보자. 이하《기비대신입당회권》의 본문은 읽기 쉽도록《일본회권대성日本繪卷大成》(中央公論社, 1977) 수록의 해석문을 인용했으며 필자가 알기 쉽게 표기를 더러 고치기도 했다.

먼저《강담초》 등에서는 귀신 나카마로의 등장이 "밤중에 바람이 불고 비가 내리더니 귀신鬼物이 찾아왔다."라고 되어 있는데, 회권의 본문에서는 다음과 같이 표현하고 있다.

> 한밤중쯤이 되었다고 생각될 무렵, 비바람이 몰아치고 온몸에 소름이 끼치는 것 같은 느낌이 들더니 건乾의 방향에서 귀신鬼이 찾아왔다.

마키비의 심정에 이야기를 설명하는 화자話者가 개입해 한밤중의 어둠을 상상하게 하고, 소름이 끼친다는 공포를 연상케 하는 전형적인 표현을 덧붙이고 있으며, 귀신이 등장하는 방향을 건(서북)이라고 하고 있다. 이 건의 방위는 선과 악의 양의성을 갖춘 일본 민속과 깊이 관계되는 성스러운 방위다. 그러한 방위를 명시하지 않고는 안 될 것 같다고 여긴 것일까. 화자의 심성으로 이야기의 지향指向을 보여 준다는 점이 주목된다.

이어서 귀신과 마키비가 문답을 나누는 장면에서 귀신이 자신은 나카마로임을 밝히고, 일본에 있는 자손을 염려하자, 마키비는 모두 무탈하다는 이야기를 전한다. 귀신은 이에 감격하고 둘은 의기투합하여 이야기를 나눈다. 그런데 회권 본문에는 귀신이 마키비에게 "지금까지 나를 만난 사람들은 나의 모습을 똑바로 보는 것조차 못하고 모두 죽음을 맞이했었지."라고 술회하는 대목이 덧붙어 있다. 이것도 어둠이나 공포를 강조하는 말투와 공통된다. 그리고 회권 본문에서 귀신은 자신이 누각에 살았다고 하지만, 《강담초》 등에서는 귀신이 머물렀던 곳에 대해서 언급하지 않는다.

한편 마키비가 귀신 나카마로의 자손에 관해 설명하는 장면에서 회권 본문에는 마키비가 "자손들의 상황에 대해 자세히 이야기했다."라고 되어 있지만, 《강담초》 등에서는 귀신이 "나의 자손은 관위에 올랐소?"라고 묻자, 마키비가 "자손 아무개가 오른 관위의 순서 등, 자손의 상황에 대해 7, 8명 정도를 들어 이야기했다."라고 구체적으로 설명하고 있다. 《강담초》에서 나카마로 자손들의 관위에 관해 집착하고 있는 것 같은 문답으로 되어 있는 것은 대대로 고위 관직을 역임해 왔던 《강담초》의 화자 마사후사답다고도 할 수 있지만, 본래 고사故事 전승이란 역사적 사실처럼 모양새를 갖추어 전하고자 하는 특징이 있다. 한편 《기비대신이야기》에서는 나카마로가 자손의 안부를 묻는 대목이 "백성 아무개 씨는 평안히 잘 지내고 있소?"라고 되어 있어 아베의 성씨를 지운 것으로 보인다.

이어서 《문선》을 해독하는 단락에서는 귀신에게 오래된 달력 열 권을 조달받은 후, 궁중에 잠입해 몰래 엿들은 내용 중에서 상질上帙 10권의 여러 부분을 달력 서너 장씩 써가며 하루 이틀 사이에 모조리 외워 버린다. 그런데 마키비가 하루 이틀 사이에 전부 암송했다는 대목은 《강담초》에만 있고, 회권 본문에서는 처음부터 서너 장씩 써서 찢어 흩뜨렸다고 했다. 또 다음 날 누각에 찾아온 당나라 학자가 마키비와 문답을 나누는 대목에서 《강담초》는 학자가 "이 책이 아직 많이 있느냐?"라고 묻자, 마키비가 "많이 있다."라고 대답해, 놀란 학자가 일단 황제에게 보고하고 나서 "실로 문선이 일본에도 있는 것일까?"라고 자문自問했다고 한다. 이 대목은 《기비대신이야기》도 거의 비슷하지만, 회권 본문만이 학자가 느닷없이 '이 책은 어디에 있느냐'고 따지듯 묻고 있고, 학자와 마키비가 나눈 문답 하나와 황제에게 보고 올리는 내용이 빠져 있다. 이것은 이야기를 회화화할 때 생기는 간략화로 볼 수 있다. 한편 《기비대신이야기》에서는 이 단락 마지막에 학자가 "다시 누각의 문을 잠그고 갔다."라고 하는 장면이 추가되어 있다.

바둑 장면에서는 앞에서 언급했듯이 《강담초》에서만 마키비가 무승부가 되는 '세키持'의 수를 생각해 냈다고 하고, 회권 본문과 《기비대신이야기》에는 이와 같은 내용이 보이지 않는다. 한편 회권 본문에만 바둑판 줄의 교차점을 '361목'이라 하고 성목聖目의 수를 '구九'로 명기하고 있다. 결국 바둑 대국은 무승부가 될 판국이 되

바둑 대국. 오른쪽에는 마키비와 당나라 바둑 명인의 바둑 대국 모습이, 왼쪽에는 마키비에게 설사약을 먹인 후 용변을 확인하려고 당나라 관인 세 명이 땅을 살피는 모습이 보인다.

(보스턴 미술관 소장, 《吉備大臣入唐繪卷》, William Sturgis Bigelow Collection by exchange 32.131.4 Photograph © 2021 Museum of Fine Arts, Boston. All rights reserved. c/o DNPartcom)

고 마키비가 그 틈을 타 상대편의 검은 돌 하나를 몰래 집어삼켜 버린다. 검은 돌 하나가 모자라는 것을 수상히 여긴 중국 측에서 점을 쳐서 마키비가 돌을 삼킨 것을 알아내고 설사약 가리륵환訶梨勒丸을 먹이지만, 마키비는 설사를 멎게 하는 도술을 써서 끝내 삼킨 돌을 내놓지 않으며 승리한다. 회권 본문은 바둑 장면이 그렇게 끝나는데, 《강담초》 등은 '복서卜筮를 치게 해보니'라든가, '없어진 검은 돌은 마키비의 배 속에 있다', '당장 설사약瀉藥을 먹이도록 하라'는 등 장면을 보다 자세히 서술하고 있다.

회권 본문은 바둑 장면 이하는 낙장이 되어 알 수 없지만, 전체적으로 《강담초》를 바탕으로 그림의 장면에 맞게 간략화하는 경향이 있는 것으로 보인다. 《기비대신이야기》도 유취본 《강담초》의 서술에 가깝지만, 바둑 대국이나 《문선》 암송 등 부분적인 면에서는 회권 본문과 유사하다고 본다.

그림의 순서 바뀜에 관한 새로운 설

그런데 《기비대신입당회권》에는 낙장뿐만 아니라 회권을 보수할 때 그림의 순서를 잘못 붙여 넣는 착오도 있었다. 이것을 처음으로 지적한 것은 구로다 히데오黒田日出男였지만,[26] 그는 원본 조사를 거치지 않은 상태에서 그림의 순서가 바뀐 것을 발견했기 때문에 완벽한 검증이라고 보기 어려운 면이 있었다. 그러던 중 2010년, 치밀한 원본 조사를 바탕으로 한 간다 후사에의 연구에 의해 커다란 진전이 있었다.[27] 그는 회권 그림의 순서 뒤바뀜과 더불어 회권 성립에 관해서도 새로운 견해를 내놓아서, 향후 회권 연구에 있어 중요한 논점을 제시했다.

이하 간다神田의 논설을 요약하면 《반대납언회권》, 《히코호호데미존회권》 및 《연중행사회권》은 고시라카와 원의 지시에 의해 궁중 회소에서 화가 도키와 미쓰나가常盤光長 등에 의한 분담 체제로, 묵서 담당 주임·채색 담당 조수·잡일 담당 공인 등에 의해 그려졌다고 한다. 그러나 《기비대신입당회권》은 그러한 분담 체제의 제작이

26 黒田日出男, 《吉備大臣入唐繪巻の謎》, 小學館, 2005.

27 神田房枝, 앞의 글, 2010.

아니었으며 역량도 떨어진다는 점을 지적했다. 또한 간다는 회권의 성립 시기에 관해 고시라카와 원의 명령으로 제작이 시작되었지만 생전에 완성을 보지 못하고 사후에 완성되었을 것이라고 추측하고 있으며, 화풍 또한 '미쓰나가 화풍을 닮은 듯'한 정도이며 미쓰나가 화풍을 모방 또는 인용, 전용하는 양식으로 이루어졌다고 보고 있다.

간다의 논설은 다소 결론을 서두르는 듯한 인상을 지울 수 없으며, 사실 여부는 회화의 양식뿐만 아니라 미술사 분야의 견지에서 더욱 상세하고 실증적인 확인 절차가 필요한 것이 아닌가 생각한다. 그러한 실증적 검증에 관해서는 여기서 자세히 언급할 수는 없지만, 오바마에 피란했던 세 개의 회권을 일괄적으로 다루어 성립 시기를 추정해 왔던 종래의 통설은 근본적으로 재검토할 필요가 있다고 본다. 그러나 가령 간다의 지적대로 《기비대신입당회권》이 고시라카와 원 사후에 성립한 작품이라고 해도, 고시라카와 원의 의향이나 권력이 관련되었던 것은 부인할 수 없기 때문에 여기서는 종래의 선행연구 또한 참조하려고 한다. 다음은 간다 논설의 초점이 된 회권 그림의 순서 뒤바뀜에 관해 살펴보자. 먼저 회권의 그림 순서를 바로잡은 구성은 다음과 같다.

제1단	제1면~12면	마키비가 당나라에 도착, 궁중의 대응
제2단	제13면~16면	귀신 나카마로의 등장
제3단	제21면~27면	누각을 탈출, 《문선》 강독을 엿들음
제4단	제28면~34면	《문선》을 숙지하고 있음을 가장함
제5단	제35면~37면	당나라의 바둑 명인을 선정
제6단	제39면~46면	바둑 승부, 도술을 써서 설사를 봉함
제7단	제17면~20면	보지가 〈야마대시〉를 필기
제8단	결락	〈야마대시〉 해독
제9단	결락	해와 달을 봉함
제10단	결락·제38면	암흑 대소동
제11단	결락	해와 달을 회복, 마키비 귀국

여기서 최대의 초점은 제7단에 해당하는 제17면에서 20면까지가 보수 과정에서의 착오로 인해 잘못 붙여진 부분으로, 이로 인해 앞서 말한 구로다의 지적과 논설이 인정된 셈이다. 그리고 제38면이 마키비가 해와 달을 봉한 도술을 써서 일어난 소동과 관련된 장면이었다는 사실도 밝혀졌다. 제7단에 관해서는 후술한다.

4. 회권의 세계

궁궐·중문·누각의 세트법: 안개와의 관련

앞에서 살핀 간다의 논설을 참고로 다시 한번《기비대신입당회권》의 그림을 어떻게 읽어야 할지 살펴본다. 먼저 이 회권에서 문제가 되는 것은 화면 구성의 기본이 맨 앞쪽에 누각이 그려지고 그 다음에 궁궐로 들어가는 중간의 중문, 안쪽에 궁궐이 그려지는, 즉 세 개의 건축물이 한 세트로 된 구도가 반복되고 있다는 것이다. 이를테면 이 회권을 읽기 위한 기본 문법처럼 틀이 잡혀 있다는 것이다. 이 세트의 반복을 통해 자연스럽게 이야기가 전개되는 구도다. 이는〈야마대시〉해독과 해와 달을 봉하는 도술 등 낙장된 장면까지 합치면 제1단부터 제11단까지 열 번 넘게 반복되고 있다.

특히 중문을 사이에 두고 누각과 궁궐이 마주 보는, 중문 안과 바깥의 관계를 주제로 그리고 있다. 중문 바깥쪽에 있는 누각의 마키비와 귀신이 중문 안쪽 궁궐의 당나라 황제와 대치하고, 칙사나 학자들이 양쪽을 왕래하고 있다.〈야마대시〉를 해독하는 장면까지는 황제와 마키비가 직접 마주 보고 상대하는 장면이 없다. 또한 회권 처음 부분 마키비의 도착, 누각에 갇힌 마키비, 《문선》 해독, 바둑 대국 등 모든 단락이 황제에게 보고를 올리는 장면으로 끝을 맺고 있다. 화면의 흐름은 도착 장면을 제외하고 중문을 가운데에 두고 궁궐에서 누각으로, 누각에서 궁궐로의 왕래가 이어진다.

처음에는 누각의 마키비와 궁궐의 황제가 상당히 멀리 떨어져 대치하고 있는 구도로 그려졌지만, 마키비가 난제를 해결할 때마다 황제와 점점 가까워진다. 《문선》 해독은 누각 안, 바둑 대국은 누각을 나와 누각과 중문 사이의 야외가 무대가 되고 있다. 즉, 누각의 기능이 점차 상실되고 있다. 마지막 난제인 〈야마대시〉를 해독하는 장면은 현존본에 해당 그림이 낙장하여 없지만, 《강담초》의 본문에 의거해 보면 궁궐 안에서 마키비와 황제가 마주하는 형식으로 그려져 있을 것이다. 그렇게 누각과 중문의 기능이 상실되어 가다가, 결말에 가서는 마키비가 누각에 갇혀서 해와 달을 봉하는 도술을 쓰는 장면이 그려지며 다시 무대가 누각으로 옮겨 갔을 것이다. 마키비가 누각에서 해와 달을 봉하는 도술을 어떻게 표현했는지, 천하를 뒤덮은 어둠은 어떻게 연출했는지 흥미진진하지만 그림이 남아 있지 않아 알 수 없다. 말 그대로 답은 어둠 속에 묻혀 있다.

누각이라는 공간은 이미 헤이안 시대 《우쓰호이야기うつほ物語》[28]

---

28 *헤이안 시대 중기에 성립한 작자 미상의 히라가나로 쓰인 최초의 장편 이야기. 총 20권으로 주인공의 이향(異鄕) 방문을 주제로 하고 있다. '우쓰호'는 어떤 물체에 구멍이 뚫려 안이 텅 비어 있는 공동(空洞)이라는 뜻이다. 이는 주인공의 딸 모자가 삼나무[杉] 거목 공동 안에서 숨어 지냈다는 것에 연관해 지은 서명이다. 당나라에서 천인과 선인에게 전수받은 거문고 연주 비법(秘法)을 딸과 손자에게 전하

〈누각의 위〉 이야기나 가마쿠라 시대 《마쓰라궁이야기松浦宮物語》[29] 등에도 자세히 그려져 있다. 마키비가 이러한 이야기들과 밀접한 관련이라도 있었던 것일까. 한편 《금석이야기집》 등의 설화집에서 누각은 감옥이기도 하고, 유명한 라조문羅城門[30]이나 스자쿠문朱雀門[31] 등과 더불어 시체를 버리는 곳, 귀신이 사는 곳 등으로 나온다. 앞에서 언급했듯이 회권 본문만이 나카마로 귀신이 누각에 살았다고 발언하는 것도 이러한 누각을 둘러싼 이미지가 영향을 끼친 것이라고 할 수 있겠다. 또한 누각은 천계天界와도 통하는 이계異界로서의 의의가 있으며, 회권에서도 누각이 가지는 이계성異界性이 누각을 오르기 위한 험준한 계단으로 상징되고 있다.

그리고 회권의 그림을 자세히 보면 누각과 중문, 궁궐은 장면의 전개에 따라 안개가 드리워지는 모습이 각각 다르게 그려져 있고, 인물의 등장과 대응하고 있는 것을 알 수 있다. 누각과 중문, 궁궐 사이로 마키비와 나카마로가 황제와 대치하는 구도가 안개 묘사에 의해 정교하게 분리되어 그려져 있는 것이다. 이하 회권의 그림 순서를 바로 고치고 누각·중문·궁궐이 세트로 되어 있는 장면을 등장인물, 시간, 황제의 등장 여부, 안개 묘사를 중심으로 살펴보자.

고 저택에 높은 누각을 지어 그 안에서 증손녀가 전수받도록 했다고 한다.

29 가마쿠라 초기에 성립한 주인공의 이국 편력과 사랑을 주제로 한 장편 이야기로 가인 후지와라노 사다이에(藤原定家, 1162~1241)의 작품으로 추정된다. 주인공이 산 위에 누각을 지어 그 위에 올라가 거문고를 연주했다고 한다.

30 *헤이안경 도성 외곽 정문. 도성을 남북으로 관통하는 스자쿠 대로(朱雀大路) 남쪽에 위치했던 문.

31 *헤이안경 도성 안 궁성 정문. 12개의 궁성문 중에서 가장 중요한 문으로 남면에 위치했던 성문.

단	장면(인물)	시간	황제	건축물의 안개 묘사
제1단	마키비 도착	낮	등장	누각, 중문의 전경. 궁궐 안쪽의 어좌 아래에 안개가 깔려 있다.
제2단	귀신 나카마로 등장	밤	부재	누각 전경(그림의 일부가 결락해 중문과 궁궐 그림은 미상).
제3단	마키비와 귀신이 비행 도술로 궁궐 침입	밤	부재	중문 아래쪽 절반 정도가 안개에 덮여 있다.
제4단	《문선》 해독, 유생의 왕래	낮	등장	중문이 안개로 덮여 지붕 부분만 보인다.
제5단	바둑 연습, 누각 계단을 뛰어 내려가는 귀신	밤	부재	누각 아래쪽에 안개, 중문은 지붕 일부만 보인다(그림의 일부가 결락해 궁궐 그림은 미상).
제6단	바둑 승부	낮	등장	누각 중간 부분에 안개가 짙고, 중문은 일부에만 안개가 끼었다(이하 결락).
제7단	승려 보지 〈야마대시〉 필기(착간·제17~20면 잔존)		부재	중문이 절반 정도 안개로 덮여 있다.
제8단	마키비 〈야마대시〉 해독		부재	
제9단	마키비 다시 누각에 갇히고 해와 달을 봉하는 도술 부림		부재	
제10단	천하가 어둠으로 덮이는 소동, 점술(착간·제38면 잔존)		부재	
제11단	마키비 누각에서 방면, 귀국		부재	

제7단 이후는 그림이 거의 남아 있지 않기 때문에 유추할 수밖에 없으나, 《강담초》 본문을 통해 어느 정도 추정이 가능하다. 궁궐은 낮에는 황제가 보고를 듣는 장소로, 밤에는 황제가 부재하고 《문선》과 〈야마대시〉 등을 강의하고 저술하는 장소로 되어 있다. 황제가 부재중일 때는 궁궐에 안개가 많아지고, 그 외는 안개의 묘사가 비슷하고 안정적이다. 중문과 누각은 장면에 따라 안개가 드리워

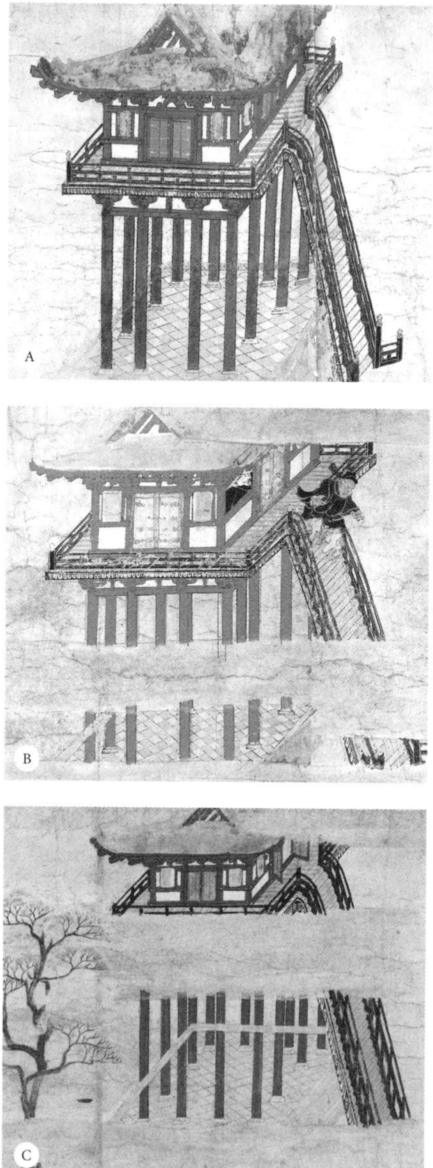

누각 묘사의 차이. A에서 C로 가면서 안개가 드리워지는 모습이 변하고, 점점 누각의 기능이 상실된다.

(A, B: 日本の繪卷, 《吉備大臣入唐繪卷》, 中央公論社. C: 보스턴 미술관 소장, 《吉備大臣入唐繪卷》, William Sturgis Bigelow Collection by exchange 32.131.3 Photograph © 2021 Museum of Fine Arts, Boston. All rights reserved. c/o DNPartcom)

중문 묘사의 차이. 누각의 경우와 같으며 A에서 C로 가면서 점점 안개가 중문을 덮는다.

(A, C: 日本の繪卷, 《吉備大臣入唐繪卷》, 中央公論社. B: 보스턴 미술관 소장, 《吉備大臣入唐繪卷》, William Sturgis Bigelow Collection by exchange 32.131 Photograph © 2021 Museum of Fine Arts, Boston. All rights reserved. c/o DNPartcom)

지는 묘사 방법이 크게 다르다. 마키비와 귀신이 《문선》 강의를 몰래 듣기 위해 누각을 탈출해 궁궐로 날아가는 장면을 비롯해 중문의 기능이 필요하지 않을 때는 안개가 많아진다. 바둑 장면에서도 마키비가 누각을 나와 누각과 중문 사이에서 대국을 하기 때문에 누각은 의의가 없어지고 안개가 많이 드리워진다. 〈야마대시〉를 해독하는 장면도 마키비가 궁궐로 불려 가기 때문에 누각에는 꽤 많은 안개가 덮여 있는 모습이었을 것이다. 그리고 다시 마키비가 누각에 갇히게 되면서 안개가 걷히고 누각은 원래 모습으로 돌아가는 것이 아닐까.

이처럼 회권은 장면에 따라 누각과 중문의 묘사에 변화를 주고 있음을 알 수 있다. 이러한 변화는 건축물 3점 세트의 반복에 의해 그림의 흐름이 단조로워지는 것을 막기 위함이었으며, 장면에 따른 안개 묘사의 차이는 건축물의 기능을 장면마다 교묘하게 달리 나타내기 위한 묘사 방법이라고 생각한다.

관복 차림의 마키비

건축물 이외에 주목되는 것은 인물의 형상이다. 회권에서 초점이 맞춰지는 인물은 마키비, 귀신 나카마로, 황제, 학자, 바둑 명인, 〈야마대시〉를 쓰는 보지 등이며 나머지는 궁궐의 관인, 하인 등등의 군상이다. 또한 누각 등의 건축물에 부수되는 비품이나 도구, 또는 초목이나 소와 말 등의 동물들일 것이다.

여기서 회권에 등장하는 인물 전체의 묘사에 관해 살피기는 어려우므로 몇몇 특징 있는 인물의 묘사법만을 짚어 보자. 먼저 마키비는 시종일관 일본의 관복을 입고 당당한 모습으로 등장해 일본에서 파견된 정식 사신이라는 인상을 강하게 심어 주고 있다. 회권의 첫머리에 보이는 당나라에 도착한 견당사선에는 마키비와 서너 명의 종자가 보일 뿐, 마키비와 함께 있어야 할 견당사 일행은 보이지 않는다. 견당사는 관복 차림의 마키비 한 사람뿐이다. 그렇기 때문에 마키비라고 하면 회권에 보이는 관복으로 정장한 모습밖에 떠오르지 않는다. 후세에 만들어진 마키비의 초상화나 동상 등의 작품도 마찬가지로 모두 관복 차림이다. 은신술이나 비행술을 터득한 도술가 마키비의 이미지는 관복 차림에서는 찾아보기 어렵다고도 할 수 있다. 하지만《부동이익연기不動利益緣起》[32]에서 아베노 세이메이安倍晴明[33]가 관복을 입고 음양의 도술을 부리고 있는 그림이나, 《히코호호데미존회권》에서 음양도사가 출산을 앞둔 도요다마豊玉공주[34]의 순산을 기원하는 모습도 역시 관복 차림인 것을 보면 관복으로 정장하는 것이 도술을 구사하는 마키비 '상'을 한층 더 확고하게 했다고 할 수 있다.

---

32 *14세기에 제작된 부동명왕의 영험을 그린 회권. 스승의 병을 대신 받으려고 하는 제자승이 아베노 세이메이에게 부탁해 주술로 병을 옮겨 받으려 하자 그에 감복한 부동명왕이 그 병을 대신 받아 죽어 저승으로 끌려가지만 오히려 염라대왕에게 칭송받고 백운을 타고 귀환한다는 이야기를 그리고 있다.

33 *921~1005. 헤이안 시대 중기 음양가. 천문도와 음양도에 통달한 인물로 이름이 높으며 천황과 귀족의 음양도 관련 제사나 기도, 점술 등을 담당했다. 아들이 천문박사 음양조(陰陽助)로 임명되면서 일본 음양도의 명문 가문으로 자리 잡았다.

34 *일본 신화에 등장하는 해신(海神)의 딸. 잃어버린 낚싯바늘을 찾아 해신궁에 들어온 히코호호데미와 결혼해 임신하고 출산을 위해 바닷가로 올라와 아이를 낳지만, 출산 모습을 히코호호데미가 엿본 것에 분노해 아이를 지상에 남겨두고 해신궁으로 돌아갔다고 한다.

귀신鬼 나카마로

또한 회권에서 마키비와 더불어 주목되는 인물은 귀신 나카마로다. 바람에 흔들리며 을씨년스러운 분위기를 자아내는 나무들을 배경으로 등장하는 귀신의 형상은 그림을 보는 독자의 눈길을 강렬하게 사로잡는다. 귀신이 서북쪽에서 출현하는 모습은 해당 장면을 설명한 회권 본문과 일치한다. 이 귀신의 이미지는 머나먼 이국에서 죽은 사람들의 원통한 영혼을 상징하고 있기 때문에 형상 자체에서 처참함이 느껴져 영혼의 구제, 진혼鎭魂을 생각하지 않을 수 없게 한다. 거의 원령에 가까운 귀신의 형상을 통해 독자에게 저절로 영혼의 세계를 떠올리게 하는 것이다.

여행지에서 비명에 죽은 사람들의 원통한 영혼, 이른바 '행로사인行路死人'을 위한 진혼의 노래는 이미 《만엽집萬葉集》[35]에 담겨 있다(《만엽집》 권2 228, 229). 《일본서기》를 비롯해 《만엽집》, 《일본영이기日本靈異記》,[36] 《쇼토쿠태자전력聖德太子傳曆》[37] 등의 작품에 실려 잘 알려진 가타오카산片岡山[38]에서 쇼토쿠 태자가 길거리에 쓰러져 죽어가

---

35 *일본에서 가장 오래된 가집(歌集). 7~8세기 가인들이 읊은 단가(短歌)와 장가(長歌) 4,500여 수를 담고 있다.

36 9세기 초 승려 게이카이(景戒)가 펴낸 일본 최초의 불교 설화집. 불법이 일본에 정착되는 역동적인 모습을 그리고 있다.

37 10세기경 성립으로 추정되는 작자 미상인 쇼토쿠 태자의 전기. 태자를 수태하는 장면부터 이야기가 전개되며 태자는 구제자의 화신으로 부처와 동격의 지위를 획득해 사람들이 태자를 신앙하게 된다는 등 쇼토쿠 태자의 초인적 모습을 강하게 나타내고 있다.

38 *산의 명칭이 아닌, 나라현 일부 지역의 이름이다. 에도 시대의 지리서 《대화지(大和志)》에 의하면 지금의 나라현 서남쪽에 있는 기타가쓰라기(北葛)군 지역을 가리킨다고 한다.

귀신 나카마로. 마키비보다 먼저 견당사로 당나라에 건너간 후 죽어서 귀신이 되었다. 실제로는 마키비와 함께 파견된 견당사.

(日本の繪卷, 《吉備大臣入唐繪卷》, 中央公論社)

는 걸인을 만나는 설화도 이에 해당할 것이다.(훗날 걸인은 달마로 추정되기도 했다.)

9세기경 법회를 위한 자료인 《도다이사풍송문고東大寺諷誦文稿》[39]에도 "동국 사람은 길가에 시체를 드러내고, 서국 사람은 물속에 영혼을 묻는다."[40]라고 하는 동쪽 지방의 육로와 서쪽 지방의 해로에

---

39 *9세기 전반 성립한 한자와 가타카나를 병기한 가장 오래된 법회 자료집. 작자 미상. 불교 법회에서 낭송되는 원문, 법회 취지의 글, 법화(法話) 등을 적은 법회용 자료 초고로 395행의 문장으로 이루어져 있다.

40 *동국과 서국은 일본 동부 지역과 서부 지역을 가리킨다. 헤이안 시대의 동부 지역은 태평양 쪽에 접한 지금의 이바라키현부터 미에현까지의 지역을 말하며, 서부

서 죽은 사람을 비교한 글이 보이는데, 이는 불교 의례의 진혼 공양 문인 듯하다.

나카마로 귀신의 이미지는 중세 시대 낭창이야기語り物 장르의 작품에서 중국에 도착한 견당사가 머리에 촛대가 박힌 촛대귀신燈臺鬼이 되어 버리는 수난을 당해 아들이 구출하러 가는 이야기까지 이어져 망향과 더불어 효가 더욱 강조되고 있다.(이 부분은 제4부에서 자세히 서술하겠다.) 이에 비해 회권에 담긴 나카마로 귀신의 이미지는 오로지 일본에 있는 자손들을 걱정하고 있는 모습으로, 단지 망향의 한을 품은 존재가 아닌 중국에서 머나먼 고국의 자손을 지켜보는 수호신과 같은 존재로 비치고 있다. 한편 마키비에게 중국에 관해 열심히 가르치고 있는 장면도 담겨 있어 중국에 정착한 나카마로의 모습 또한 엿볼 수 있다. 이국땅에서 목숨을 잃어 망향의 한을 품고 성불할 수 없었던 망자들의 영혼을 한몸에 다 짊어지고 비통과 애절함으로 온몸이 핏빛으로 물든, 그것이 바로 나카마로 귀신 형상의 진의다.

지금도 해외여행을 갔다가 신부가 사라졌다는 이야기가 '사라진 신부'라는 도시 전설로 나타나듯이, 이국 체험은 잠재적인 공포가 되어 괴기 세계에 대한 환상을 끊임없이 만들어 내고 있다. 나카마로 귀신은 그 기원에 자리 잡고 있다고 할 수 있다.

또한 나카마로 귀신의 그림에는 어딘가 미워할 수 없는 곳이 있다. 마키비와 함께 하늘을 비행하는 장면이나, 둘이서 몰래 궁궐

지역은 미에현 아래 규슈 지방에 이르는 지역을 말한다.

에 잠입해 학자들이 《문선》을 읽고 있는 것을 엿듣는 장면을 비롯해, 바둑 두는 법을 마키비에게 가르치고 나서 덤벙거리는 듯 계단을 뛰어 내려가는 모습 등을 보면 나카마로 귀신에게는 어딘지 모르게 재미있고 유쾌한 느낌이 감돈다. 무서운 표정과는 정반대로 애교마저 느낄 수 있다고 하겠다. 마키비에게 주어진 마지막 난제인 〈야마대시〉 해독은 나카마로 귀신이 도울 방법을 찾지 못해 손을 들었지만, 주사위 놀이 도구로 해와 달이 나오지 못하도록 봉하는 장면에서는 주사위 통과 판을 구해 왔다고 한다. 하지만 낙장으로 인해 회권에는 나카마로 귀신이 해와 달을 봉하는 문제에 어디까지 관여한 것으로 그려져 있었는지는 알 수 없다.

세 번째 난제인 〈야마대시〉를 보지寶誌(418~514)가 붓을 들고 쓰는 장면에서는 귀신이 침입하지 못하도록 세 명의 당나라 관인이 불교에서 보는 성역聖域이라도 만드는 것처럼 보지를 둘러싸고 경비를 선다. 마키비가 계속해서 난제를 풀어 가는 모습을 본 당나라 조정에서 협력자인 나카마로 귀신의 존재를 어렴풋이 짐작이라도 한 것일까. 관인들이 보지를 둘러싸고 있어 〈야마대시〉에 가까이 갈 수도 없고, 암호와 같은 문자 배열에 답을 구할 수도 없어 결국 두 손을 들고 포기하는 나카마로 귀신을 그린 장면은 있었을까. 의문은 끝이 없다.

나카마로 귀신은 지옥 그림을 제외하고, 현존하는 회권류에서는 상당히 빠른 시기에 그려진 귀신이다. 온몸이 붉고, 머리는 쑥처럼 풀어 헤치고, 뿔이 나 있고, 어금니를 드러내고, 손발에는 날카롭고 뾰족한 손톱이 나 있는 등 무서운 나카마로 귀신의 형상은 오늘날 일본 사람들이 상상하는 귀신의 이미지가 헤이안 시대에 이미

확립되었음을 잘 보여 준다.

보지의 모자

회권의 보수 과정에서 후반부 그림을 앞부분에 잘못 붙여 넣는 착오로 인해 그동안 잃어버린 것으로 여겼던 장면이 존재한다는 사실이 밝혀졌다. 그 부분은 바로 제17면에서 제20면에 이르는 부분으로, 보지가 궁중에서 〈야마대시〉를 쓰는 장면이다. 회권에는 이 장면을 설명한 본문이 지워져 없어졌지만, 《강담초》에 의하면 귀신의 침입을 막기 위해서 결계結界를 만들었다고 전한다. 이는 새로 밝혀진 그림에 보이는 당나라 관인 세 명이 보지를 둘러싸고 있는 구도와 정확히 대응하고 있다. 여기서 이목을 끈 것은 승려 보지의 모습이다. 구로다黑田의 의견에 따르면 이 장면이 보지를 그린 것이라고 할 수 있는 근거는 모피로 된 겉옷 정도뿐이라고 하는데,[41] 그 후 확실히 보지를 그린 것인지에 대해 충분히 검증되지 않았다. 또한 간다의 논문에서도 보지에 관한 자세한 조사가 이루어지지 않아 그림의 인물이 보지인지는 밝혀지지 않은 상태다.

종이에 붓으로 뭔가를 적고 있는 수수께끼의 인물이 승려 보지라고 할 수 있는 근거는 도대체 어디에 있을까? 그것을 밝히기 위해서는 국내외에서 그려진 보지 그림부터 찾아보는 수밖에 없을 것이다. 미술사학자인 기타 신이치北進一와 히다 로미肥田路美 등의 논문

41 黑田日出男, 앞의 책, 2005.

〈야마대시〉를 쓰고 있는 보지(위). 당나라 관인 세 명이 보지를 둘러싸고 있다.

자신의 상징인 삼포모(三布帽)를 쓰고 있는 보지.

(보스턴 미술관 소장,《吉備大臣入唐繪卷》, William Sturgis Bigelow Collection by exchange 32.131 Photograph c/o DNPartcom)

을 통해 중국에서 보지가 머리에 쓴 독특한 모자에 주목한다는 것을 알게 되었다.[42]

보지에 대해서는 이미 많은 연구가 있었다. 간추려 말하면, 보지는 중국 남조 양나라의 영묘한 신승神僧으로 알려져 있는데, 예언

---

42 北進一, 〈神異なる假面の高僧—四川省石窟寶誌和尙像報告〉, 松枝到編, 《象徵圖像研究—動物と象徵》, 言叢社, 2006; 肥田路美, 〈四川省夾江千佛岩の僧伽·寶誌·万迴三聖龕について〉, 《早稲田大學大學院文學研究科紀要 第3分冊》 58, 2013.

에 탁월했으며 후세에는 관음보살의 화신으로 칭송되었다. 또한 보지는 일본의 오봉御盆[43]과 가까운 중국의 수륙회水陸會[44]를 처음으로 행한 시조로 알려져 있으며, 일본과 한반도, 심지어 베트남에까지 알려진 존재다.[45] 《양고승전梁高僧傳》을 비롯한 동아시아 문헌에 보지에 관한 다양한 전기와 전설이 전해져 온다. 이러한 기록들에는 새 둥지에서 태어나 긴 발톱이 있다거나, 식초에 절인 물고기를 먹은 후 다시 토해 내 물고기를 되살렸다고 하는 등 보지를 둘러싼 괴담이 많이 수록되어 있다. 그리고 보지가 양나라를 망하게 한 후경侯景의 난[46]을 예언했다고 하는 것으로 보아 예언자로서의 이미지도 이미 있었던 것 같다.

한편 최근 알려진 일본의 신푸쿠사眞福寺 고사본 발견을 계기로 주목받고 있는 북송 시대의 불서 《심성죄복인집心性罪福因集》[47]에서, 보지는 주로 승려와의 대화를 통해 불교를 설하는 참되고 극진한

---

43 *불교의 〈우란봉회(盂蘭盆會)〉를 줄여서 칭한 일본의 명절 행사. 음력 7월 15일을 중심으로 치러지는 불교 행사로 조상의 영혼을 맞아들여 대접하고 모두의 건강과 행복을 기원하는 조령(祖靈) 신앙과 불교가 융합한 명절 행사다.

44 *중국의 불교 법회. 습지에 사는 생물에게 음식을 베풀어서 성불을 기원하는 법회로 양나라 때 무제가 승려 보지의 권유로 시작했다고 한다.

45 베트남 진조(陳朝, 1225~1400) 때 편찬된 승려들의 전기를 엮은《선원집영(禪苑集英)》에 보인다.

46 *548년 양나라에서 동위(東魏) 출신의 무장 후경이 일으킨 반란. 동위의 대장이었던 후경이 군사를 이끌고 양나라에 투항하지만 양과 동위의 국교가 호전되어 자신의 위치가 고립되자 10만 대군으로 양나라의 수도를 침공해 함락했다. 이로 인해 양나라는 결국 망하게 된다.

47 요시하라 히로토(吉原浩人)의 조사와 연구에 의해 일본의 위찬(僞撰)일 가능성이 지적되었다.

불심의 승려로 묘사되어 있다고 한다.[48]

일본에서 보지는 예언서(중세 시대에는 미래기未來記라고 함) 〈야마대시〉의 작자로 유명하고, 얼굴을 반으로 갈라 그 안에서 관음보살이 나오는 초상화를 그리게 했다는 보지의 관음화신 설화도 《우지습유이야기》를 비롯해 많은 문헌에 전해진다. 한반도에서는 고려시대 팔만대장경으로 유명한 해인사의 창시와 관련해 보지의 예언담이 전해지고 있다.

일본에 전해 내려오는 보지상像은 중국에서 보지상을 봤다는 헤이안 시대의 승려 엔닌圓仁 일행 이야기, 혹은 일본으로 보지상을 가지고 돌아왔다고 하는 다이안사大安寺의 기록 등 여러 문헌에 전하는데,[49] 어느 것 하나 빠짐없이 모두 보지를 얼굴에서 관음보살이 나오는 관음화신상觀音化身像으로 기록하고 있다. 보지가 관음화신의 승려로 묘사된 것으로 보아, 회권의 보지 도상과는 일치하지 않는다. 한편 중국에서 보지상이라고 하면 장발에 석장, 혹은 삼포모[50]나 보지모寶誌帽라고 하는 독특한 모자를 쓴, 보통 승려와는 다른 특이한 승려의 이미지였다.

예를 들어 보지상 중에서 오래된 것으로 중국 돈황 막고굴 제

---

48 吉原浩人, 〈《心性罪福因緣集》法志〈說法論議比丘〉說話考―眞福寺藏新出院政期寫本の紹介を兼ねて―〉, 說話文學會大會發表, 名古屋大學, 2017.

49 *다이안사는 나라현에 위치한 사찰. 《연력승록》에 의하면 777년에 당나라로 건너간 다이안사 승려 가이묘(戒明)가 금릉(金陵)에서 〈지공십일면관음보살진신(志公十一面觀音菩薩眞身)〉을 가지고 돌아왔다고 한다. 지공(志公)은 승려 보지를 가리키는 존칭이다.

50 *천으로 된 두건과 같은 것 세 장을 포개서 쓴 독특한 형태의 모자로 보지가 양 무제를 알현할 때 썼다고 한다[《태평어람》 권655, 〈석부 3〉, '이승(異僧)'].

돈황 석굴 제147굴 A 입구 좌측 내 벽화
(公益財団法人東洋文庫所藏, 《Les grottes de Touen-Houang(敦煌石窟)》 vol. 6: peintures et sculptures bouddhiques des epoques des Wei, des T'ang et des Song: tome 6 Grottes 146 à 182 et Divers. 掲載畫像: 國立情報学研究所-Digital Silk Road Project《東洋文庫所藏》, 貴重書 Digital Archive)

중국 사천성(四川省) 대족산(大足山) 석불
[사진 제공: 요시하라 히로토(吉原浩人)]

중국의 보지상. 모두 삼포모를 쓰고 있다.

395굴, 제147굴 등에 그려져 있는 도상이 있고, 당·송 시대의 석불군으로 유명한 사천성四川省의 대족산大足山 등에도 보지상이 현존한다. 기타 신이치·히다 로미의 논문에 의하면, 사천성 협강현夾江縣의 천불암千佛岩 석굴 제91호감(712~856, 중당中唐·만당晩唐), 대족북산大足北山 석굴 제177호굴(1126~1162, 북송·정강靖康, 남송·소흥紹興), 대족석전산大足石篆山 석굴 제2호감(1085, 북송·원풍元豊), 사천성 광원시廣元市 관음애觀音崖 석굴 등에 보지상이 전해진다고 한다. 보지는 당대의 신이승으로 저명한 승가僧伽,[51] 만회萬迴[52] 등과 함께 그려지는 경우를 많이 볼 수 있는데, 보지상은 석장을 들고 있으며 석장 끝머리에는 거울, 머리를 자르는 도구 전도剪刀, 직각으로 된 자 곡척曲尺을 매달고, 머리에 삼포모를 쓰고 새의 발톱과 같은 굽은 손톱을 기르고 있는 것이 특징이다. 보지라고 하면 이러한 이미지가 확정되어 있었던 것이다. 그중에는《양고승전》의 기술에 근거해,[53] 불로불사의 약을 찾아다니는 보지상도 있고, 수륙회를 처음 연 시조라는 전승과 더불어 관음보살은 물론 지장보살로 변했다는 화신설化身說도 전해진다고 한다.

15세기 명나라 때 편찬된 석가의 전기를 시작으로, 천축에서 중국에 이르는 불법 전파에 관계되는 승려의 전기를 삽화와 함께 서술한 승전 집성《석씨원류釋氏源流》에 실려 있는 보지의 도상 역시 모자를 쓰고 있다. 이 도상에는 보지의 석장을 제자가 메고 있다.

또한 필자는 2016년 과거 양나라의 수도였던 금릉(현재의 중국 남경) 북쪽 교외의 영곡사靈谷寺 일각에 있는 보지를 기려 모신 보공탑寶公塔과 지공전志公殿을 찾아간 적이 있었는데, 거기서 본 보지상

---

51 *628~710. 서역 파미르고원 북부 출신의 승려. 661년에 당나라로 건너와 지금의 강소성 회안현(淮安懸) 용흥사(龍興寺)에 머물렀다. 생전에 십일면관음상을 나타내 보이고 입적 후에도 제자승들 앞에 모습을 나타내는 등 영묘한 신승으로 신봉되었다.

52 *632~711. 당나라의 승려. 어려서부터 하루에 만 리를 갔다가 오는 등 신통함이 남달랐으며 50년 후의 안사의 난을 예언해 보지, 승가 등과 더불어 신승으로 여겨졌다.《송고승전》권18에 전기가 수록되어 있다.

53 《양고승전》권3,〈강량야사(畺良耶舍)〉.

또한 삼포모를 쓰고 있었다.

이처럼 《기비대신입당회권》에 보이는 보지의 모자는 비록 형태는 중국에 전해지는 것과 완전히 일치하지 않는다 하더라도 보지상의 전형으로서 빼놓을 수 없는 것임을 잘 알고 있던 화공이 그려 넣었다고 볼 수 있을 것이다. 보지라고 하면 독특한 모자를 쓴 이미지가 중국에 이미 고정되어 있었고 그것이 일본에까지 이르게 되었다고 말할 수 있지 않을까. 회권의 도상이 어디서부터 무엇을 토대로 그려졌는지를 입증하는 명확한 자료는 찾을 수 없지만, 어떤 그림 표본이 있었을 가능성도 있고, 보지의 도상이 이미 일본에서도 확립되어 있었다고 추측할 수도 있다. 삼포모 혹은 보지모의 이미지가 확실하게 일본에도 전해져 있었다는 증거로서 회권의 보지상이 존재하고 있는 것은 아닐까 생각한다.

여기에서 회권을 이야기와 함께 해독하는 것의 중요성을 다시 한번 인식함과 동시에 동아시아로 시야를 넓히는 것의 의의를 알 수 있다.

당나라 황제와 그 주변

회권에 보이는 당나라 황제는 궁궐 중앙의 어좌에 앉은 모습으로만 그려져 있으며 세 번 등장한다. 마키비의 도착, 《문선》 학자의 보고, 바둑 명인의 보고 등 세 장면에서 황제는 마키비에 대한 정보를 얻고 있다. 회권의 황제가 실제 마키비가 견당사로 파견된 시기의 황제라면 당나라 현종을 그린 것이겠지만 보지와의 관계로 살펴보면 양나라 무제의 이미지도 겹쳤을 가능성이 있다. 원래 보지가 등장해서 〈야마대시〉를 그 자리에서 썼다고 하는 것 자체가 마키비와 시대가 맞지 않는다. 그러나 이야기 진행에 있어서는 마키비에게 망신을 주고 그를 없애기 위한 방책으로 현장에서 즉석으로 쓰인 불가사의한 텍스트가 필요했기 때문에 보지가 등장한 것이다. 일부러 관인 세 명이 그를 둘러싸듯 성역을 만들어 보지를 보호하고, 그 안에서 글을 쓰게 하는 의례적인 자리였다는 것에 의의가 있다.

황제와 마키비는 마침내 〈야마대시〉 해독 장면에서 마주 보게 되는데, 안타깝게도 그 장면의 그림이 낙장이 되어 있어 확인할 수 없다. 한편 회권에는 궁궐 묘사가 반복되고 있는데, 마키비와 귀신이 궁궐에 침입해 《문선》을 몰래 엿듣는 장면을 비롯해 사태가 진전되는 것은 궁궐에 황제가 부재할 때다. 또한 황제가 부재하는 시간대는 모두 밤이다.

황제의 어좌는 자세히 살펴보면 장면마다 미묘하게 다르게 그려져 있는데, 나중에 덧붙여 그렸다는 것을 한눈에 알 수 있을 정도다. 그리고 어좌 뒤쪽에 보이는 미닫이문에도 그림이 그려져 있다. 그림 속의 그림이다. 이 미닫이문의 그림을 보면 어떤 사람이 말을 타고 하인으로 보이는 사람을 거느리고 야산野山으로 유람을 떠나는 분위기다. 나무가 단풍으로 물들어 있는 걸로 보아 단풍놀이 유람도인 것 같다. 자세히 보면 말 위의 사람이 우산을 쓰고 있는데, 이 그림은 회권의 다른 한 장면에 보이는 인물과 유사해 관련성을 제기할 수 있다.

그 장면이란 구로다가 문제시해 왔던 마키비의 《문선》 해독 장면이다. 말을 탄 당나라 학자가 마키비의 누각으로 향할 때는 하인이 우산을 가지고 있지만, 누각에서 돌아갈 때는 하인이 아닌 학자

궁중 장면 비교(A: 황제가 궁중에 있을 때, B: 황제가 궁중에 없을 때)

(A: 보스턴 미술관 소장, 《吉備大臣入唐繪卷》, William Sturgis Bigelow Collection by exchange 32.131 Photograph © 2021 Museum of Fine Arts, Boston. c/o DNPartcom. B: 日本の繪卷, 《吉備大臣入唐繪卷》, 中央公論社)

가 직접 우산을 쓰고 있다. 구로다는 이것이 마키비의 《문선》 해독에 학자가 얼마나 큰 충격을 받았는지를 나타내고 있다고 하며, 그러한 학자의 모습과 비슷한 그림을 어좌 뒤 미닫이문에도 그려 넣고 있다고 문제시하고 있다.[54] 그러나 어좌 뒤의 미닫이문에 그려진 유람 풍경에서는 말에 탄 사람이 우산을 쓰고 있는 것이 지극히 예사로운 광경처럼 보이며, 《문선》 해독으로 인해 충격을 받은 학자의 모습이라고까지 할 수 있을지에 대해 의문이 없지 않다.

덧붙여서 말하면 《문선》 해독 장면에서 학자가 궁궐과 누각을

54 黒田日出男, 앞의 책, 2005.

《문선》 출제를 위해 누각으로 향하는 학자(A), 누각에서 돌아오는 학자(B), 궁궐 미닫이문 그림(C) 비교

(A: 보스턴 미술관 소장, 《吉備大臣入唐繪卷》, William Sturgis Bigelow Collection by exchange 32.131 Photograph © 2021 Museum of Fine Arts, Boston. All rights reserved. c/o DNPartcom. B, C: 日本の繪卷, 《吉備大臣入唐繪卷》, 中央公論社)

왕래하는 사이에 하인들의 수가 늘고 있다는 점도 주의해서 볼 필요가 있다. 누각으로 향해 갈 때는 세 명이었는데 돌아올 때는 다섯 명으로 늘어나 있다. 갈 때는 우산을 든 턱수염의 남자, 《문선》이 들어 있는 함을 든 모자 쓴 남자, 부채를 든 붉은 바탕에 둥근 가문이 있는 옷을 입은 남자 이렇게 세 명이었는데 누각에 도착한 장면에서는 한 명이 늘어나 네 명의 모습이 보이고 누각에서 돌아올 때는 주황색 옷을 입은 남자 한 명이 더 늘어나 모두 다섯 명이 말을 탄 학자 뒤를 걷고 있다. 이들 중에 붉은 바탕에 둥근 가문이 있는 옷

을 입은 남자는 회권 권두의 마키비가 당나라에 도착하는 장면에도 등장한 사람이다.

이 일련의 문제적 그림들이 어떤 의미로 그려졌는지 아직 분명히 밝혀지지 않았지만 회화 해독의 차원에서 일단 유의해 두어야 할 문제라고 생각한다.

궁궐이 그려진 장면 중에서는 제38면이 현존하는 회권 최후의 그림이다. 마키비가 해와 달을 봉해 세상이 어둠으로 덮이자, 대책 협의를 위해 궁궐로 불려 간 노인이 계단 위 하인으로 보이는 남자의 부축을 받아 계단을 올라가고 있다. 오른손에는 홀[55]을 들고 있다. 계단 아래에는 신발을 들고 있는 하인으로 보이는 사람이 있는데, 자세히 보면 노인은 맨발로 계단을 오르고 있다. 노인이 모자를 쓰고 있는 것으로 보아 학자나 관료가 아닌, 아마도 점쟁이가 아닌가 싶다. 노인의 뒤에도 모자를 쓰고 양손으로 홀을 들고 꼿꼿이 서 있는 인물들의 모습이 이어진다. 궁궐에 불려간 점쟁이거나 천하가 어둠으로 덮인 위기를 타개하기 위해 불려 간 학자일 것이다.

이 밖에도 학자나 관료의 행차를 기다리는 하인이나 궁중에서 일하는 관인의 표정, 동작 등이 상세히 그려져 있어, 여러모로 살펴볼 부분이 적지 않지만, 여기에서는 생략한다. 그리고 중문 부근에 자주 그려지는 수목, 나무숲 등은《반대납언회권》에 보이는 묘사와 매우 비슷하다. 소나 말의 묘사에 있어서도 앉아 있는 소의 모습을 바로 뒤에서 그려내는 묘사 방법이 매우 흥미롭다. 이러한 묘사를

55 *헤이안 시대 문무 백관이 예복이나 정장을 착용할 때 위엄 있고 엄숙한 차림새를 갖추기 위해 오른손에 쥐던 얇고 긴 나무 판을 말한다.

둘러싼 새로운 해독법도 필요할 것이다.

회권을 그린 화가들은 이국을 그리는 것이 어떤 것인지, 어떻게 하면 이국을 그럴싸하게 그려 낼 수 있을지를 두고 애태웠을 것이 틀림없다.

회권 제작의 목적

고시라카와 원이 이 회권을 만들게 한 근본적인 이유는 무엇일까. 하나는 일본과 송나라의 활발한 교류에 따라 새로운 신화가 필요해졌다는 이유를 생각할 수 있다. 견당사가 폐지된 지 이미 3백 년이나 흘렀다. 견당사 폐지가 독자적인 국풍 문화를 낳았다는, 에도 시대의 쇄국관과 공통되는 역사관이 그간 통용되어 왔다. 회권을 제작한 12세기는 남송과 정식 국교는 없었으나, 남송의 경제 발전 물결이 동아시아에 파급되면서 일본과의 교류가 활발해졌기 때문에 외교에 얽힌, 외교의 토대로서 그 기원을 이야기하는 신화가 더욱더 요구되었을 것이다.

이 회권에는 이문화 교류에 동반된 이국에 대한 잠재적인 위화감이나 공포감 같은 것이 담겨 있다. 그것은 문화 격차에 의한 대국·소국 의식과 밀접하게 연관되어, 우열 의식이 시계추처럼 움직이게 된다. 귀신 나카마로는 이국에 대한 공포와 위화감을 불러일으키는 결정체처럼 조형된 이미지로, 말하자면 이국땅에서 일본을 지켜보는 수호령이었다. 마키비가 외교의 영광을 맡고 있다면, 나카마로는 굴욕과 고뇌에 찬 암부暗部를 한몸에 짊어진 존재다. 이를 단순히 역사적 사실과 다르다는 이유로 황당무계한 이야기로 몰아붙이는 것은 인간의 심리나 상상력을 경시한 천박한 견해에 지나지 않을 것이다.

귀신 나카마로는 이 회권의 또 다른 주제라고 해도 좋을 정도로 귀신 회권의 특성을 나타내고 있다. 회권이 만들어졌던 원정 시대에는 천황이나 원院이 이국인과 만나는 것이 금지되어 있었으나[56] 고시라카와 원은 다이라노 기요모리의 중개로 후쿠하라福原[57]에서 송나라 사람을 만났다. 당시 우대신 가네자네는 일기《옥엽》 1170년(가응嘉應 2) 9월 20일 기사에 이에 대해 미증유의 사건이라고 한탄하며 "마왕의 소행"이라고까지 말했다. 고시라카와 원이 이국 송나라 사람과 대면한 것에 대해서 역사 이야기집《수경水鏡》[58]에도 언급된 걸 보면 분명히 충격적인 사건이었다고 할 수 있지만, 고시라카와 원에게 있어서 그러한 금기는 이미 무의미했을 것이다. 고시라카와 원과 송나라 사람의 대면은 회권 제작과 무관하지 않았을 것이다. 이국인과 만나는 회권의 세계를 실제로 체험한다는 의의와

---

56 일본 천황가의 가훈에 의한 금기(禁忌). 897년 우다(宇多) 천황이 황태자[다이고(醍醐) 천황]에게 양위를 하면서 지은 훈계서《관평어유계(寛平御遺誡)》에 의하면 "천황은 외국인을 직접 대면해서는 안 되며 꼭 접견해야 할 경우 발을 드리우고 만나야한다."라고 했다. 이후 재위 중의 일본 천황이 외국인을 만나는 것은 금기가 되어 궁중에 외국인을 들이는 것조차 꺼렸다.

57 효고현 고베시(神戸市) 효고구(兵庫區)의 항만 지역 일대. 해상 교통의 요충지로 헤이안 말기 다이라노 기요모리의 별장이 있었으며, 1170년에 처음으로 송나라 선박이 입항했다. 이후 기요모리가 후쿠하라로 천도를 계획했지만 고시라카와 원과의 대립으로 쿠데타를 일으키고 결국 패배해 천도는 미수로 끝났다.

58 *12세기 말 가마쿠라 초기의 역사 이야기집. 작자는 나카야마 다다치카(中山忠親)로 추정되며 진무(神武) 천황부터 닌묘(仁明) 천황까지 1,510년간의 역사를 편년체로 서술하고 있다.

더불어 직접 눈으로 본다고 하는 행위에 정치역학적 의미가 있을 것이다.

필자는 구저에서 《기비대신입당회권》이 갖는 근본 의의를 다음과 같이 나카마로의 귀신과 마키비의 〈외교 신화〉로 평가했다.

> 《히코호호데미존회권》이 새로운 일본 황권의 틀을 제시하는 중세 신화의 선구적 존재라면, 《기비대신입당회권》은 황권을 대외적으로 보증하는 것을 가장한 외교 기원담이라고 할 수 있다. 대국에 대해 소국 일본이 가진 숙명적인 대외의식이라 할 수 있는 소국의 과도한 우위성을 과시하고자 하는 상징적 존재다. 그러한 대외의식을 시각적 대상을 확실히 파악할 수 있는 회권이라는 미디어를 통해 표출한 것이다.[59]

〈야마대시〉의 기원起源을 그리다

이러한 회권의 의의에 대해서는 지금도 변함없이 같은 생각이지만, 그와 동시에 회권이 일본의 운명을 점치고 있다고 여겨지는 〈야마대시〉의 전래를 담고 있다는 것에서 더 크고 중요한 의의를 찾아야 한다고 생각하게 되었다. 외교의 기원담이나 귀신 회권으로서의 측면과 함께, 또 하나의 핵심은 역시 예언서인 〈야마대시〉의 전래에 있었던 것이 아닐까. 《강담초》에서도 마사후사의 마키비를 둘러싼

59 小峯和明, 《《野馬臺詩》の謎-歷史敍述としての未來記》, 岩波書店, 2003.

담화의 초점이 일본의 쇠미衰微를 예언하는 〈야마대시〉에 있었던 것과 같다. 천황 백 대째에 일본이 끝난다는 종말관에 고시라카와 원 또한 무관심할 수는 없었을 것이며, 그 기원에 대한 이야기가 자연스럽게 필요했을 것이다. 회권은 그렇기 때문에 제작되었다고 봐야 하지 않을까.

궁중의 같은 회소에서 제작됐다고 보는《히코호호데미존회권》 또한 천황의 기원과 관련된 신대神代 황권에 얽힌 신화이며, 고시라카와 원에게 있어서 황권의 정통성과 긴밀하게 연결되어 있다.《반대납언회권》 역시 일본 중추 도시인 헤이안경 궁중 문의 소실燒失과 그것을 둘러싼 정변政變이 테마이며, 고시라카와 원의 정치와도 밀접하게 관계된다. 스가와라 미치자네菅原道眞의 천신天神에 얽힌 이야기를 그린《기타노천신연기회권北野天神緣起繪卷》[60]과도 같은 헤이안경 귀신 신앙에도 관련된다.

고시라카와 원과 〈야마대시〉와의 접점은 현재 찾아내지 못했지만, 시대 상황이나 문화적 환경으로 보아 〈야마대시〉의 영향이 원정 시대에 이미 상당했다는 것은 의심할 여지가 없다. 당시 천황이 제칠십 대째에 이른 시대라면, 백 대에서 끝이라는 종말관은 받아들이고 싶지 않다고 하더라도 상당히 긴장할 수밖에 없는 것이었고, 그러한 위기의식이 역으로 권력체제를 지탱하는 에너지가 되었

---

60 *13세기에 제작된 회권. 헤이안 시대 초기의 정치가이며 학자로 저명한 스가와라 미치자네(845~903)가 그를 시기하는 자의 중상모략으로 좌천되어 한을 품고 죽어서 원령이 되었다고 하며, 그 진혼을 위해 교토의 기타노천만궁(北野天滿宮) 신사에 미치자네를 천신으로 모시고 기렸다는 이야기와 천신의 영험담 등을 그리고 있다.

을 것이다. 고시라카와 원이 '미래기에 들어가시다'라는 말처럼 그야말로 '미래기 증후군(신드롬)' 와중이었다면 더욱 그러했을 것이다.

《기비대신입당회권》은 이러한 시대적 긴장감을 바탕으로 국가의 운명을 좌우할 수도 있는 〈야마대시〉라는 예언서의 기원을 시각적으로 확정한 보물이 되었다. 현존본에는 정작 〈야마대시〉 해독과 일본 전래 장면이 결락되어 있다는 모순이 존재한다. 가장 중요한 단이 빠져 있었기 때문에 그동안 그 중요성이 묵과되었던 것으로 보인다.

지금은 잃어버린 〈야마대시〉의 부분이야말로 회권의 핵심이었을 것이 분명한데, 도대체 어떤 그림이 담겨 있었는지 회권을 펼칠 때마다 유감스럽고 안타까운 마음이 더한다.

제4부

견당사 신화와 전설

1. 왕조 이야기와 견당사

서문에서 말한 바와 같이 견당사 폐지 이후 역사학 분야에서 견당사 상像 문제에 대해 그다지 관심을 보이지 않았다. 그러나 폐지 이후야말로 견당사는 상상의 세계로 들어서며 다양한 이야기 전승이 형성되었다. 제3부에서 살핀 《기비대신입당회권》은 바로 그런 견당사 전승의 상징이었으며, 그렇게 후대에 재창조된 영역의 의의를 무시할 수 없다. 이른바 견당사 실체가 아닌 대상화하고 환상화한 새로운 견당사 상의 파악이 과제다. 이러한 상상 세계의 견당사 상은 이미 10세기 이후 헤이안 시대에 일본어 가나假名 문자로 쓰인 문학 작품에서 시작된다.

《죽취이야기竹取物語》의 난제담

10세기, 가나 문자로 쓴 이야기의 시초로 알려진 《죽취이야기》[1]는

1 작자 미상. 대나무 나무꾼 노인이 대나무 안에서 손가락만 한 여자아이를 발견해 데려다가 가구야 공주라고 이름 지어 키워, 성인이 되자 귀공자 5명에게 청혼을

가구야かぐや 공주의 이야기로 유명한데, 가구야 공주에게 구혼하는 5명의 귀공자에게 공주가 잇달아 난제를 주는 장면이 있다. 하지만 귀공자 중 그 누구도 난제를 해결하지 못해 물러가고, 결국 천황이 나선다. 그런데 이 난제를 둘러싼 여러 화제에 이문화 교류의 흔적이 짙게 배어 있어 견당사 문제와도 관계된다. 이에 관해서는 정리丁莉의 연구에 상세히 검토되어 있으므로[2] 여기서는 정리의 논문을 바탕으로 견당사와 관련된 장면을 살펴보자.

가구야 공주는 귀공자들에게 다음과 같은 귀중품을 가져오라는 난제를 제시하고 가장 먼저 가져온 사람의 청혼을 받아들이겠다고 한다.

① 이시즈쿠리石作 황자: 부처님의 돌 바리때鉢[3]

② 구라모치くらもち 황자: 동쪽 바다의 봉래산蓬萊山[4]에 있는 옥으로 된 나뭇가지(뿌리가 백은, 줄기가 황금, 열매가 백옥)

③ 우대신 아베노 미무라지阿部のみむらじ: 당나라의 불쥐火鼠[5] 가

받고, 제왕에게 사랑을 고백받지만 모두 거절하고 달의 세계로 승천한다는 이야기다.

2 丁莉, 〈《竹取物語》に讀む古代アジアの文化圈〉, 金英順編, 《日本文學の展望を拓く·第1巻 東アジアの文學圈》, 笠間書院, 2017.

3 *석가가 득도할 때 사천왕이 바쳤다는 돌로 된 바리때. 《대당서역기》 권11, 《수경주(水經注)》 권2 등에서는 서역의 파랄사국(波剌斯國)에 있으며 광명을 발해 중생을 은혜롭게 한다고 한다.

4 *중국 전설에 등장하는 가상적 영산(靈山). 신선이 살고 불로초와 불사약이 있다고 한다.

5 *불쥐는 중국 전설에 나오는 괴물의 일종. 《태평어람》 권820에 의하면 불쥐는 중국 남쪽의 일남(日南) 비경현(比景懸, 현재의 베트남 북중부)에 있는 화산의 불길

죽 옷

④ 오토모大伴 대납언: 용의 목에 걸린 오색 구슬

⑤ 이시가미石上 중납언: 제비가 가진 순산子安[6] 조개

마지막에 보이는 순산 조개를 제외하고는 모두 이국에 있거나 실재하지 않는 물건으로 쉽게 구할 수 없는 것들이다. 가구야 공주는 처음부터 그것을 예견하고 문제를 꺼냈을 것이다. 그런데 여기서 재미있는 것은 문제에 대한 귀공자들의 대응이다. 문제로 주어진 물건을 구하기 위해 현지에 가려는 자들과 아예 처음부터 포기하고 물건을 조작하려는 자들로 나뉜다는 것이다. 전자의 실행파는 ③ 우대신 아베노 미무라지, ④ 오토모 대납언이며, 후자의 날조파는 ① 이시즈쿠리 황자, ② 구라모치 황자다. ①, ②의 두 사람은 가지도 않은 이국 여행을 위장해 고난의 여행을 갔다 온 것처럼 속였다.

날조파에 해당하는 ② 구라모치 황자의 예를 들어 보자. 그는 오사카의 나니와難波에서 배를 띄워 출항한 척하고는 사흘 후에 몰래 돌아와 비밀리에 공방을 만든다. 그리고 대장장이를 고용해 '봉래산의 옥으로 된 나뭇가지'를 만들게 한다. 그 후 배를 몰래 나니와에 대어 놓고 여행에서 돌아온 척하자, 사람들 사이에 황자가 '우

속에 살며, 불쥐의 가죽은 불에 타지 않아 화완포(火浣布)라 이른다고 한다. 《송신기(搜神記)》 권13에서 화완포는 서역에서 전래한 것으로 곤륜산(崑崙山)에 있다고 한다.

6 *일본어 발음은 고야스 조개. 자패(紫貝)과의 조개로 세계 각지에서 나며, 형태에 다소 차이가 있으나 여성의 음부와 유사한 형태를 하고 있어 생식, 순산, 풍만을 상징하는 조개로 귀중히 여겨졌다.

담화優曇華의 꽃'[7]을 가지고 왔다는 소문이 퍼지게 된다. 구라모치 황자는 공주에게 문제의 물건을 얻기 위해 고난의 여행을 다녀왔다며 다음과 같이 말한다.

> 어떤 때는 파도가 거칠어져 바닷속으로 배가 가라앉을 뻔했고, 어떤 때는 바람 부는 대로 낯선 나라로 떠내려가 귀신 같은 괴물이 눈앞에 나타나 저를 죽이려 했습니다. 어떤 때는 해상에서 방향을 잃어 그대로 바다에서 행방불명될 뻔했습니다. 어떤 때는 식량이 다 떨어져 우연히 상륙한 섬에서 풀뿌리를 뽑아 먹으며 연명하기도 했습니다. 또 어떤 때는 말로 표현할 수 없을 정도로 무서운 요괴가 나타나 저를 잡아먹으려고도 했고, 어떤 때는 바다의 조개를 캐서 목숨을 부지한 적도 있습니다. 여행 도중에 보살펴 줄 사람도 없는 곳에서 갖가지 병을 앓아 어디로 가는지 방향조차 분별하지 못하기도 했습니다.

그는 어쩌다 보니 낯선 나라에 표착해 귀신 같은 현지인에게 수모를 당하기도 하고, 식량이 떨어져 풀뿌리나 조개를 따먹기도 했다고 한다. 마치 실제로 체험한 것처럼 항해의 고난을 늘어놓으며 능란한 말솜씨로 속이고 있다. 그야말로 꾸며낸 이야기다. 그런데 이 이야기는 견당사들이 겪은 항해의 고난 그 자체라고 할 수 있

7 *3천 년에 한 번 여래(如來)나 전륜성왕(轉輪聖王)이 출현할 때만 꽃이 핀다고 하는 상상의 식물. 불교에서 부처나 부처의 가르침을 만나기 어렵다는 것을 비유할 때 쓰이며 일본에서도 희귀한 것을 빗대어 말할 때 이용된다.

다. 예를 들면 견당사 헤구리노 히로나리平群廣成 일행은 곤륜崑崙국(참파 왕국)에 표착해 현지인에게 사로잡혀 살해당한다. 간신히 목숨을 건진 몇몇 일행은 달아나지만 역병에 걸려 목숨을 잃는 등 비참한 일을 당하기도 했다.[8] 구라모치 황자의 이야기는 견당사 여행의 기억과 전승이 그때까지 살아 숨 쉬고 있었다는 증거로 읽을 수 있다. 그야말로 '말솜씨로 꾸민 옥 나뭇가지'의 이야기가 아닌, 말솜씨로 장식한 여행 이야기다.

한편 ④ 오토모 대납언은 '용의 목에 걸린 오색 구슬'을 구하러 실제로 항해에 나선다.

> 어찌 된 일인지 질풍이 불기 시작하면서 세상이 어둠으로 덮이고 배가 갈피를 잡지 못한다. 어느 쪽에서 불어오는 바람인지, 그저 바닷속으로 배를 가라앉혀 버릴 것 같은 거센 바람이 배를 가르고, 파도는 끊임없이 배를 치대며 바닷속으로 끌어들이려고만 하고, 하늘에서는 신神이 떨어지는 것처럼 번뜩이니, 대납언은 "이런 곤욕을 치른 적은 아직 없었다. 이제 어찌해야 한다는 말인가."라고 하며 당혹해한다.

인용문은 배가 폭풍을 만난 모습을 그리고 있으며, 하늘에서 떨어진다는 '신'이란 천둥 번개를 가리킨다. 이때 어쩔 줄 몰라 하는 대납언에게 사공은 "배가 바닷속으로 가라앉지 않으면 벼락이 떨어

---

8 《속일본기》 739년[천평(天平) 11] 11월 3일 기사.

질 것이 틀림없습니다. 만일 다행히 신의 도움을 받는다면 바람에 밀려가 끝내 남해에 표착하실 것입니다."라고 하며 용을 죽이려 한 응보이니 서둘러 신에게 기도하라고 한다. 이에 대납언은 사공들이 모시는 신, 즉 배의 신령에게 기도하며 서언誓言을 한다. 하지만 그 후 대납언의 배가 바람에 밀려 표착한 곳은 '남해의 해안'이 아닌, 하리마播磨의 아카시明石[9]였다고 한다. 그리고 이때 대납언은 얻으려 했던 '용의 구슬'은 얻지 못하고, 두 눈이 풍병風病[10]에 걸린 사람처럼 붉어져 자두 같은 구슬이 되어 있었다고도 한다. 해상에서 풍랑을 만나 당혹해하는 대납언과 사공이 나눈 대화에 표류의 끝이 '남해'로 되어 있어, 정리에 의해 지적된 바와 같이 '남해'로의 표류가 미지의 두려움을 상징하는 '집단적 기억'으로 이어져 내려온 경위를 짐작케 한다.

이와 같이 《죽취이야기》에는 '견당사'라는 이름은 보이지 않지만, 견당사의 여행 기억이 역력히 살아 있으며 항해의 위기와 고난, 표류나 표착에 대한 불안과 두려움이 새겨져 있다. 그것은 구라모치 황자처럼 거짓으로 꾸민 이야기거나, 오토모 대납언의 실제 항해였다고 해도 차이가 없다. 또한 ③ 우대신 아베노 미무라지는 불쥐의 가죽으로 만든 옷이 당나라에 있는지 확인하기 위해 편지를 써서 가신家臣 오노노 후사모리小野ふさもり를 당나라 무역선 선장에게 보내는데, 이때 후사모리가 무역선을 타고 당나라를 다녀오는 모습

9 *효고현(兵庫懸) 남부 아카시 해협의 항만 일대.

10 *감기 또는 중추 신경 계통에서 일어나는 병 등을 풍병이라고 하지만, 여기서는 바다에서 풍랑을 만나 얻은 병을 빗대어 말하고 있다.

이 《죽취이야기》에 그려져 있다. 엔닌의 《입당구법순례행기》의 귀국 노정에 보이는 '신어정神御井'이라는 배나 소주蘇州 출발의 일본행 배[11] 등과 같이 왕래가 상당히 활발했던 상황을 비추고 있다고 볼 수 있다.

《우쓰호이야기うつほ物語》의 도시카게俊蔭

《죽취이야기》와 같은 시기인 10세기경에 서술되었다고 전해지는 《우쓰호이야기》는 일본 가나 문자로 쓰인 최초의 장편으로 알려져 있는데, 그 시작은 견당사 도시카게의 이야기다. 견당사와 관련된 장면을 간추려 살펴보자.

기요하라노 도시카게清原俊蔭는 16세 때 견당사로 임명되어 당나라로 가는 도중 폭풍우를 만나 파사국波斯國[12]에 표착한다. 거기서 관음의 화신으로 나타난 말에 이끌려 세 명의 선인仙人을 만나 거문고를 배우고, 다시 서쪽으로 가서 아수라阿修羅[13]에게서 거문고를 물려받고 부처님의 가호를 받으며 30종의 거문고 곡을 얻는다. 그리고 당나라로 건너간 지 23년 만에 귀국해 딸에게 거문고와 곡을 전

---

11 《입당구법순례행기》 권4, 847년(대중 1) 3월 10일 기사, 6월 9일 기사.

12 지리상의 정확한 위치는 알 수 없지만 인도네시아의 수마트라섬 부근 일대의 섬을 가리킨다고 추측된다. 《부상략기》 920년(연희 20) 11월 기사에 당나라 승려 장수(長秀)가 파사국에 가려고 남쪽으로 향했는데 일본에 표착됐다는 기사가 전한다.

13 *전투의 악신이라는 이미지도 있지만, 불교에서는 불법을 수호하는 팔부중(八部衆, 팔종의 신)의 하나로 여겨진다.

수한다. 도시카게의 딸을 마음에 품고 있었던 조정 최고 장관의 아들 가네마사兼雅는 딸과 하룻밤 인연을 맺지만 부친의 반대로 외출 금지를 당한다. 도시카게의 딸은 그 후 아들을 출산해, 아들과 함께 기타노산北山[14] 골짜기에 숨어 지내며 곰 모자에게 받은 속이 텅 빈 삼나무杉木 거목으로 거문고를 만들어 아들에게 거문고와 연주 비법을 전수한다. 아들은 15세 때 천황의 기타노北野 행차에 수행한 부친 가네마사와 만나게 되고, 그 후 부친의 저택에 살며 나카타다仲忠라는 이름을 받는다.

거문고는 예악의 중심이 되는 악기로 왕권과도 깊은 관련이 있다. 위의 도시카게 이야기와는 다르게 견당사와 관련된 악기는 거문고가 아닌 비파琵琶로, 835년(승화承和 2)에 파견된 마지막 견당사 일행 중 한 명인 후지와라노 사다토시藤原貞敏가 유명하다. 당나라의 염승무廉承武를 스승으로 섬기며 비파의 비곡秘曲을 전수받고, 839년(승화 6)에 귀국할 때 비파의 명기 '청산青山'과 '현상玄象'을 일본으로 가져왔다고 알려져 있다.[15] 진술한 《우쓰호이야기》의 견당사 도시카게에게 이러한 사다토시의 이미지가 겹쳐 있었을 것이다.

《우쓰호이야기》에서 도시카게가 당나라로 항해하는 도중 폭풍이 몰아쳐 일행들이 탄 세 척의 배 중에서 두 척이 침몰당하고, 도시카게가 탄 배만 간신히 파사국에 표착했다고 한다. 세 척의 배로

---

14 *교토의 북서쪽 단파고지(丹波高地)로 이어지는 산간부.

15 《헤이케이야기(平家物語)》 권7 〈청산에 관한 것〉에 보이며, 《십훈초(十訓抄)》 권10, 17에서는 당나라 비파의 스승을 '류이랑(劉二郎)'이라고 전한다.

당나라에 간다는 것은 견당사 파견 기록에서 흔히 볼 수 있는 사례로, 이 이야기는 그러한 견당사 역사를 바탕에 두고 있다고 할 수 있다.

파사국에 표착한 도시카게가 관음보살에게 기원하자 말이 나타나 거문고를 켜는 세 명의 선인에게 도시카게를 데려갔다고 하는 구절은《법화경》관음보문품(관음경)에 근거하고 있는 것이 확실하다. 그리고 도시카게는 들려오는 도끼 소리에 이끌려 다시 서쪽으로 가서 아수라를 만나 비장의 거문고를 물려받는다. 여기에서 아수라가 등장하는 것은 아마 불교의 수미산須彌山[16] 세계의 이미지가 개입된 것으로 보인다. 아수라는 본래 수미산의 해저 깊은 곳에 숨어 있는 존재로, 한번 일어서면 수미산보다 높아지며 제석천이 천상에 있는 딸을 빼앗아 갔을 때 그와 싸웠다고 한다.[17]

그리고 아수라는 천상의 음악 천인과 천녀가 내려와 심은 나무로 만든 거문고를 도시카게에게 물려준다. 도시카게는 다시 서쪽으로 가서 일곱 명의 선인과 함께 거문고를 타는데, 이것이 부처님 귀에 들리게 된다. 이윽고 부처님이 도시카게 앞에 나타나 그의 전생에 대해 들려주고 미래를 예언한다. 여기서 모든 것을 통찰하고 있는 존재인 부처님이 한 인물의 과거세過去世와 내세來世를 이야기한

---

16 *불교의 우주관에 의한, 세계의 중심에 있다고 하는 상상의 성산(聖山). 이 산을 중심으로 일곱 겹의 산과 바다가 있고 가장 바깥쪽의 바다를 철정산(鉄囲山)이 둘러싸고 있다. 그 바다에는 사방에 사대주(四大洲)가 있고 그중 하나인 남주(南洲)에 인간이 살고, 산의 정상에는 제석천의 궁이 있고, 그 밑으로 사천왕과 제천들이 살고, 해와 달이 산을 중심으로 회전하고 있다고 한다.

17 《금석이야기집》권1, 30화〈제석천과 아수라의 싸움〉.

다는 것은, 말하자면 이야기 속의 이야기꾼으로 군림하는 것이다. 이 구절의 전개는 표착지가 파사국이라는 것과 맞물려 불법의 세계관에 입각하고 있다. 파사국의 문화는 당나라 장안에서 견당사들이 직접 접했을 것이 틀림없으며, 일본 쇼소원正倉院의 보물로 간직되고 있는 유리잔은 파사국이 원산지로 알려져 있다.

733년에 파견된 제9차 다지히노 히로나리多治比廣成 대사를 필두로 하는 견당사 일행이 2년 후에 귀국할 때 인도의 바라문승정 보리선나菩提僊那, 참파 왕국 임읍林邑의 승려 불철佛哲, 당나라 승려 도선道璿 등이 함께 일본으로 건너온 것에 관해서는 앞에서 자세히 살폈다. 그런데 이때 파사국의 이밀예李密翳, 당나라의 황보동조皇甫東朝라는 사람도 함께 배에 타고 있었다. 마사후사의 《강담초》 권3 제43단에는 "파사국어로 '一'은 사사아, '二'는 도아, '三'은 마카, '四'는 나므하"라고 한다는 구절이 인용되어 있다. 파사국은 통상 페르시아로 알려졌지만, 《강담초》에 보이는 인용이 말레이어인 것을 보면 파사국은 동남아시아 영역을 가리키는 호칭으로 보인다. 9세기의 불교 법회 설교 자료 《도다이사풍송문고東大寺諷誦文稿》에는 불교 강설의 말은 전 세계적으로 모두에게 통하며, 일절 막히는 법이 없다는 예로 '대당, 신라, 일본, 파사, 곤륜, 천축'의 사람들이 모여도 부처님은 한 음으로 각 지역 풍속의 방언에 따라 들려주었다는 것을 든다. 《우쓰호이야기》에서 파사국은 동남아시아 지역으로 보는 것이 적합할 것이다. 도시카게의 파사국 표착 이야기는 견당사들에 의해 축적된 이국, 이문화의 이미지를 토대로 그리고 있는 것을 알 수 있다. 도시카게의 귀국은 교역선을 통해 이루어졌으며 당나라에서 23년을 보내고 39세의 나이로 귀국했다고 한다. 도시카게를 835년에 마지막으로 파견된 견당사로 표현하려 했다면 그가 교역선으로 귀환했다는 설정은 실제 견당사의 귀국 상황과 부합한다. 이처럼 《우쓰호이야기》에는 마지막 견당사 시대의 기억이 깊게 투영되어 있음을 확인할 수 있다.

《하마마쓰중납언이야기浜松中納言物語》의 일·중 왕래

이어서 11세기 후반에 《사라시나일기更級日記》[18]의 저자로 알려진 스가와라노 다카스에菅原孝標의 여식이 지었다고 하는 《하마마쓰중납언이야기》에 대해 살펴보자.

주인공은 중납언으로, 그의 부친이 죽어서 당나라 제3 황자로 태어나 이미 4, 5세가 되었다는 것을 알고 황자로 태어난 부친에게 효를 다하기 위해 당나라로 건너간다. 견당사로 임명이 된 것은 아니지만 중납언의 신분으로 도항을 한다는 것은 견당사에서 발상을 얻었을 것이다. 당나라로 건너간 중납언은 하향현河陽縣[19]에서 황자로 태어난 아버지의 모친, 즉 당나라 황후와 만나 인연을 맺게 되는데, 이 황후는 옛날 일본에 건너온 진秦나라 황자와 요시노吉野의 여승女僧 사이에서 태어났다고 한다. 지금으로 치면 혼혈아인 셈이다. 중납언은 황후와 사랑하는 사이가 되어 인연을 맺고 둘 사이에서 아들이 태어난다. 한편 황후는 죽은 후에 일본의 황태자와 요시

18 *1060년경 성립의 여류 일기 문학으로 전 1권. 남편의 죽음을 슬퍼하며 서술한 회상록의 일종으로 13세부터 52세까지 40여 년의 과거를 돌이켜 보며 서술하고 있다.
19 *중국 하남성 맹현(孟懸) 지역.

노 여승의 딸 사이에서 공주로 태어난다. 착잡하게 얽힌 혈연관계가 일본과 중국의 왕래, 윤회전생輪廻轉生과의 상관관계 안에서 그려진다.

> 돌아가신 아버지께 효를 다하고자 하는 뜻이 깊어 떠난 여행길이라 그랬던 것일까. 무섭고 아득하게만 느껴 왔던 바다 여행이었는데 거친 풍랑을 만나지도 않았고, 순풍이 불어 배를 배웅하는 듯했으며, 당나라의 온령溫嶺[20]이라는 곳에 7월 초 십일에 도착했다. 다시 그곳을 출항해 항주杭州[21]라는 곳에 머무르게 되었다. 그곳은 포구에서 강을 타고 육지로 들어온 호수와 같은 곳으로 경치가 더할 나위 없이 아름다워 예전에 이시야마사石山寺[22] 참배를 위해 갔던 오미近江의 바다[23]가 생각나서, 고국의 모습이 마음에 사무쳐 그립기 짝이 없었다.

《우쓰호이야기》에서는 모진 풍랑으로 인한 파사국 표착에서 이야기가 시작했지만, 여기서는 효도하려는 기특한 뜻에 대한 감응인지 거센 바람을 만나지도 않고 순조롭게 당나라 온령에 닿아 다시 항주로 이동했다. 여기에 보이는 항주의 '포구에서 강을 타고 들어온 호수'는 항주의 경승지로 유명한 '서호西湖'일 것이다. 이를 일

---

20 *중국 절강성 대주시(臺州市) 동쪽의 연안 지역.

21 *중국 절강성 북부 연안의 전당(錢塘)강 하구에 있는 항구도시.

22 *시가현(滋賀縣) 오쓰시(大津市)에 위치한 사찰. 《사라시나일기》에도 작자가 이 사찰에 참배하러 가는 장면이 보인다.

23 *일본 최대 면적의 호수인 시가현 비와호(琵琶湖)를 가리킨다.

본에 있는 '오미의 바다', 즉 비와호와 대비하고 있다. 항주는 송나라 시대의 중심 도시로, 주인공이 온령에서 항주로 이동해 경승지 서호에 묵었다는 것은 당시 일·송 교류의 성황을 잘 나타내고 있다. 항해의 고난이 사라진 여정은 중국 동쪽 바다를 가볍게 넘나들게 되었다는 느낌마저 준다.

항주에 도착한 이튿날에는 함곡관函谷關[24]으로 사람들이 중납언을 마중 나왔다고 하며, 그들의 모습은 "《당국唐國》이라는 이야기에 그려져 있는 그림에서 본 사람들과 같았다."라고 한다. 항주와 함곡관과는 전혀 위치 관계가 맞지 않지만, 이는 현실과는 다른 세계로 보아야 할 것이다. 여기서 눈길을 끄는 '당국'이라는 이야기는《사고로모이야기狹衣物語》에도 인용된 것을 보면 실존했으나 지금은 산일된 이야기로 보인다. 그림이 언급되고 있는 것으로 보아 회권으로 만들어졌을 가능성도 있다. 혹은《당국》은 가공의 이야기로서 당나라의 이름이 나올 때마다 소환되는 공통적인 환상인지도 모른다.

선행하는 관련 이야기와 삽화에서 떠오르는 중국의 이미지를 겹쳐 가며 이야기 세계를 소요하는 것이 일본 가나 문학의 허구 이야기를 만드는 방법이자 읽는 방법이다. 그렇게 허구로 만들어진 것이 다름 아닌《당국》이었을 것이다. 또한 중국의 명소나 장소에 맞추어 일본의 지명을 들어 대비하는 사례가 일관적으로 보인다. 이국의 형상을 가능한 한 일본에 가깝게 그려 친근한 것으로 만들

---

24 *중국 하남성(河南省) 신안현(新安縣)에 위치했던 관문(關門). 서쪽의 관중(關中) 지역과 동쪽의 중원(中原) 지역을 연결하는 통로에 위치한 요충지였다.

려는 발상법이다. 그것은 이문화를 이해하고 받아들이기 위한 지적 작용으로, 어떤 시대나 세상에서도 변함없이 써온 방법이며 이국을 일본의 이야기로 만드는 방책이었다고 할 수 있다.

이러한 이문화 체험과 더불어 이 이야기에서는 윤회전생의 모티브에 의해, 또 하나의 일본·중국 왕래를 형상화했다는 점이 특색이다.

《마쓰라궁이야기松浦宮物語》의 견당사

13세기 가마쿠라 시대의 저명한 가인歌人 후지와라노 사다이에藤原定家는 고전학자로 저명하지만, 한편 장편 이야기와 같은 문학 작품을 만드는 작가이기도 했다. 헤이안 시대의 귀족인 주인공이 당나라를 무대로 활약하는 모습을 그린 장편 이야기 《마쓰라궁이야기》는 사다이에의 작품이라는 설이 정설이다.

《마쓰라궁이야기》의 개요는 다음과 같다.

다치바나노 우지타다橘氏忠가 견당사 부사로 중국에 파견되었다. 노옹에게 거문고를 배우고 그의 지시에 따라 상산商山[25]의 누각에 있는 화양華陽 공주[26]에게 거문고의 비곡을 전수받는다. 우지타다

---

25 *중국 섬서성(陝西省) 상현(商縣)의 동쪽에 위치한 산.

26 *당나라 제11대 황제 대종(代宗)의 화양 공주를 모델로 설정한 것으로 추정된다. 화양 공주는 772년에 병사했다[《신당서(新唐書)》 권83, 열전제 8, 제제 공주(諸帝公主)]. 《백씨문집(白氏文集)》 권13에는 공주의 저택이 도교 사원이 되었다고 전하며 공주는 죽은 후에 피리(簫)를 불며 신선 세계에 올랐다고 한다.

와 공주는 서로 연모해 인연을 맺지만, 공주는 그에게 수정 구슬을 건네면서 일본의 하세長谷 관음으로 가서 수행하라는 유언을 남기고 죽는다. 그때 중국 황제가 죽고 황태자와 황제의 동생 사이에 황위 다툼이 일어나 황제의 동생이 반란을 일으키자, 황후에게 원조를 부탁받은 우지타다가 반란 진압에 나선다. 우지타다는 신의 영험으로 자신과 똑같은 모습을 한 아홉 명의 인물로 나타나, 적장 우문회宇文會[27]를 항복시킨다. 그 후 우지타다는 황후의 미모에 반해 몰래 연모의 정을 품지만 이루어질 수 없다고 단념하고 피리를 부는 수 수께끼의 여인과 인연을 맺는데, 이 여인이 다름 아닌 황후였다. 황후는 우지타다에게 "우문회는 아수라이며, 선황이 현장玄奘 법사를 천제에게 보내 아수라 진압을 호소해, 천제가 도리천忉利天[28]에서 나를 하강하게 했으며, 또한 천동天童이었던 그대를 스미요시 신에게 명해 하강하게 했던 것이오."라고 고백한다. 귀국한 우지타다는 하세사長谷寺에서 수행하고 소생한 화양 공주가 재회하지만, 동시에 황후의 얼굴이 거울에 비쳐 동요한다.

마지막 부분이 다소 급작스럽게 끝이 나 황당한 느낌이 든다. 이는 이후에 이야기가 계속 이어지지만, 여기서 생략한다는 농화법朧化法[29]에 의한 픽션이다. 이 이야기에 관해서는 이미 지적한 바와

27 *작자가 설정한 가공의 인물.

28 *불교의 우주관에서 세계의 중앙에 있다는 수미산 꼭대기의 천상 세계. 가운데에 제석천의 선견성(善見城)이 있고 사방에 천인(天人)들의 성이 여덟 개씩 있다고 한다.

29 *문장을 확실하게 단정 짓지 않고 마치 안개에 물체가 점점 가려져 안 보이게 되

같이 주인공 우지타다가 견당사로 설정되어 있으며, 병법에 능통한 점, 하세 관음이나 스미요시 신 등이 관계하고 있는 점, 누각이 무대인 장면이 있는 점 등으로 보아 마키비에 가탁되었을 가능성이 높다. 적장 우문회가 아수라의 화신이고, 황후가 도리천에서 내려왔다고 하는 등 천축신화가 구사되어 있으며, 현장법사가 천제에게 파견되는 설정 등도 기발하다. 아수라는《우쓰호이야기》에도 등장하지만 역할이 대조적이다. 또 자신과 똑같은 모습 9명을 나타나게 했다는 환술은《다와라도타이야기俵藤太物語》[30]에서 헤이안 시대의 무장武將 다이라노 마사카도平將門가 썼다고 하는 비술秘術과도 비슷하다.

우지타다가 당나라로 항해하는 장면은 다음과 같이 그려져 있다.

> 내년에 당나라로 가는 배를 출발시킬 때 견당사 부사로 승선하라는 어명이 있었다. (중략) 항해는 예상했던 것 이상으로 비와 바람을 걱정하지 않아도 되었으며 출항해서 칠 일 만에 당나라에 접근했다고 해서 내다보니 해안의 경치가 멀리 보이고 바위의 형상이 예사롭지 않게 운치가 넘쳤다. 그날 밤 명주明州라는 곳에 이르게 되었다.

견당사 부사로 파견되어 순조로운 항로로 칠 일 만에 당나라 '명주'에 이르렀다고 한다. 나름대로 항로에 대해 지식을 가지고 있

는 것처럼 어슴푸레 매듭짓는 표현 기법을 말한다.

30 *17세기 초반 편찬. 무로마치 시대부터 에도 시대에 걸쳐 유행한 오토기조시(御伽草子)라고 불리는 단편 설화 장르의 이야기로 무용담(武勇譚)을 주제로 하고 있다.

음을 알 수 있다. 그리고 우지타다가 명주에서 육로로 도성을 향하는 여정은 다음과 같이 서술하고 있다.

> 아득히 멀리 보이는 산과 강, 초원을 지나면 걷기조차 힘든 길이 펼쳐지고 험한 산을 올라 넘고 넘어가는데 오월의 비는 그칠 줄 모르고 고단한 몸은 비를 피하는 것조차 귀찮아 비를 맞으며 도성에 당았다.

추상적이지만 오월 비를 맞아 가며 험한 산을 넘어 향하는 고난의 여정이 그려져 있다. 또한 우지타다가 도성에 도착해 머물게 될 누각에 관해 중국 신하가 말하기를,

> 이 누각은 옛날에 선인이 지을 때부터 청정한 땅을 골라 지었으므로 결코 재앙이 엿볼 수 없으며 절대 흔들리지 않습니다. 하늘에서 해와 달이 지켜보고 땅의 신이 보호해 주는 곳입니다.

라고 누각의 안전을 강조하고 있다. 그리고 우지타다가 우문회 군을 진압하는 전투 장면에서는 우문회가 일본에 관해 다음과 같이 말한다.

> 일본은 정강精强한 무인의 나라로 국토는 작지만 신의 강력한 수호를 받고 있으며 사람들의 마음 또한 슬기롭고 덕이 높다고 들었다.

대국 중국에 대해 소국 일본이 가진 의식이 나오고, 그렇기 때

문에 신의 수호가 강하고 사람들은 영리하다는 중세 시대의 강력한 신국 일본의 이데올로기를 볼 수 있다. 표현의 구조가 《기비대신입당회권》에 가장 가깝게 짜여 있다.

이상으로 일본어 가나로 쓰인 대표적인 이야기를 중심으로 견당사의 양상을 더듬어 보았다. 이국과의 왕래를 주제로 하는 이야기에서 견당사의 설정은 빠질 수 없었고, 그 결과 견당사의 신화화에 박차가 가해지게 되었다.

2. 중세의 설화에서

이어서 중세 시대의 설화에서 견당사 상을 살펴보자. 제1부에서 살펴본 마키비가 꿈을 빼앗는 이야기를 담고 있는 13세기의 《우지습유이야기》에는 견당사를 둘러싼 흥미로운 이야기가 눈에 띈다. 여기서는 세 편의 견당사 관련 이야기를 중심으로 살펴본다.

엔닌圓仁의 교힐성纐纈城

먼저 《우지습유이야기》 제170화 〈자각대사 교힐성[31]에 들어간 이

31 *'교힐'은 일본 고대 염색 방법의 일종으로 천을 묶어서 그 부분에 물감이 배어들지 않도록 하는 방법을 말하는데, 여기서는 사람의 피를 뽑아 염색한다는 의미로 설정한 가공의 성(城) 이름이다.

야기〉에 보이는 엔닌의 이야기를 보자. 엔닌은 마지막 견당사로 파견된 단기 유학승이었는데, 입국이 허용되지 않아 산동반도에 하선해 신라인들의 거류지인 적산赤山[32]에서 머무르다가 오대산으로 가서 험난한 육로로 장안에 들어갔다. 장안에서 밀교를 배우고 있을 때, 무제武帝가 즉위해 불교를 탄압하는 바람에 어쩔 수 없이 귀국길에 오르게 되고, 고난 끝에 일본으로 돌아와 에이산叡山에서 밀교의 기초를 세워 자각대사로 불렸다. 그의 일기《입당구법순례행기》는 9세기 동아시아의 동향을 살필 수 있는 제1급 역사 자료로 인정되며, 그와 동시에 걸출한 한문 일기문학·기행문학이라고도 할 수 있다.

그 엔닌의 법난法難[33]에 대한 화제가 마침내 독립된 설화로 전해지게 된 것이 교힐성 이야기다. 이는 무제가 승려들을 강제로 환속시키기 위해 군사를 풀어 승려들을 붙잡아 들이자, 군사들에게서 도망치던 엔닌이 몸을 숨기기 위해 들어간 교힐성에서 말을 못하게 하는 약을 먹고 거꾸로 매달려 피를 뽑힐 위기에서 탈출해 개의 안내를 따라 귀환한다는 이야기다. 같은 이야기가 12세기《금석이야기집》 권11 제11화 〈자각대사 송으로 건너가서 현밀법顯密法을 전하고 돌아온 이야기〉와《타문집打聞集》[34] 제18화 〈자각대사 당에서의 일〉에도 있으며, 또한 14세기 초의 필사본 에이산문고 소장《에

32 *신라의 장보고가 산동반도에 창건한 적산법화원을 가리킨다.

33 *불교 탄압으로 인해 불교 교단이나 그것을 포교하는 사람이 받는 박해를 말한다.

34 1134년 성립으로 추정되는 작자 미상의 불교 설화집. 불법 영험 및 저명한 고승의 행적에 관한 설화 27편을 수록하고 있다.

이산략기叡山略記》〈자각대사 입당 시 당나라 무제에게 쫓김을 당한 일〉에도 보인다. 여기서는《에이산략기》의 본문을 들어 보자. 원문은 한문과 가타카나를 병기하고 있으며 가타카나가 한문보다 작게 쓰여 있다.

> 당나라에서 회창會昌 천자가 불법을 파멸하려 할 때 자각대사가 쫓김을 당하시어 교힐성으로 도망을 가서 몸을 숨기시려 했다. 어느 법당 안으로 들어가 불상들 사이에 몸을 감추시니, 뒤쫓아 온 천자의 병졸들 눈에는 대사가 키가 일장一丈이나 되는 부동명왕 상으로 보여 찾아내지 못하고 돌아가자, 천자도 더 이상 대사를 잡아 쫓아낼 수 없었다. 대사가 숨어 계신 곳은 한번 들어오면 나가기 힘든 철통같이 견고하게 지어진 가옥으로 교힐성이라고 한다. 대사가 축인丑寅 방향을 향해 나무삼보南無三寶를 염하시며 절을 올리고 구원의 기도를 드리니, 커다란 개가 나타나 대사의 옷소매를 물고 이끌어 개를 따라가셔서 □□. 혜정惠正이 세상을 뜬 후, 불법을 배우시고 □□년에 귀국하셨다.

생략된 부분이 상당히 많이 보인다. 전반은 법당으로 도망쳐 불상 옆에 숨었더니, 엔닌을 잡으러 쫓아온 군졸들 눈에는 그가 부동명왕 불상으로 보여 발각되지 않아 목숨을 건졌다는 이야기로《우지습유이야기》의 전반 부분에 보이는 것과 같다. 그런데 후반의 교힐성을 탈출할 때 엔닌이 '축인' 방향, 즉 동북쪽을 향해 절을 올렸다는 것은 교토에서 봤을 때 동북쪽에 에이산이 있었기 때문이며, 이 장면은 에이산을 염두에 둔 교토의 발상이 틀림없다. 또한 개가 엔닌을 돕는 장면도 《우지습유이야기》에 보이며 이야기의 초점이 되고 있다. '회창 천자', '혜정' 등의 표현은 모두 불법을 탄압한 당나라 무제를 가리키고 있으며, 실제로 엔닌은 무제 재위 중에 장안에서 추방되었기 때문에 무제가 죽은 후에 불법을 배운 것이 아니다.

이 《에이산략기》는 에이산 학문승의 초록抄錄 또는 간략한 기록으로, 앞서 살펴본 〈야마대시〉에 관한 기술도 보인다. 에이산 천태종天台宗 불교권에서 이 설화가 성장·유포된 흔적을 보여 주는 귀중한 자료이며, 에이산 학문승이 학습 노트처럼 지니고 다니면서 보고 들은 이야기를 적은 기록이었다는 점은 《타문집》과도 공통된다. 그러한 초록, 기록의 이야기가 《금석이야기집》이나 《우지습유이야기》에 이어져 전해졌다는 것을 보여 주고 있다.

교힐성에서 엔닌이 거꾸로 매달려 피를 뽑힐 뻔했다는 묘사는 이국에 대한 잠재적인 공포가 길러 낸 기담奇談이며, 1990년대 이후 한때 유행했던 도시전설 '사라진 신부' 이야기와 유사한 부분이 있다. 파리 또는 홍콩의 부티크에서 자취를 감춘 신혼여행 중의 신부가 나중에 발견되었을 때 양손과 두 다리가 잘려 있었다는 등, 신체의 결손이 나타나는 부분이 이국을 둘러싼 기담 형식과 유사하다.

호랑이에게 잡아먹힌 아들

다음은 《우지습유이야기》 제156화 〈견당사의 아이가 호랑이에게 잡아 먹힌 이야기〉다.

견당사로 임명된 사람이 열 살쯤 되는 자신의 아이와 헤어지는 것이 아쉬워 당나라까지 데리고 갔다. 눈이 내리는 날, 아이가 밖에 나갔다가 좀처럼 돌아오지 않자 걱정하면서 아이 발자국을 찾아 나섰다. 아이 발자국 뒤로 커다란 개의 발자국과 같은 것이 연이어 보이더니, 도중에 아이의 발자국만 사라져 버리고 뒤에 이어지던 큰 발자국은 산 쪽으로 들어갔다. 호랑이가 틀림없다는 생각에 산속을 찾아 헤매다가 바위굴 앞에 이르렀을 때는, 이미 호랑이가 아이를 물어 죽인 후였다. 그 자리에서 칼로 호랑이의 머리를 베고 등을 찔러 죽였다. 아이의 시체를 안고 숙소로 돌아갔더니 모두 겁에 질려 벌벌 떨었다고 한다.

중국에서는 호랑이를 만나면 도망치는 것조차 힘든데 호랑이를 죽이고 아이를 되찾아 온 것은 대단한 일이라며, "일본의 무예와 용맹은 비할 데 없이 우수하다."고 칭찬하지만 아이는 죽었으니 아무 소용이 없다고 하며 이야기는 끝을 맺는다. 이 이야기에 보이는 재미있는 표현은 호랑이 머리를 칼로 베었더니 "잉어의 머리통이 깨지듯이 깨져 버렸다."라는 구절이다. 호랑이인데도 잉어처럼 머리가 단번에 박살이 났다고 하는 익살스러운 표현으로, 요리하듯 잉어의 머리를 자르는 것을 떠올릴 수 있다. 이 이야기와 같은 유형의 설화는 보이지 않지만, 《일본서기》 544년(긴메이 6) 11월 기사에 백제에 파견된 사신 가시와데노 하스히膳臣巴提便가 자기 아들을 잡아먹은 호랑이를 찾아내 찔러 죽이고 가죽을 벗겨서 돌아왔다고 하는 이야기가 전해진다. 또한 《우지습유이야기》에서 위의 이야기 앞에 수록된 제155화 〈무네유키宗行의 하인이 호랑이를 쏜 이야기〉에도 신라에서 호랑이를 퇴치한 이야기가 있다.

물고기를 타고 온 아들

《우지습유이야기》의 견당사를 둘러싼 이야기의 마지막은 제178화 〈물고기를 타고 온 아들 이야기〉인데, 이 이야기가 가장 잘 알려져 있다.

> 옛날에 한 견당사가 당나라에 머무르는 동안 아내를 맞이해 아이가 태어났다. 그 아이가 어릴 때, 견당사는 "다음에 파견되어 오는 견당사에게 부탁해 소식을 전할 것이네. 그리고 아이가 젖을 뗄 때쯤 되면 꼭 일본으로 데리고 와 키울 것이네."라고 아내에게 약속하고 귀국한다. 그 후 아내는 견당사가 당나라에 올 때마다 남편 소식을 묻지만 아무런 소식도 받지 못하자, 크게 원망의 마음을 품는다. 아내는 바닷가로 가서 아이의 목에 '견당사 아무개의 자식'이라고 쓴 이름표를 걸고 "전세의 인연이 있으면 부자지간이니 틀림없이 아비를 만날 수 있을 것이다."라고 하며 일본을 향해 아이를 바다로 던지고 돌아갔다.
>
> 그 후 견당사가 일본의 오사카 나니와의 포구 근처를 지나다가 바다 멀리 새가 떠 있는 것 같은 하얀 형상이 보였다. 해안 쪽으로 가까이 오는 것을 보니 아이 같았다. 기묘한 일이라고 생각하고 자세히 보니 네 살 정도 되는 하얀 피부의 귀여운 아이가 파도를 타고 다가왔다. 말을 타고 가까이 가 보니 아이가 커다란 물고기의 등에 타고 있었다. 하인에게 아이를 안아서 데려오라 하여 보니 목에

이름표가 걸려 있었는데 '견당사 아무개의 자식'이라고 쓰여 있었다. 그는 "그러고 보니 내 자식이로구나. 당나라에서 한 약속을 지키지 않자 아내가 화가 나서 바다에 던져 버린 것이 인연이 닿아 이렇게 물고기를 타고 온 것이로구나."라고 감격하며 아이를 데리고 가 애지중지 키웠다. 그 후 파견되어 가는 견당사 편에 아이의 일을 적어 보냈더니 아내도 아이가 죽었을지 모른다고 생각하다가 소식을 전해 듣고 한없이 기뻐했다.

아이는 성장하면서 글씨를 남달리 잘 썼다. 물고기의 도움을 받았기 때문에 우오가이魚養라는 이름으로 불렸다. 교토 시치다이사七大寺의 현판 등은 우오가이가 썼다고 전한다.

이 이야기도 다른 문헌에서는 볼 수 없고 《우지습유이야기》에만 수록된 이야기다. 그런데 이 우오가이라는 사람은 누구일까. 이에 해당할 것으로 보이는 인물로, 오시누미하라노 무라지 우오가이忍海原連魚養라는 나라 시대의 인물이 지적된 바 있다.[35] 이 우오가이라는 인물은 《속일본기》 787년(연력 6)부터 여러 차례 기사에 이름이 보이며 전약두典藥頭[36]를 지냈다고 되어 있다. 또한 에도 막부 말기인 1856년(안정安政 3)에 편찬된 다치바나 유키기요橘行精의 《본조능서전本朝能書傳》[37]에는 위의 이야기를 인용해, 아이의 부친인 견당사

35 高木博, 《万葉の遣唐使船》, 教育出版センター, 1984.

36 *궁중에서 의료 제약, 의료 관인 등을 담당하는 전약료(典藥寮)의 장관.

37 *일본의 역대 능필가의 전기. 능필가의 초상과 함께 그들의 대표적인 작품을 수록하고 있다.

를 마키비라고 하고 우오가이를 능필能筆의 시조로 삼고 있다. 설화의 인물이 마키비에 초점화되어 응축되어 가는 것도 수긍이 가며, 견당사를 둘러싼 이국에서의 연애나 그로 인해 태어난 아이를 둘러싼 기구한 운명에 대한 관심이 이러한 종류의 설화를 뒷받침하고 있다. 아득히 멀고 먼 나라에서 물고기를 타고 찾아오는 어린아이의 이미지는 일본과 중국 왕래를 수놓은 견당사 이야기에서 하나의 귀결처럼 여겨진다.

한편, 물고기를 탄 아이의 화소는 전 세계에 널리 알려져 있다. 이는 노래로도 불리고 있는 '돌고래를 탄 소년'을 비롯해, 노무라 준이치野村純一의 논문에 많은 사례가 소개되어 있듯이[38] 해양문화 설화에서 하나의 정형이라고 할 수 있는 화소다. 또한 앞에서 살핀 호랑이 이야기와 비교해 보면 견당사의 자녀를 둘러싼 삶과 죽음, 바다와 산, 물고기와 호랑이 등의 대비가 두드러진다는 점이 흥미롭다.

그런데 어째서 《우지습유이야기》에 이러한 견당사를 둘러싼 화제가 몰려 있는 것일까. 아마도 이국이나 타향에 대한 끊임없는 상상이 견당사에 가탁해 환상화되며, 이러한 설화들을 키워 낸 것이 아닐까 한다. 《우지습유이야기》는 가마쿠라 시대 교토 중심의 귀족적인 도시문화를 기조로 하고 있기 때문에 당시의 이국, 이문화 교류에 대한 도회적 감각이나 감성을 잘 나타내고 있다. 바다 저편에서 무엇인가가 다가온다는 환상은 시대나 지역을 초월해 사람들이 하나같이 마음에 품은 존재의 근원을 일깨워 주는 이미지의

38 野村純一, 〈魚の背に乗ってきた男たち—再說〈魚養事〉〉, 《日中文化研究》 4, 勉誠出版, 1993.

원천 같은 것이다.

3. '촛대귀신燈臺鬼' 설화에서 낭창이야기語り物로

'촛대귀신' 설화

16세기 중세 시대 후기에는 낭창이야기의 장르인 셋쿄부시說經節[39] 나 고조루리古淨瑠璃[40] 등이 유행하게 되는데 여기에서도 견당사의 기억은 살아 있다. 바로 '촛대귀신'의 이야기가 대표적인 예다. '촛대귀신'에 관해서는 이미 김영순에 의해 자세히 연구된 바가 있으며,[41] 이에 따르면 '촛대귀신'의 가장 오래된 이야기는 12세기 말 중세 초기의 불교 설화집《보물집寶物集》[42] 권1에 보이는 이야기다.

---

39 *중세 말기에서 근세 시대에 걸쳐 성행한 낭창이야기 장르의 예능·문예다. 가마쿠라 시대 불교 법회에서 낭창 기법을 구사한 설법이 인기를 끌어 창도사(설경사)가 전문화하면서, 중세 말기에는 법회용이 아닌 낭창을 위한 이야기 작품이 다수 만들어졌다. 근세에 가서는 샤미센(三味線)과 같은 악기의 반주에 맞춰 낭창을 하거나 가요풍으로 노래하는 등 예능적 성향이 짙어져 가며 성행했다.

40 *셋쿄부시와 같은 낭창이야기 장르의 예능·문예. 샤미센을 반주 악기로 하고 인형을 가지고 표현하면서 이야기를 낭창했다.

41 金英順, 〈東アジア孝子說話にみる異國再會譚―〈燈臺鬼〉と〈金遷〉說話を中心に〉, 《東アジアの文學圈》, 勉誠出版·アジア遊學, 2008.

42 헤이안 시대 말기의 무신(武臣) 다이라노 야스요리(平康賴, 1146~1220)가 편찬한 불교 입문 설화집.

가루輕 대신이 견당사로 파견되었는데 당나라에서 그에게 목소리가 나오지 않게 하는 약을 먹이고, 몸에는 그림을 그리고, 머리에 촛대를 박아 불을 밝혀 '촛대귀신'이라는 이름으로 부르고 있었다. 그 소문을 들은 아들 히쓰弼 재상이 만 리의 파도를 헤치고 당나라로 건너가 찾아 헤맨 끝에 결국 부자가 상봉하게 되었는데, 이때 촛대귀신이 눈물을 흘리며 자신의 손가락을 깨물어 흘린 피로 시를 썼다.

나는 화려하고 아름답기 그지없는 일본의 도성에서 온 손님이고
너는 나와 같은 성씨의 한 집안 사람이로다.
전세의 인연으로 아비가 되고 자식이 되었으니,
산과 바다 사이로 멀리 떨어져 그리움 사무쳤노라.
쑥풀 우거진 궁벽한 초가에서 눈물 흘리며 세월 보내니,
날이 갈수록 마음이 격해져 난꽃 국화꽃 피는 고향이 그립기만 하네.
타국 땅에서 형체는 일그러지고 촛대귀신이 되니,
어떻게든 고향으로 돌아가 이 몸을 의지하리라.

我元日本華京客
汝是一家同姓人
爲子爲父前世契
隔山隔海變生辛
經年流淚蓬蒿宿
逐日馳思蘭菊親
形破他鄉作燈鬼
争歸舊里寄斯身

> 이 시를 본 아들 히츠 재상의 마음은 오죽했을까. 재상은 당나라 황제에게 간청해 아버지 촛대귀신을 일본으로 모시고 돌아갔다. 야마토大和[43]의 가루사輕寺는 귀국 후에 세운 사찰이라고 한다. 자식이 아니었다면 그 머나먼 이국에까지 가서 촛대귀신을 데려올 수 있었을까.

이 이야기의 말미에 "《일본기》 이하 여러 가문의 일기 등의 기록에는 보이지 않아 다소 미심쩍기도 하며, 견당사로 당나라에서 돌아오지 못하고 머물렀던 사람은 기요카와清河 재상과 아베노 나카마로다. 꼼꼼히 정설을 살펴봐야 한다."라고 되어 있다.

이 이야기는 이국까지 아버지를 찾으러 가서 끝내 모시고 돌아온 효행담으로, 가루사의 사찰 연기가 되기도 한다. 같은 귀신이라고 해도 나카마로 귀신에 비해 한층 더 음산한 느낌이 강하고, 박해받은 이유도 명확하지 않으며, 중국 측의 주체도 모호해 이국에 대한 무한한 공포감이 더해져 있고, 망향에 대한 의식도 강하게 나타나 있다. 일본에 있는 자식이 부모를 깊게 그리워하는 마음에 초점이 맞추어져 있다.

이 '촛대귀신' 이야기는 가마쿠라·무로마치 시대에 상당한 관심을 불러일으켰던 것으로, 가마쿠라 시대 말기의 법회 설법 자료 《금옥요집金玉要集》[44] 제2 〈자부효양慈父孝養에 관한 것〉과 사이쿄사西教

43 *'야마토'는 지금의 나라현을 말하며 '가루사'는 나라현 다카이치군(高市郡)에 위치했던 사찰로 알려졌지만 폐사해 현존하지 않는다.

44 *작자 미상의 불교 법회용 자료집. 망자를 위한 기도문, 경전의 주석 등과 더불어

寺 소장 《인연초因緣抄》[45] 제26화에도 수록되어 있으며, 독본讀み本 계통의 《헤이케이야기》[46]에도 인용되어 있다. 이야기의 기본은 《보물집》과 같지만, 나가토본長門本 《헤이케이야기》 권6과 《겐페이성쇠기源平盛衰記》[47] 권10에서는 헤이씨平氏 정권에 대항해 음모를 꾸몄다는 죄로 멀고먼 남쪽 섬으로 유배당해 간 주인을 찾아가는 하인의 이야기에 인용된다. 또 엔교본延慶本 《헤이케이야기》 권2말 24단에서도 헤이씨 정권에 대한 음모죄로 붙잡혀 유배당한 아버지를 걱정하며 그리워하는 아들의 이야기에 비유된다.

사이쿄사 소장 《인연초》 제62화에서는 아들 히쓰 재상이 견당사가 되어 중국에 건너가 아버지와 상봉한 후, 아버지 가루 대신이 중국의 바둑 명인과 대국하는 자리에 함께 등장한다. 아들은 아버지가 지게 될 것을 알아차리고 몰래 상대편의 바둑돌을 두어 개 삼켜 버린다. 그렇게 해서 아버지는 바둑에서 이겨 귀국이 허락된다. 그런데 그때 중국의 바둑 명인은 대국 자리에 있었던 누군가가 바둑돌을 집어삼켰고 그가 바로 촛대귀신의 아들이며 그의 몸속에 돌이 있음을 꿰뚫어 알고 있었다고 한다. 이는 마키비 이야기에 보이는 바둑 대국 화소의 변용으로, 촛대귀신의 이야기에서 응용되었다고 볼 수 있다.

중국과 일본에 전해 오는 효자 설화를 다수 수록하고 있다.

45 무로마치 시대에 편찬된 작자 미상의 《법화경》을 중심으로 한 설법용 주석 책.

46 13세기에 편찬된 작자 미상의 군담 소설. 전쟁을 중심으로 헤이씨 가문의 번영과 몰락을 그린 소설로 낭창본(語り本) 계통과 독본 계통의 사본이 전해지며 독본 계통에는 나가토본, 엔교본 등의 사본이 현존한다.

47 《헤이케이야기》 이본. 13세기 이후, 가마쿠라 시대 중기 편찬으로 추정되며 독본 계통을 바탕으로 가필 수정해 총 48권으로 만들어졌다.

한편《금옥요집》에는 아들 히쓰 재상이 견당사로 건너갈 때 당나라 황제에게 바칠 헌상품의 목록이 있다.

> 다지마의 종이但馬紙, 아와지의 묵淡路墨, 가즈사의 가죽上總鞦, 무사시의 갑옷武藏鎧, 노토의 닥나무能登谷,[48] 가와치의 냄비河內鍋, 나가토의 소長門牛, 무쓰의 말陸奧馬, 빈고의 철備後鐵, 비추의 칼備中刀, 에치젠의 솜越前綿, 미마사카의 팔장 비단美作八丈,[49] 이와미의 삼베石見細布.

이는 일본의 전국 각지에서 올라온 특산품들이 당나라에 전해진 것이다. 또한 중국 측에서 견당사 히쓰 재상에게 다음과 같은 선물을 주었다고 한다.

> 침단목沈旦, 사향노루 향낭麝香, 정향목丁子,[50] 백단목白檀, 자단목紫檀, 적목赤木, 소합향목蘇號,[51] 자금紫金, 가리륵訶梨勒, 빈랑자檳榔子,[52] 범호피豹虎皮, 등藤, 찻그릇茶垸, 비단錦, 북견(황견)포冀緭,[53] 견능사絹沒

48 *'곡(谷)'은 닥나무 '穀'의 뜻으로 사용한 이체자(異體字)다. 닥나무 껍질로 만든 섬유는 일본 종이(和紙)의 중요한 원료로 사용되었다.

49 *'팔장(八丈)'은 한 단의 길이가 팔 장이 되는 견직물의 총칭이다.

50 *정향(丁香)나무. 꽃 모양이 정(丁) 자형으로 생겨 정자(丁子)나무라고도 하며 향료나 약재로 쓰인다.

51 *소합향(蘇合香)나무. '號'와 '合'은 일본어 발음이 같은 동음이자(同音異字)다. 소합향나무의 수지는 향료나 약재로 쓰인다.

52 *야자나무과 식물 빈랑의 열매. 누런색이나 붉은색이며 기호품으로 씹거나 염료로 쓰이며 껍질은 한약재로 사용한다.

53 *무로마치 시대에 중국 남쪽 지방에서 전래된 북견(北絹) 또는 황견(黃絹)이라고도 하는 평직 견포(絹布). '기(冀)'는 '北'과 '黃'의 한자를 합쳐 잘못 쓴 것으로 추정되며 '緭'은 비단을 말한다.

沙,[54] 채색무늬 비단繧繝, 고려비단高麗, 부선비단浮線綾, 코뿔소의 생뿔犀生角, 유리병瑠璃ノ壺, 중국산 담죽呉竹,[55] 중국산 대나무漢竹,[56] 용뇌향龍脳香.[57]

그런데 히쓰 재상은 이러한 중국의 진귀한 선물을 모두 사양하고 촛대귀신이 된 부친의 귀국 허가만을 요청해 결국 부친과 돌아왔다고 한다. 일본과 중국의 특산물 열거가 또 하나의 테마로 있는 것이다.

한편 나가토본《헤이케이야기》에서는 아버지 가루 대신이 스이코推古 천황 시대에 견당사로 갔다고 한다. 가루 대신이 당나라에서 음양도를 배워 깊이 통달해 최고의 경지에 이르러 일본으로 돌아가려고 할 때, 당나라 황제가 음양도의 연원淵源이 일본으로 건너가는 것을 몹시 못마땅히 생각해 그의 얼굴 가죽을 벗기고 이마에 촛대를 박아 당나라에 남게 했다고 한다. 그 후 고교쿠皇極 천황 때에 아들 히쓰 재상이 당나라로 건너가 부친 촛대귀신을 모시고 돌아왔다고 한다.

또한 1265년(문영文永 2)에 만들어진 유교계 설화집인 내각문고內閣文庫 소장《오상내의초五常內義抄》권하 예편 제9단에서는 '문집文集'

54 *'몰사(沒沙)'는 능사(綾紗)의 한자를 잘못 쓴 것으로 추정되며, 견능사는 명주실로 짠 얇고 성긴 비단을 말한다.

55 *'呉'의 일본어 발음은 '구레'이며 중국에서 전래된 사물을 말할 때 사용한다.

56 *일본어 발음은 '가라다케'이며 '唐竹'으로도 표기한다. 중국에서 전래된 대나무로 피리의 재료로 쓰였다.

57 *열대우림 식물 용뇌수(龍脳樹)에서 채취한 수지를 건조한 무색투명의 향료.

에 의거해 전한다고 하면서 다음과 같은 이야기를 담고 있다.

> 도주道州에서는 '히키인ヒキ人'을 '촛대귀신'으로 만들어 매년 나라에 공물로 바쳐야만 했다. 그렇기 때문에 부모와 자식이 생이별하고 그것을 한탄해 왔는데, 양성楊成이라는 자가 도주의 장관으로 부임하자 나라에 상소를 올려 촛대귀신을 공물로 바치는 것이 폐지되었다. 이에 도주의 히키인 사람들이 양성에게 은혜를 느껴 자식들과 자손에 이르기까지 모두 이름에 '양' 자를 붙였다. 시에 이르기를 "그대가 오지 않았더라면 부모도 자식도 이별 길의 한스럽고 모진 어둠 속에서 여전히 헤매었으리."라고 한다.

이 설화에는 촛대귀신 자체에 대한 설명은 보이지 않는다. 하지만 이미 촛대귀신 설화가 유포되어 이미지가 형성되어 있었기 때문에 이러한 이야기가 전승되었을 것이다.

고조루리 《촛대귀신》의 성립

16세기경에 낭창이야기 장르의 하나로 인형을 사용하는 고조루리가 유행한다. 그 고조루리 작품의 하나가 촛대귀신 이야기다. 중세 시대 촛대귀신의 이야기가 주로 법회 자리에서 낭창되면서 고조루리와 같은 예능으로 퍼져나가 대중의 인기를 얻어 중세의 이야기와는 다른 여러 종류의 새로운 촛대귀신 이야기가 만들어졌다. 예를 들어 1633년(관영寬永 10)에 간행된 오사카대학도서관 아카기 문고赤木文庫 소장 《촛대귀신》을 비롯해, 1650년(경안慶安 3)에 간행된 천리天理대학도서관 소장《촛대귀신》, 근세 시대 초기 간행으로 보이는 도이 다카오土井孝雄 소장《법장비구法藏比丘》〈촛대귀신〉 등의 고조루리 텍스트가 알려져 있다. 여기에서는 김영순의 논문에 따라 1633년 간행된 아카기 문고 소장《촛대귀신》의 개요를 항목별로 정리해 보자.

① 서성국西城國의 렌시レンシ가 남해국南海國과의 전쟁에 출전할 대장으로 선출된다.

② 렌시는 임신 9개월 된 아내의 배 속 아이에게 아버지의 유품으로 미타삼존상彌陀三尊像의 작은 불상을 전해준 뒤, 아버지의 명복을 빌라는 유언을 남기고 출전을 위해 남해국으로 떠난다.

③ 렌시는 남해국에서 전투 끝에 생포되어, 얼굴 가죽이 벗겨지고 말을 못 하게 하는 약을 먹게 되고 이마에 촛대가 박혀 촛대귀신이 된다.

④ 아내는 아들을 낳아 렌호レンホ라고 이름 짓고 키웠는데, 렌호는 열세 살 때 아버지에 관해 물어 출전 경위를 듣고 유품인 미타삼존 불상을 전해 받고는 아버지를 찾아 남해국으로 향한다.

⑤ 남해국으로 가는 도중 아미타불의 화신이 나타나 남해국에 있는 아버지를 구해 낼 방법을 알려 준다.

⑥ 남해국에 도착한 렌호는 상인이 되어 국왕에게 불상을 팔고 그 값으로 촛대귀신이 된 아버지를 받기를 원한다.

⑦ 촛대귀신 렌시는 남해국에서 풀려나서 원래의 모습으로 돌아와, 미타삼존 불상을 증거로 렌호와 부자지간임을 확인한다.

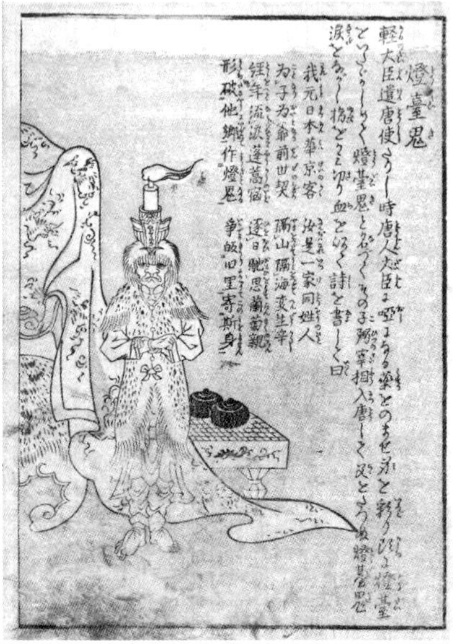

촛대귀신

[鳥山石燕畵, 1805年(文化 2) 刊,《今昔百鬼拾遺》, 國立國會圖書館 Digital Collections]

⑧ 부자가 귀국해서 고향의 아내와 재회하여 기뻐한다. 훗날 아버지는 서성국왕이 되고, 아들은 남해국을 공격해 그 나라의 왕이 된다.

이 고조루리 계통의 이야기는 가마쿠라 시대의 불교 설화집인 《사취백인연집私聚百因緣集》[58]이나 무로마치 시대의 《직담인연집直談因緣集》[59]에도 비슷한 이야기가 수록되어 있다. 고조루리와의 관계는

---

58 1257년 승려 구간주신(愚勸住信)이 엮은 불교 설화집. 천축, 중국, 일본 등 삼국의 불교 설화 147편을 수록하고 있다.

59 16세기 무로마치 시대의 설법용《법화경》주석서. 작자 미상. 1585년 필사한 닛코(日光) 린노사(輪王寺) 덴가이장(天海藏) 소장본이 현존한다.《법화경》28품의 순서에 따라 설화를 실증 예로 들며 주석을 하고 있다.

복잡하지만 촛대귀신 모티브가 공통되고, 얼굴 가죽을 벗겨 이마에 촛대를 박은 '촉귀燭鬼'로 표기되어 있다. 이와 같은 고조루리나 불교 설화집의 이야기는 견당사 전승에서 벗어나 있는 것을 알 수 있으며, 여기서 견당사의 이미지는 사라지고 없다.

그리고 1781년(안영安永 10)에 간행된 도리야마 세키엔鳥山石燕의 화집畫集《금석백귀습유今昔百鬼拾遺》에는 촛대귀신의 도상이 그려져 있다. 도상에는 앞의《보물집》에서 본, 촛대귀신이 자기 손을 깨물어 흘린 피로 썼다는 시가 덧붙어 있다.

4. 근세의 창작으로: 나카마로와 아베노 세이메이安倍晴明

이야기의 새로운 전개

근세 에도 시대에 들어서면서 견당사의 이야기는 한층 더 굴절도가 심해지고 특유의 각색이 농후해져 간다. 중세 시대의 설화에서 인물의 고유명은 각각 달리하지만 견당사를 기본 바탕으로 이야기를 전개한 것에 비해, 중세 후기부터 근세에 이르면 기비노 마키비와 아베노 나카마로라는 고유명이 기본이 된다. 또한 마키비보다 나카마로 쪽으로 비중이 옮겨지기도 했다. 나카마로는 같은 아베 성씨라는 점에서 아베노 세이메이와 관련지을 수 있다. 중세 후기의《보궤내전금오옥토집簠簋內傳金烏玉兎集》[60]을 비롯해, 근세 초기의 가나조시假名草子[61]《아베노 세이메이 이야기安倍晴明物語》, 근세 중기의 권화본勸化本[62] 《아베노 나카마로 입당기安部仲麿入唐記》, 구사조시草雙紙[63]와 같은 작품들이 연이어 출판된다. 이하에서 성립 시대순으로 작품들의 개략을 살펴보겠다.

《보궤내전금오옥토집》

중세 무로마치 시대인 15세기경에 제작된 《보궤내전금오옥토집》은 아베노 세이메이 전설의 극점을 보여 주고 있다. 이후 근세 시대로 갈수록 세이메이 전설의 변형, 각색의 전개사가 펼쳐진다고 할 만큼 다수의 작품이 쏟아져 나왔다. 이 작품에서는 아베노 세이메이라는 일인칭으로 일관하여 이야기하고 있으며, 자신의 체험담을 본인이 직접 언급하는 형식으로 이야기가 진행된다.

안원安元 연간(1175~1177)에 궁중의 음양사陰陽師가 된 세이메이는 얼마 안 있어 음양박사의 관직에 올라, 사쓰마薩摩[64]에서 중국으

60 *15세기 성립으로 추정되는 음양도의 실용서. 총 5권으로 천문, 역수(曆數), 점술 등에 관해 114항목의 길흉·금기 사항을 들어 설명하고 있으며, 작자를 헤이안 시대의 음양가인 아베노 세이메이로 표기하고 있지만 가탁으로 여겨진다.

61 *에도 시대 초기의 소설 장르. 가나 문자, 혹은 가나와 한문을 병기한 표기로 부녀자나 연소자도 읽기 쉬운 형태로 쓰였으며, 대개 계몽·교훈적인 내용의 작품이다.

62 *불교를 널리 알리기 위한 통속적인 교도용 책. 에도 시대 권화본 계통 작품은 중세의 법회 자료나 불교 설화집과 달리 독자의 흥미를 돋우는 대중적인 이야기가 대부분이다.

63 *에도 시대 소설 장르. 특유의 삽화가 그려져 있다. 가나 문자로 쓰인 통속 소설류로 17세기 후반부터 출판되기 시작한 빨간색 표지의 '적본', 검은색 표지의 '흑본', 파란색 표지의 '청본', 노란색 표지의 '황표지' 등의 총칭이다.

64 *가고시마현(鹿兒島縣) 서부 일대의 지역.

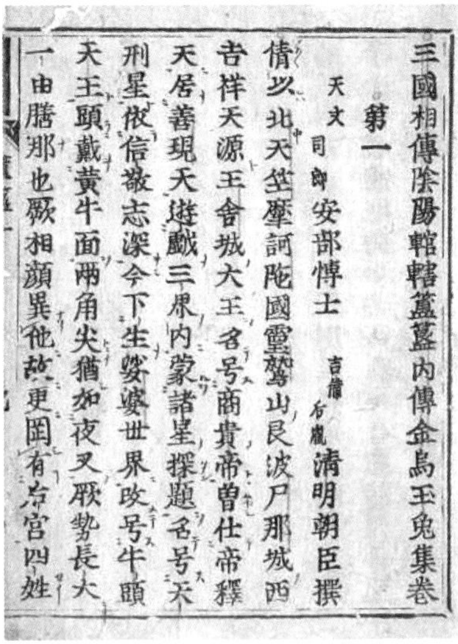
三國相傳陰陽輨轄簠簋內傳金烏玉兎集卷
第一
天文司郎安部博士 吉備后胤清明朝臣撰
倩以北天竺摩訶陀國靈鷲山艮波尸那城西
吉祥天源王舍城大王名号商貴帝曾仕帝釋
天居善現天遊戯三界內䝉諸星探題名号天
刑星依信敬志深今下生娑婆世界改号牛頭
天王頭戴黃牛面両角尖猶如夜叉厥勢長大
一由膳那也厥相顏異他故更囲有后宮四姓

《보궤내전금오옥토집》

[安部博士晴明朝臣撰, 1578年(天正 6) 書写《三國相傳陰陽輨轄簠簋內傳金烏玉兎集》3卷, 國立國會圖書館 Digital Collections]

로 건너간다. 중국에서 옹주 형산荊山[65]의 백도伯道 선인을 스승으로 모시고 수행을 했고, 이윽고 백도 선인이 문수보살에게 받았다고 하는《문수이서음양내전집文殊裏書陰陽內傳集》을 물려받는다. 그 후 명주에서 일본으로 돌아와 이 책을 석함에 넣어 간직한다. 그러나 아내 리카利花가 세이메이의 제자 도만道滿과 불륜을 저지르고, 석함에 있는 글을 몰래 꺼내 다른 종이에 베껴 써서 도만에게 가져다준다. 도만은 중국에서 문주보살의《금우옥토집金烏玉兎集》을 가져온 것은 자신이며, 그것을 세이메이가 몰래 베낀 것이라고 고발하는 상소를 올려 결국 세이메이는 참수당한다. 이변을 알게 된 스승 백도 선인

65 *중국 호북성(湖北省) 남장현(南漳縣) 서쪽에 위치한 산.

이 급히 일본으로 건너와 세이메이의 시신을 찾아내 그의 뼈를 모두 모아 '생활속명生活續命'이라는 주술로 소생시키고 세이메이의 숙적인 도만과 대결해 복수한다.

말 그대로 기상천외하고 숨 가쁜 전개로 독자와 청중의 마음을 사로잡지만 여자에게 마음을 주고 믿어서는 안 된다는 교훈으로 종결된다. 이 작품이 바탕이 되어 근세에는 당나라 바둑 명인 아내의 마키비에 대한 보은, 마키비의 역모 일당 진압, 당나라 황후와의 사랑 등 다양한 화소가 덧붙어 한층 더 이야기가 풍성해진다.

가나조시《아베노 세이메이 이야기》

우선 1662년(관문 2)에 간행된 가나조시《아베노 세이메이 이야기》부터 살펴보자. 이는 근세 세이메이 이야기의 원형이 되므로 줄거리를 정리해 볼 필요가 있다.

중국의 백도 선인이 오대산에서 공명조共命鳥[66]의 인도를 받아 문수보살 문하에서 신통력을 전수받고 역전曆典·역전易典·가지전加智典 등 백육십 권을 기록했는데, 이것이 후에 한漢 무제에게 전해지고 다시 동방삭東方朔에게 전수된다.

나카마로가 당나라에서 죽은 후, 마키비가 당나라로 건너간다. 마키비에게 바둑 대국,《문선》과〈야마대시〉의 해독 등의 난제가 연

66 *한 몸에 머리가 두 개라고 하는 상상의 새로 명명조(命命鳥)라고도 한다.

이어 주어지고, 귀신 나카마로가 난제 해결을 돕는다. 〈야마대시〉를 해독하기 전날 밤, 하세 관음의 화신化身인 노승이 꿈에 나타나서 자신이 거미로 변신해서 〈야마대시〉를 해독할 수 있게 돕겠다고 하며 법도 선인法道仙人과 하세사의 연기를 들려준다. 다음 날 마키비가 꿈속의 예언대로 거미줄을 따라 〈야마대시〉를 해독하자 당 황제가 감탄하며 3년간 머무른 후에 귀국하라고 명한다. 이에 마키비는 유학·역학·천문지리를 습득하게 되었고, 귀국할 때 황제에게 일곱 가지 보물, 즉 칠묘제구七廟祭具,[67] 역서曆書《보궤簠簋》,[68] 역서易書《내전內傳》,[69]《고야마대考野馬臺의 시》, 바둑, 불쥐의 가죽옷, 금경金磬[70] 등을 선물로 받는다. 또한 일본 천황에게 전할 사한史漢, 문선, 대반야경, 불사리 등 선물도 받는다.

그리고 황제는 마키비를 위해 궁중에 천여 명의 승려를 모아 망자를 소생시키는 '생활속명'의 주술법을 행해 보이도록 하고, 만부의 법화경을 전독轉讀하게 했다고 한다.

〈야마대시〉 해설에 관해서는《일본기사기日本紀私記》등에 보이는 〈야마대시〉의 첫 구 "동해의 희씨국"부터, "형주가 나라 발전의 공을 세운다"의 넷째 구까지를 인용하고, 오吳나라의 태백泰伯 선인이 일본으로 건너왔다는 설과 쇼토쿠 태자 등에 관해 언급하고 있

---

67 *제사에 쓰이는 일곱 가지 기구.

68 *《보궤내전금오옥토집》을 가리킨다.

69 *'내전'은 역서(점술 책)의 주석서를 뜻하지만, 여기서는《보궤내전금오옥토집》을 두 개의 책,《보궤》와《내전》으로 나누어 말한 것으로 추정된다.

70 *금으로 만든 아악기. 꺾자 모양으로 깎아서 매달고 두드려서 울리는 아악기 경쇠를 말한다.

다. 그런 다음 세상은 점점 말세로 접어들어 왕도는 쇠미衰微해지고, 질서가 무너져 병란이 일어나고, 서로 영역을 다투며 왕위를 빼앗고, 국위國威는 땅에 떨어지고, 덕德을 쌓는 자도 도道를 지키는 자도 없어 서로 싸워 죽이고, 무위武威가 성하고 문도文道는 땅에 묻혀 버린다고 한다. 그리고 마지막에 가서 〈야마대시〉 마지막 구절을 인용하면서 이는 세상이 상하의 질서가 문란해져 하늘의 이치에 어긋나면 아무것도 얻을 수 없는 공허의 세계가 되는 것과 같다고 해설을 덧붙이고 있다.

귀국한 마키비는 나카마로의 자손을 찾아가 《보궤내전》을 전한다. 한편 이즈미국和泉國 시노다篠田[71] 마을 근처의 아베노安倍野라고 하는 곳에 아베노 야스나安倍安名라는 백성의 외아들 도지童子(훗날 아베노 세이메이로 개명)가 살고 있었다. 도지는 스미요시住吉에 참배 가는 도중에 뱀을 살려준 보답으로 용궁에 초대받아 용왕에게 신비의 부적을 받고 눈과 귀에 청환靑丸을 넣어 신통력을 얻게 된다. 그 후 도지는 천황의 병을 고쳐 음양두陰陽頭, 역력박사易曆博士, 봉전두縫殿頭 등의 관직에 올라 출세해 도지라는 이름을 바꿔 아베노 세이메이라고 자칭한다.

당나라로 건너가 백도 선인을 만난 세이메이는 자신이 나카마로가 재탄생한 존재라는 것을 알게 되며 《금오옥토집》을 물려받고 3년 후에 귀국한다. 그동안 일본에서는 제자 도만이 세이메이의 아내 리카와 불륜을 저지르고 백도 선인에게 받은 《금오옥토집》과 마

71 *오사카 이즈미시(和泉市) 북부 구즈노하(葛葉) 마을의 옛 이름. '信太村', '信田村' 등으로 표기하기도 했다.

키비에게 받은《보궤내전》을 훔쳐 따로 베껴 두었다. 그 후 귀국한 세이메이가 술에 취한 상태에서 내기를 하다가 도만에게 죽임을 당한다. 이변을 감지한 백도 선인이 급히 일본으로 건너오지만 이치조모도리교一條還橋[72]에서 세이메이의 죽음을 전해 듣는다. 백도 선인은 무덤을 파헤쳐 유해를 꺼내 '생활속명'의 주술로 소생시킨다. 백도 선인이 도만과 대면해 세이메이가 살아 있음을 걸고 내기를 하고, 도만이 결코 믿으려 하지 않자 세이메이가 등장해 도만과 아내 리카의 목을 벤다. 그 후 백도 선인은 당나라로 돌아가고 세이메이는 궁중에 복귀했다고 한다.

마키비의 〈야마대시〉 해독담을 비롯해 나카마로와의 관계 등, 이야기가 한층 더 교묘하게 얽혀 가며 전개되는 복잡한 짜임새라는 것을 볼 수 있다. 이야기 후반은 도만과의 대결이 중심이 되며, 중국 백도 선인까지 연관되어 있다. 세이메이와 나카마로는 아직 직접적인 접점이 없으며, 세이메이의 부친 아베노 야스나의 이름을 비롯해 도만과의 내기 대결 등의 요소에서 셋쿄부시《시노다 처信田妻》[73] 등의 영향이 아직 남아 있음을 볼 수 있다. 제자와 아내의 불륜이나 세이메이가 목이 잘려 죽어도 다시 소생하는 부분은 상당히

---

72 *교토 가미교구(上京區)에 흐르는 호리강(堀川)에서 이치조(一條) 대로에 걸친 다리.

73 낭창이야기 장르에 속하는 셋쿄부시의 대표작으로 꼽히며 편찬 연도는 정확하지 않다. 1674년 간행본이 가장 이른 텍스트다. 시노다 마을에서 아베노 야스나가 여우와 결혼해 아베노 세이메이가 태어났으며 신묘한 부적과 옥을 얻어 음양사가 되어 음양박사 도만과 주술 대결을 해 이긴다는 내용이다.

신비하고 마법 같은 느낌이 강하다. 《보궤내전》과 《금오옥토집》은 원래 동일한 하나의 책이었음이 분명한데 두 개의 책으로 취급되어 있으며, 비전서秘傳書라고 강조되는 등 중요한 의미를 가지고 등장한다.

《아베노 나카마로 입당기安倍仲麿入唐記》

이어서 권화본 장르에 속하는 작품으로 1757년(보력寶曆 7) 간행본, 1790년(관정寬政 2) 간행본 등이 전해지는 《아베노 나카마로 입당기》를 살펴보자.

이 이야기는 중국 백도 선인이 문수보살에게 배운 《금오옥토집》을 일본에 전하기 위해 나카마로가 견당사로 파견되며 시작한다. 그러나 당 현종의 부하인 안록산이 나카마로의 뛰어난 학재를 두려워해 30장 높이의 누각에 나카마로를 가두어 버린다. 한편 일본에서는 나카마로의 형 요시네好根가 나카마로의 아내에게 연정을 품고 재산을 빼앗은 후 협박해 나카마로의 아내는 자살하고, 아들 만게쓰마루滿月丸는 실종된다.

이어서 마키비가 견당사로 임명되었다는 소식을 들은 만게쓰마루가 마키비를 찾아가 눈물을 흘리며 그간의 사정을 말하고 마키비를 따라 당나라로 건너가 부친의 유골을 찾아 일본으로 가져올 수 있게 해달라고 애원한다. 당나라로 건너간 마키비 앞에 귀신 나카마로가 나타나, 당나라 측에서 바둑 승부를 제안해 올 것이며 대국에서 지게 되면 죽임을 당할 것이라고 전한다. 이에 방법을 찾기 위해 마키비를 등에 업고 옹주로 날아가 바둑 명인 현동玄東의 집에 잠입해 부부가 나누는 이야기를 몰래 듣는다. 현동보다 바둑 재주가 뛰어난 아내 융창녀隆昌女가 남편에게 마키비와의 바둑 대국에 관해 여러 가지 조언을 한다. 이하 바둑에 관한 긴 해설이 이어진다.

드디어 바둑 대국이 열리고 마키비의 등 뒤에 그림자처럼 붙어서 지시하는 나카마로의 조언으로 판국은 마키비에게 유리하게 돌아간다. 그러자 나카마로의 존재를 눈치챈 현동의 아내 융창녀는 사람들의 눈을 피해 몰래 마키비의 바둑알을 훔쳐 삼켜 버린다. 대국은 무승부가 되지만 바둑알 하나가 모자라는 것이 문제가 되어 수색이 시작된다. 이때 당나라 측은 예전에 활타活陀[74]에게 전해 받아 나라의 보물로 간직하고 있던, 사람 몸속에서 앓고 있는 병을 모두 다 비추어 보여 주는 신비의 거울을 보물 창고에서 꺼내 와 바둑 대국에 참석했던 사람들을 한 명씩 거울에 비춰 가며 점검한다. 마지막으로 융창녀의 차례가 되자, 사정을 알아차린 마키비가 "여인의 몸속에 검은 돌처럼 보이는 것은 아이를 잉태한 것"이라고 변명해준다. 안록산은 마키비가 융창녀를 감싸는 것을 의심해 마키비와 논쟁을 벌이지만, 끝내 융창녀의 몸을 수색하지 못한다. 융창녀는 마키비 덕분에 무사하게 되었고 바둑은 무승부로 마무리된다.

이튿날 마키비는 〈야마대시〉를 읽으라는 명을 받게 되고, 귀신 나카마로가 방법을 찾을 수 없다며 두 손을 들자, 마키비는 관음보살에 기원한다. 감응한 관음보살이 노옹의 모습으로 나타나 〈야마대시〉는 자신이 거미의 금줄로 변신해서 읽을 수 있도록 돕겠다고

74 중국 위나라 초기의 명의(名醫) 화타(華陀, ?~208)를 말한다. 약제의 조제나 침, 뜸에 능하고 외과 수술에 뛰어났다고 한다.

한다. 다음 날 마키비가 먼저 《사기》, 《한서》, 《문선》을 읽고 낱낱이 해독을 한 뒤, 마침내 〈야마대시〉를 해독할 차례가 되자, 허공에서 거미줄이 〈야마대시〉 위로 내려와 마키비는 거미줄을 따라 더듬어 읽어 가며 해독한다.

마침내 마키비는 당나라 황제에게 《사기》, 《한서》, 《문선》, 바둑은 물론 목적이었던 《금오옥토집》까지 선물로 받고 귀국 준비를 한다. 안록산과 양국충楊國忠은 마키비가 승선할 배가 정박해 있는 해안가에 군사들을 잠복시켜 마키비를 죽일 계획을 세운다. 이때 안록산의 음모를 눈치챈 융창녀가 안록산을 찾아가 남편의 명예를 훼손시킨 원수 마키비를 직접 자기 손으로 죽여서 복수하고 싶다고 제의해 안록산은 융창녀에게 군사를 이끌게 한다. 다음 날 배를 타려는 마키비 앞에 융창녀가 나타나, 마키비를 호위하기 위해 안록산을 속여 군사를 이끌고 온 것이라고 밝히고 마키비에게 바둑 대국 때 목숨을 구해 준 것에 대해 감사를 표한다. 마키비를 배에 태우자 융창녀는 스스로 목숨을 끊어 옥으로 변해 허공으로 날아올라 귀신 나카마로와 함께 마키비의 배를 수호하면서 일본으로 건너왔다고 한다.

마키비는 불경, 유학서, 진기珍器는 물론 마나眞名,[75] 가나 문자, 바둑, 주사위 등을 일본에 전했다. 그리고 《보궤서》(금오옥토집)를 나카마로의 아들 만게쓰마루에게 전하려고 했지만, 행방을 알 수 없어 전하지 못한다. 그 후 마키비는 천황으로부터 가모賀茂 씨의 성을

75 *일본에서 가나 문자에 대한 한자를 가리키는 말이다. 가나 문자를 쓰기 시작하면서 그 이전에 써왔던 한자를 본래의 문자라는 의미로 '마나'라고 칭했다.

하사받고 그의 자손인 가모노 야스노리賀茂保憲의 대에 와서《보궤서》가 아베노 야스나安部野保名에게 전해진다. 그 후 야스나가 시노다信田의 산속에서 백여우와 정을 맺어 태어난 것이 바로 아베노 세이메이이며, 세이메이는 나카마로의 재탄생이라고 전한다. 그리고 자세한 것은《시노다의 백호전白狐傳》[76]에 전하는 것과 같다고 한다.

여기서 초점은〈야마대시〉보다《금오옥토집》쪽으로 옮겨져 있으며, 나카마로의 형이 자기 아내를 연모함으로 인해 벌어진 비극을 비롯해 아들 만게쓰마루가 아버지의 유골을 찾기 위해 마키비를 따라 당나라로 가는 것 등, 중세 시대의 이야기에서는 찾아볼 수 없는 화소로 구성되어 있다. 하지만 만게쓰마루의 당나라에서의 활약이 보이지 않으며 귀국 후에도 그는 행방불명으로 되어 있어, 중요 인물로서 기능하고 있지 않다.

그와는 반대로 두드러지게 눈에 띄는 활약을 보이는 인물이 바로 바둑 명인 현동의 아내 융창녀다. 바둑 대국 장면에서 상대편의 바둑알을 훔쳐 삼키는 것이 마키비가 아니라 당나라의 융창녀라는 것도 예상치 못한 전개인 데다가, 마키비가 그녀의 소행임을 간파하고 안록산과 논쟁을 벌이면서까지 그녀를 감싸는 모습 또한 의외라고 할 수 있다. 하지만 이러한 마키비의 덕행 때문에 귀국할 때 융창녀가 안록산의 음모에서 마키비를 구출하고 자신의 목숨을 희

---

76 *1757년에 출판된 통속소설. 총 5권으로《아베노 나카마로 입당기》의 작자 세이요(誓譽)가 셋쿄부시《시노다 처》를 각색해서 지은 작품이다. 아베노 세이메이의 모친은 백여우로, 인간의 모습으로 나타나 이름을 구즈노 하(葛葉)라고 하며 세이메이를 낳은 후 시를 남기고 떠났다고 한다.

생해서 마키비를 수호한다는 설정이 나오게 된다.

중국에 대한 대항 의식은 마키비의 바둑 대국 장면에서도 나타난다. 선수를 잡은 당나라 명인이 바둑판 중앙에 바둑알을 놓자 마키비는 그 바둑알 위에 자신의 것을 포개어 놓고 "바둑판은 세계 일체로 차별이 없으므로 중앙 당나라 현종의 바둑알 위에 일본 겐쇼元正 천황의 바둑알을 올려놓은 것이다."라고 말해 현종을 놀라게 했다고 한다. 바둑의 세계를 통해 중국과 대등하게 맞서고자 하는 의식이 뚜렷이 나타나 있다.

흑본黑本 · 청본青本 · 황표지류黃表紙類

이어서 근세 후기의 통속소설류로 청본·흑본·황표지 등의 작품들을 살펴보자. 나카마로와 마키비에 관한 이야기를 다룬 작품은 다섯 종류가 있는데, 이들 작품에 관해서는 야마시타 타쿠미山下琢己의 상세한 보고와 연구가 있다.[77] 여기서는 야마시타의 연구에 의거해 다섯 작품을 간략하게 개관하기로 한다.

① 청본《기비 대신吉備大臣》

나카마로는 당나라에서 호랑이에게 잡아먹힐 뻔하다가 오히려 호랑이를 길들이고, 전쟁이 일어나 피란 가는 도중에 적의 화살을 맞아 해변에서 숨이 끊어져 죽는다. 나카마로의 아들 게쓰만마루月

77 山下琢巳,〈仲麿·吉備入唐説話を扱う黑本·青本·黃表紙五種〉,《學藝國語國文學》26, 1994.

청본《기비대신》. 황제 앞에서 〈야마대시〉를 해독하는 마키비. 의복 등에 '吉'이라고 쓰여 있는 인물이 기비노 마키비
(東北大学附属圖書館狩野文庫所藏, 《吉備大臣》)

滿丸는 견당사 마키비의 몸종으로 가장해 당나라로 건너가 마키비가 〈야마대시〉를 해독하는 사이에 부친 나카마로의 원수를 찾아내 칼로 베어 복수한다.

② 흑본《기비 대신きび大じん》

귀신 나카마로가 마키비를 등에 업고 궁정으로 날아가《문선》강연을 몰래 듣게 해주고, 현종의 황후 '후쇼부인'을 알현하게 해 주자, 황후와 마키비는 서로 연모하게 되고 부부의 정을 맺고 죽어서도 함께하자는 맹서를 한다.

③ 황표지《왜문자 양로의 폭포倭文字養老の瀧》

오오다케 황자大武皇子가 모반을 일으키고, 나카마로의 형 요시네가 나카마로의 아내에게 연모의 마음을 품는다. 아내는 자살하고, 요시네는 출가해 승려가 되어 당나라로 동생 나카마로를 찾아 떠난다. 마키비는 꿈에 나타난 관음보살에게 양로의 폭포 전설로 인해 붙잡힌 고사지小佐治의 무고함을 전해 듣고 조정에 상소를 올린다.

④ 황표지 《당문장 미카사의 달唐文章三笠の月》

당나라로 파견되는 마키비의 배에 나카마로의 형 요시네와 아들 메이게쓰마루名月丸가 함께 승선해 떠난다. 항해 도중 지쿠라가오키筑羅が沖[78] 바다에 잠시 정박했을 때, 쓰쿠시筑紫[79]로 유배되어 가서 역모를 꾸미던 오오다케 황자의 일당인 미네노 야타로峰の彌太郎가 배에 잠입해 요시네를 죽이고 아베 가문의 족보를 빼앗는다. 그 후 당나라로 건너간 야타로는 아베 가문의 족보를 들고 다니며 나카마로 행세를 하지만 얼굴이 다르다는 소리를 듣자 촛불귀신에게 몹쓸 짓을 당해서 얼굴이 변했다고 거짓말을 해 속인다. 그리고 마키비에게 오오다케 황자를 일본 천황으로 추대하는 상소를 현종에게 올리도록 강요하지만 결국 실패하고 모든 것이 탄로 나서 당나라에서 추방당한다. 메이게쓰마루는 그를 연모하는 당나라 여인 이청녀李清女로부터 스케다치助太刀라는 신검을 전해 받는다.

나카마로 귀신이 나타나 마키비를 도와 바둑 대국과 〈야마대시〉 해독의 난제 해결을 돕는다. 마키비의 난제 관련 전후 내용은 《아베노 나카마로 입당기》와 같다. 한편 메이게쓰마루는 아버지 나카마로를 죽인 '운부발雲富發과 진문석陳文石' 두 사람을 찾아내서 신

---

78 *중세와 근세 시대의 낭창이야기 작품에 자주 등장하는 일본, 한국, 중국의 해류가 접하는 곳에 있다고 하는 가공의 바다 이름이다.

79 *규슈 지역을 가리키는 옛 명칭.

황표지《당문장 미카사의 달》. 마키비 앞에 나타난 나카마로 귀신
(鳥居清経 畫,《唐文章三笠の月》, 國立國會圖書館 Digital Collections)

검 스케다치로 목을 베어 복수한 후 마키비와 함께 귀국한다. 일본으로 돌아오자 마키비는 온갖 악행을 일삼는 오오다케 황자와 그 일당을 궁중에서 몰아낸다. 메이게쓰마루는 백부 요시네를 죽인 야타로를 죽여 원수를 갚은 후, 당나라에서 이청녀를 맞이해 부부가 된다. 그 후손인 아베노 세이메이는 가모노 야스노리賀茂保教에게 《금오옥토집》을 물려받았다고 한다.

근세의 이야기 전개

이상으로 근세의 통속소설류에 보이는 나카마로와 마키비 이야기를 줄거리 중심으로 간략하게 더듬어 보았다. 이야기는 근세 이전까지 전해져 온 것을 수용하는 한편, 나카마로의 아내를 연모한 형요시네, 그로 인한 아베 일가의 비극과 붕괴, 아들의 복수, 역모, 족보 강탈, 위장, 당나라 황후와의 연애 등 흥미로운 화소가 새롭게 덧붙여 전개된다. 마키비가 당나라 황후와 인연이 닿아 사랑이 맺어진다는 화소는 근세 이전에는 상상하기 어려운 것으로, 전 시대보다 한층 더 기상천외하다. 이러한 발상은 오히려 헤이안 시대의 가나로 쓰인 작품에 보이는 자유연애 화소와 비슷하다고 할 수 있다.

한편 근세에 와서 이런 새로운 화소가 작품에 삽입된 것은 출판문화의 융성으로 인해 독자가 확대됨에 따라, 전 시대의 이야기를 독자들이 모두 알고 있기에 평범한 이야기에는 만족하지 않는 독자의 기대 지평에 부응해 변조된 것이라고 볼 수 있다. 그로 인해 견당사 파견을 둘러싼 중국과의 관계 등 국제정세에 입각한 현실감은 희박해지고 더 환상화된 이국관을 바탕으로 근세 통속소설로서의 정형적인 이야기 틀에 맞추어졌다.

또한 이런 스토리를 보다 알기 쉽게 제시하기 위해 삽화가 추가되고, 삽화에는 인물의 등이나 가슴, 옷소매에 '길吉', '비備', '중仲' 등의 이름을 써서 등장인물이 누구인지 금방 알 수 있도록 했다. 작품 이해에 있어 삽화의 효용을 간과할 수 없다.

이렇게 통속소설의 세계를 들여다보면 마키비의 〈야마대시〉 해독담이 빠지지 않고 일관적으로 전승되었다는 것이 새삼 놀랍게 느껴진다. 그만큼 극적인 내용의 시였기에 끊임없이 주목을 받았으며 근세 후기 이후에는 가부키로도 공연되었다. 하지만 일본의 종말을 예언하는 미래기로서의 의미는 희미해졌고, 하세 관음이나 나카마로 귀신의 영험으로 거미줄을 더듬어 글자를 맞춰 해독하는 게임 감각으로 풀이되어 독자를 매료시켰다.

전래의 관건이 되는 서책은 통속소설류 이야기에서는 〈야마대시〉가 아니라 음양서인《금오옥토집》으로 중심이 옮겨져 있다. 정식 이름은《보궤내전금오옥토집》이다. 이 서책은 16세기 무로마치 시대 말기 성립으로 여겨지는《보궤수리전簠簋袖裡傳》이나《보궤초簠簋抄》등의 주석서로도 편찬되어 널리 알려졌고, 이러한 주석서가 또 새로운 설화를 만들어 내기도 했다.

《보궤수리전》〈회중전력懐中傳曆〉 편에서는 마키비가 하세 관음이 아니라 가스가 명신春日明神의 영험으로 〈야마대시〉를 읽어 해독한 후, 앞으로 일본의 조공을 중지하겠다고 당나라에 건의해 결국 조공 폐지가 실현됐다고 한다. 여기에는 난제 해결과 외교 교섭이 조합되어 있다. 마키비에 의한 이 조공 폐지는 무로마치 시대 말기의 감합무역勘合貿易[80]이 중국의 해금정책海禁政策에 의해 1547년(천문天文 16)의 견명사절遣明使節을 마지막으로 폐지된 외교 문제를 바탕으로 하고 있다는 설도 있으며, 이는《보궤수리전》에만 보인다.

이야기는 이후 1819년(문정文政 2) 출판된 독본讀本《아베노 나카마로 생사유전 회본 윤회 이야기阿倍仲麻呂生死流轉繪本輪廻物語》, 1897년(명치明治 30)의《연야설교 아베노 야스나連夜說教阿部保名》등으로 이어진다. 독본은 가나조시의《아베노 세이메이 이야기》와 통속소설 권

80 *14세기 말에서 16세기에 걸쳐 행해진 중국과 아시아 제국의 공식 무역. 중국의 해금 정책으로 인해 자유 무역이나 왕래가 금지되어 선박의 항해 증명서와 같은 감합부(勘合符)를 가지고 있는 선박만이 중국과 무역을 할 수 있었다.

화본《아베노 나카마로 입당기》를 한층 더 혼합·절충한 내용으로, 창작이 한계에 다다른 포화 상태를 생각하게 한다.

가부키, 조루리 등 연극·예능 면으로의 전개 또한 새로운 연구 과제겠지만, 이는 여기서 다룰 수 있는 범위를 넘는다.

근현대의 마키비

제1부에서 살펴본 전설화된 마키비 상이 더욱 증폭된 모습을 근세 문예에서 볼 수 있었다. 마키비는 음양도는 물론 병법 군사학을 비롯해 바둑의 시조, 나아가 일본어 문자 가타카나의 발명자로까지 여겨진다. 근대에 이르러 1902년(명치 35)에 역사학자 시게노 야스쓰구重野安繹가 편집한《우대신기비공전찬석右大臣吉備公傳纂釋》이 오카야마현岡山縣 야다촌箭田村의 기비공보묘회사무소吉備公保廟會事務所에서 간행되었다. 마키비는 출신지 오카야마현에 묘가 조성되어 공적이 기려지고 칭송의 대상이 되었다.《우대신기비공전찬석》은 수권首卷과 상하권의 세 권으로 이루어져 있으며, 근대 문헌 고증의 선구적인 전기傳記 연구로 마키비의 연보가 상세하게 고증되어 있고 많은 역사 자료가 인용되어 있다. 20세기 초 마키비전의 백미라고 할 수 있다. 기비사吉備寺를 비롯해 마키비 묘지의 고증에 이르기까지 지역과 관련된 현상을 철저히 하려는 의미가 강하다. 또한 가타카나 발명자로서의 마키비 상을 굳히려고 하는 등, 근세의 마키비 전승을 계승하고 있는 면도 있다. 이 책은 장정裝幀이 활자본이면서도 일본식 제본인 대철袋綴로 되어 있는데, 이는 근세의 전승을 상징한다고 할 수 있다.

오카야마현 구라시키시(倉敷市) 마키비 공원 내의 기비사
(사진 제공: 김영순)

기비사 내 기비노 마키비의 묘
(사진 제공: 김영순)

기비노 마키비의 묘비
(사진 제공: 김영순)

앞의 제1부에서 살핀《우지습유이야기》에서 지방 장관 아들의 꿈을 가로챈 고을 행정관 아들이었던 마키비는 금의환향했다고 말할 수 있을까.

현재 마키비의 고향으로 알려진 오카야마현에는 마키비의 이름을 붙인 두 개의 기념 공원이 조성되어 있다. 하나는 구라시키시 마비초眞備町 야다箭田의 '마키비 공원', 다른 하나는 오다군小田郡 야카게초矢掛町 히가시미나리東三成의 '기비노 마키비 공원'이다. 두 공원은 이바라선井原線 전철로 두 정거장이라는 가까운 거리에 있다. 전자는 1986년 중국 서안시의 환상環狀 공원에 마키비의 기념비와 일본 정원이 만들어진 것에 부응해 조성된 공원이다. 시게노의 연구서에 보고된 고증을 전제로 하고 있으며, 기비 씨 일족의 추모 사찰인 기비사를 비롯해 마키비와 자손들의 묘, 마키비 저택지吉備公館址, 심지어 마키비가 태어나 처음으로 목욕을 했다는 산탕 우물産湯井戸(별우물星の井이라고도 함)까지 조성되어 있다. 한편 후자에는 1973년(소화昭和 48)에 마을의 중요 문화재로 지정된 마키비 저택지(마키비 부친의 저택지)를 비롯해 마키비 동상, 석각 회권 병풍, 바둑 발상지 기념비 등이 있으며 마키비가 태어나 목욕한 우물 '별우물'도 역시 조형되어 있다.

제5부

동아시아의 세계로

1. 신라의 최치원崔致遠

제5부의 전반에서는 일본뿐만 아니라 한반도 견당사의 예를 들어, 신라의 최치원 이야기와 마키비 이야기를 비교해 본다. 후반은《기비대신입당회권》과 대비될 수 있는 이문화 교류의 회권으로 주목되는 감진鑑眞의《동정전회권東征傳繪卷》과 현장玄奘의《현장삼장회玄奘三藏繪》, 신라 의상과 원효의《화엄종조사회전華嚴宗祖師繪傳》등 이국이나 이역과의 문화 교류를 주제로 하는 회권도 아울러 살펴본다.

신라의 견당사

지금까지 견당사의 역사 문화에 관해 견당사 폐지 이후의 문예도 아울러 검토해 왔다. 제5부에서는 동아시아 국제관계사에 있어 중국에 대한 우월감과 열등감이 뒤섞인 일본의 국가인식 고찰과 더불어 마키비 이야기와 유사한 한국의 문학, 구체적으로는 당나라로 건너가 과거에 급제한 최치원을 둘러싼 저명한 설화《최치원전崔致遠傳》을 시야에 넣어 살피고자 한다.

견당사라고 하면 일본에 한정지어 생각하기 쉬운데, 원래 견당사는 중국을 둘러싸고 있는 주변 여러 나라에 영향을 미치고 있었다. 특히 한반도는 지정학적으로 볼 때 당나라와의 관계가 훨씬 깊었다. 고구려, 백제, 신라 삼국이 패권을 다투던 삼국시대부터, 신라가 당나라와 연합해 백제, 고구려를 멸망시키고 한반도를 통일한 7세기 후반까지 당나라와의 관계가 더욱 강화되고 심각하게 대립하기도 했다. 신라의 견당사는 일본의 경우와는 비교가 안 될 정도로 파견 횟수가 많았고 매년 정식 파견이 이루어졌던 것으로 보아 상당히 관계가 밀접했음을 알 수 있다. 그러나 의외로 파견 규모나 인원, 당에서의 생활 등 견당사의 양상은 명확히 드러나 있지 않다. 당나라에 건너간 신라인들이 궁중 경호직인 '숙위宿衛'에 오르거나 '빈공진사賓貢進士'[1]에 급제했다는 것으로 대표될 뿐이다. 권덕영의 《고대한중외교사》를 비롯해 역사학 분야에서 많은 연구가 이루어져 왔지만,[2] 지금까지 일본의 견당사 연구는 이런 성과를 참조하지 않고 일본에만 초점을 맞추었다.

최치원의 생애

여기에서는 신라의 최치원을 예로 들어 보자. 그는 당나라에서 과거에 급제해 여러 관직을 역임한 후 신라에 돌아온 문인으로 후대에 전설화된 저명한 인물이다. 857년에 태어났으며 열두 살에 상선

1 *'빈공'은 당나라에서 외국 사람에게 보게 하던 과거이며, '진사'는 과거 합격자를 말한다. 빈공 합격과 동시에 고위 관료 임용이 가능했다.

2 권덕영, 《고대한중외교사》, 일조각, 1997.

을 타고 당나라로 유학을 떠난다. 마키비와 나카마로가 당나라로 건너간 시기에서 150년 뒤다. 874년에 과거에 급제했고, 황소의 난이 일어나자 고변의 종사관으로 황소 토벌군에 참가해 표表·서계書啓·격문檄文 등의 문서를 작성했으며, 특히 명문으로 이름 높은 〈토황소격문〉을 지어 문명을 떨쳤다. 884년에 국신사國信使[3]로 신라에 귀국한 후, '시독侍讀 겸 한림학사翰林學士·수병부시랑守兵部侍郞·지서서감智瑞書監' 등의 관직에 등용되었지만 그의 이상을 이루지 못하고 도읍을 떠나 태산군太山郡(전라북도 태인군), 부성군富城郡(충청남도 서산시) 등의 태수를 지냈다. 신라 말기의 난세를 만나 뜻을 이루지 못한 불우를 한탄해 관직을 사퇴하고 강산을 유랑하며 책을 읽고 풍경을 시로 읊으며 지냈다. 말년에는 팔만대장경으로 유명한 해인사에 은둔했다고 전하는데 몰년에 관해서는 알 수 없다. 시문집《계원필경집》이 전하며, 그 외에도 많은 저술을 남겼다.

고려 시대 11세기 말엽 편찬된 것으로 추정되는《신라수이전》에 수록된 〈최치원〉이라는 전기傳奇[4]를 보면 열두 살에 당나라에 건너가 과거 급제한 후, 율수현위溧水縣尉[5]로 부임해 현에 있는 '쌍녀분'이라는 무덤에서 혼령을 위로하는 시를 읊으니, 무덤에서 두 자매

---

3 《계원필경집》 서문에 "국신사에 충원되어 신라로 돌아왔다(充國信使東歸)."라고 하는 기술에 따랐다. 국신사는 왕의 국서를 가지고 파견되는 사신을 말하며 최치원은 당 희종(僖宗)의 서를 가지고 파견된 사신단의 일행으로 신라에 돌아온 것으로 보인다.

4 《신라수이전》의 최치원 관련 이야기는 '최치원' 또는 '선녀 홍대'라는 제목으로도 전하고 있는데, 이 두 작품은 한 이야기의 이본이라고 말할 수 있다.

5 *율수현은 중국 강소성 남경시 부근 지역. 현위는 현의 군사·치안 등을 담당했던 관직으로 당대에는 과거에 급제한 진사(進士)가 처음으로 취임하는 관직이었다.

의 영혼이 나타나 최치원과 함께 밤새도록 달을 읊으며 즐겼다고 한다. 신라에 귀국해 관직에서 물러나 강산을 유력하고, 마지막에는 가야산 해인사에 은둔했다고 한다.

이 이야기는 자매의 혼령을 선녀로 묘사한 이야기로, 육조지괴六朝志怪 소설이나 당대전기唐代傳奇 등의 영향이 농후하게 보인다. 《신라수이전》이 일찍이 산일했기 때문인지 이 내용은 후세 최치원을 소재로 한 작품에는 계승되지 않았다.

최치원의 이야기

조선 시대 중기 16세기경, 출생에서 선인이 되어 하늘에 오르기까지의 일생을 새로운 화소로 구성한 최치원 이야기가 만들어졌다. 작자 미상이다. 고상안高尙顔이라는 문인이 1579년(선조 13) 충청도 보령군수 김황金滉에게 《최문창전崔文昌傳》이라는 최치원 이야기를 소개받아 읽은 기록이 알려진 것으로 보아, 그 이전에 성립되어 유포되었음을 알 수 있다. 후술할 일본어 역 쓰시마본對馬本《신라최랑이야기新羅崔郎物語》에는 최치원이 자취를 감춘 후일담에 '정덕연중正德年中'(1506~1521)의 연호가 보인다.

《최문창전》은 최치원의 호인 '문창'을 표제로 붙인 것으로 이외에 《최고운전崔孤雲傳》, 《최문헌전崔文献傳》, 《최충전崔忠傳》 등의 서명이 있고, 한문본과 한글본 두 종류 모두의 이본이 다수 현존한다(한국 국립중앙도서관 본, 영남대학교 본, 동국대학교 본 등). 이들 이본들 중에서 국립중앙도서관 본《최고운전》이 기준이 되어 있는 것 같으며, 박희병의 《한국한문소설 교합구해》(소명출판, 2005)에 수록된 활자

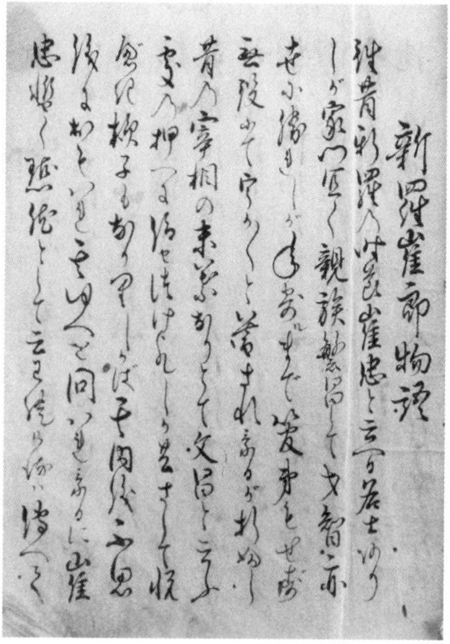

《신라최랑이야기》

(對馬市教育委員會所藏,《新羅崔郎物語》)

본과《필사본 고소설 전집》제2권(아세아문화사, 1980)에 영인본이 수록되어 있다. 일본에서는 한글본에 한자를 적어 넣은 책이 유포되었는데 조선어 통사通詞로 저명한 아메노모리 호슈雨森芳洲도 이 책을 베꼈음이 지적되었다.[6] 또 18세기에 쓰시마對馬의 조선어 통사 와타리시마 치카야스渡島親保가 일본어로 번역한《신라최랑이야기》가 있다(쓰시마시 교육위원회 소장 필사본).

나카가와 엔료中川延良에 의해 편찬된 쓰시마의 지지地誌《악교기문樂郊紀聞》12에는

6 新德美穗,〈朝鮮傳奇物語—《新羅崔郎物語》翻刻〉,《嚴原町資料館所藏古典籍目錄》, 嚴原町教育委員會, 1994.

> 와타리시마 지로사부로渡嶋次郎三郎 공은 통속소설을 즐겨 읽으셨다. 후에 조선국의 《최충전》이라는 소설을 번역하셔서 《신라최랑이야기》라고 이름을 붙이신 책 한 권이 있다. 지금 와타리시마의 집에는 소실되어 없다고 한다.

라고 한다. 와타리시마 지로사부로는 와타리시마 치카야스를 칭한 것으로 그가 '통속소설'을 즐겨 읽어 조선의 《최충전》이라는 소설을 번역해 《신라최랑이야기》라고 이름 붙였다는 것이다. 조선본의 서명이 《최충전》으로 되어 있고 이 서명의 한글본이 그대로 현존하고 있으니 아마 같은 한글본이었을 것이다. 《최충전》을 중국 당대唐代 소설 등의 본래 의미의 '소설'로 여기고 있다는 점도 주목된다. 이 한글본 《최충전》을 와타리시마 지로사부로가 일본어로 번역한 것이 쓰시마에 현존하는 《신라최랑이야기》라고 보아도 좋을 것이다.

《최고운전》의 세계

《최고운전》에 보이는 최치원 이야기의 개요는 다음과 같다.

신라 시대 관리인 최충은 부임하는 현령마다 부인이 실종된다는 문창의 현령으로 부임한 후, 얼마 안 되어 아내가 금돼지에게 납치된다. 최충은 미리 부인의 손에 실을 매어 두었기 때문에 실을 더듬어 쫓아가 부인을 구출했는데, 몇 달 후에 최치원이 태어나자 금돼지의 자식이라며 내다 버린다. 최치원은 원래 선인이었으나 선계에서 잘못을 저질러 지상으로 오게 되었다. 버려진 최치원은 선계에서 내려온 선녀들에게 보호를 받으며 자라는데 일찍 글을 깨우치고, 학자들에게도 어려운 서책을 일곱 살에 한 군데도 틀리지 않고 읽는다. 그의 책 읽는 소리가 중국 황제 귀에까지 들리자 곧 황제는 학사 두 명을 신라로 파견해 최치원과 시를 겨루게 한다. 학사들이 최치원에게 완패당하고 돌아오자, 황제는 석함 안에 물건을 넣어 봉한 후에 신라로 보내며 함 안에 어떤 물건이 들어 있는지 맞히지 못하면 신라를 공격하겠다고 협박한다.

승상 집에서 머슴살이하던 최치원은 승상의 사위가 되는 것을 조건으로 함 안의 물건을 맞히는 과제를 해결한다. 이에 중국 황제가 그를 중국으로 불러 볼모로 삼고자 하여 중국으로 가는데, 여러 섬을 거쳐 가며 항해하던 도중 용왕의 아들 이목과 교류하게 된다. 중국의 도성에 도착해서 황제가 궁궐까지 들어오는 관문마다 준비해 놓은 난제를 선녀의 도움으로 모두 해결하고, 황제가 준비한 독이 든 음식을 알아채 독살 위기를 면한다. 과거에 급제한 후 황소의 난이 일어나자 문장을 써서 격퇴하고 황제에게 작위를 받지만, 그를 시기하는 신하들의 참언讒言으로 인해 무인도로 유배된다. 3년 후 황제의 부름을 받아 도성으로 간 최치원은 황제를 비난한 후 구름을 타고 신라로 돌아와 부인과 함께 가야산에 들어가 자취를 감추었다고 한다.

기이한 출생을 비롯해, 선계에서 죄를 지어 지상으로 추방되어 태어났다고 하는 부분은 선계와의 교류를 보여 준다. 문재文才가 뛰어나 온갖 시련을 극복하고 중국에서 여러 난제를 해결했으며, 마지막에는 중국 황제와 대등하게 맞서는 등 신라 영웅으로 대활약을 한 후, 신라로 돌아와 자취를 감추었다는 내용이다.

난제難題 이야기

최치원과 중국 황제의 갈등은 황제가 연이어 내미는 난제를 중심으로 전개된다. 최치원이 해결한 첫 번째 난제는 신라를 위기에서 구하고 중국으로 건너가는 계기가 된다. 신라에 파견된 중국 학사들이 최치원과의 시문 경합에서 완패하자 화가 난 황제가 신라를 공격하려는 흉계를 꾸며, 달걀을 솜에 싸서 넣은 석함을 신라에 보내서 내용물을 맞히지 못하면 신라를 공격하겠다고 위협한다. 신라 재상의 사위가 된 최치원은 재상을 대신해 석함 속에는 알에서 부화한 병아리가 울고 있다고 답한다. 알이 부화한 사실까지 알아내자 깜짝 놀란 황제는 신라에 대한 대응을 학사들과 의논해, 소국 신라에도 재능이 뛰어난 사람이 있다면 대국 중국을 무시하게 될 것이니 석함 속의 내용물을 알아맞힌 신라인을 중국으로 불러들여야 한다고 결정한다. 변방 소국 신라인의 재능이 강대국 중국보다 뛰어난 것에 대해 불안해하는 중국 측의 모습을 그려 내면서 중국에 대한 신라의 우월성을 드러낸다.

이는《기비대신입당회권》등의 이야기에서 마키비의 재능을 두려워한 중국 측이 마키비를 누각에 가두고 난제를 내밀어 해결하지 못하면 창피를 주고 죽이려 했다는 것과 같다. 신라나 일본이 비록 대국 중국에 비하면 소국일지라도 뛰어난 학재의 인물이 있어 대국에 크게 한 방 날린다는 이야기가 현실의 열등감 극복을 위해 얼마나 필요했었는지 잘 알 수 있다.

중국으로 건너간 최치원은 황제가 궁궐로 들어오는 9개의 관문마다 준비해 놓은 난제를 선녀의 도움으로 해결하고, 황제가 내민 음식에 독이 든 것까지 단번에 알아내 황제를 감복시킨다. 이러한 난제 극복도 마키비가 귀신 나카마로와 일본 불신佛神의 도움을 받아 난제를 해결한 것처럼, 여기서도 선녀라는 초인적인 존재가 관련되어 있다. 이후 최치원은 과거에 급제하고 황소의 난 때 〈토황소격문〉을 지어 적을 항복시키고 황제에게 상을 받게 된다. 그러나 최치원의 활약을 질투한 중국 대신들이 황제에게 참언하고, 분노한 황제는 그 참언의 진위를 확인하지 않은 채 최치원을 남쪽 바다의 무인도로 유배해 굶겨 죽이려고 한다. 이 박해로 인해 최치원은 황제의 횡포를 원망하게 되고 황제와 대면해서 정면으로 그를 비난하자, 마침내 황제가 사죄하기에 이른다.

최치원을 무인도에 보내 굶겨 죽이려 했다는 것은 나카마로가 견당사로 건너와 누각에 갇혀 굶어 죽어 귀신이 되는 모티브와 유사하다.

그런데 최치원은 무인도에서 선녀의 도움을 받아 삼 개월 동안 간장에 적신 솜으로 목숨을 부지하고, 조공을 바치기 위해 무인도를 거쳐 중국으로 건너가는 베트남 사절에 의해 생존이 확인된다. 최치원이 살아 있다는 소식에 놀란 황제는 그를 불러들이기 위해 사신을 파견하지만, 최치원은 사신에게 "황제의 명을 거부한다고 전하라."라고 하며 크게 호통을 쳐서 돌려보낸다. 화가 난 황제는 다시 사신을 보내 강제로 최치원을 데려오도록 하고는 명을 거역한 최치원을 나무란다. 황제는 "하늘 아래에 황제의 영토가 아닌

데가 없고 신하가 아닌 사람이 없다."라는 《시경詩經》 〈소아小雅〉 편의 유명한 구절을 들어 중국과 신라의 주종 관계를 강조하며 주군인 황제의 명을 거부한 최치원을 큰소리로 꾸짖는다. 그러나 최치원은 하늘에 일 자一字를 쓰더니 술법으로 그 위에 날아올라 앉아 "허공까지 황제의 영토냐."라고 반박하며 이치에 맞지 않는 복종을 강요하는 황제의 잘못을 지적하고 황제에게 사과를 받아낸다. 한국의 연구는 이처럼 황제의 권력에 굴하지 않고 정면으로 저항하는 최치원의 모습에 중국과의 불평등한 관계를 바로잡고 그들과 대등해져야 한다는 민족정신이 투영되어 있다고 해석한다.[7]

《태평광기太平廣記》와의 관련

김영순의 논문에 의하면 최치원이 황제에게 도술을 보이고 대항하는 구절은 중국 송나라 때의 설화집 《태평광기》 권10, 신선10 〈하상공河上公〉의 이야기와 유사하다고 지적한다.[8] 한나라 때 하상공이라는 사람이 상경해 입궐하라는 문제文帝의 명령을 거부해 황제에게 책망받자 공중에 날아오르는 도술을 보여 마침내 황제가 사과하게 했다는 설화로, 최치원 이야기의 마지막 부분은 《태평광기》에 근거한다고 여겨진다.

또 《태평광기》 권53, 신선53 〈김가기金可記〉에는 최치원과 같은

7 金英順, 〈東アジアの入唐說話にみる對中國意識―吉備眞備·阿倍仲麻呂と崔致遠を中心に〉, 李銘敬·小峯和明編, 《日本文學のなかの〈中國〉》, 勉誠出版·アジア遊學, 2016.

8 金英順, 위의 책, 2016.

신라 출신인 김가기가 당나라에서 과거에 급제하고 글재주가 뛰어났으나, 황제와 대립하게 되어 마침내 종남산終南山에서 은거하다가 자취를 감추었고 하늘로 올라갔다고 한다. 최치원의 당나라에서의 활약, 황제와의 대립, 은둔 등의 모티브가 매우 비슷하다.

그리고 최치원의 어머니가 금돼지에게 납치되는 이야기도《태평광기》권444, 축수11〈구양흘欧陽紇〉에 보이는 흰 원숭이 퇴치담에 근거하고 있음이 지적된다.《태평광기》는 고려 시대 12세기에 이미 많은 지식인에게 읽혀 조선 시대 1462년에는《태평광기상절》이라는 주석서가 편찬되었다. 또한 16세기 중엽에는 한글본인《태평광기언해》가 간행되어 널리 유포되기도 했다.《최고운전》이《태평광기》의 영향을 받았음은 틀림없다.

최치원이 뛰어난 학재를 유감없이 발휘해 중국 황제의 코를 납작하게 만드는 이야기가 중국의 설화집을 바탕으로 구상되었다는 반전이 흥미롭다.

이야기의 배경

최치원은 복종을 강요하는 황제에게 정면으로 대항해 도술로 굴복시킨 후, 황제의 언행을 강력히 비난하고 끝내 신라로 돌아간다. 이는 중국 측에서 보면 황제를 받들면서 바른 말로 간하는 현신이나 최치원을 능가할 유능한 인재가 없음을 나타낸다.

최치원이 당나라로 건너갔던 9세기 후반의 당나라도 난세였으나,《최고운전》이 성립한 16세기의 명나라 또한 정치적 혼란이 계속되었다. 16세기 초 정덕제正德帝 때는 환관 정치에 의해 반란이 일어났고, 이후 가정제嘉靖帝 때는 선대 황제의 예우 문제를 둘러싸고 조정 신료들이 대립해 당쟁을 일으키고 태학사大學士[9]의 간신들이 정권을 잡았다. 정치 정세의 불안정한 상황 속에서 참언을 고하는 신하들에게 휘둘리는 무능한 황제에 대한 탄핵이 이 이야기에 담겨 있다고 지적되었다.[10] 《최고운전》에 관해 한국에서는 선계仙界를 배경으로 한 적강소설, 영웅소설로서 조선 중기 민족의식의 반영이나 중국과의 관계에서 주체성을 잃은 지배층에 대한 비판 등에 초점을 두고 해석이 이루어졌다. 조선은 군신 쿠데타로 인한 왕위 교체, 권신들의 권력 다툼과 사림파 탄압 등 혼돈 상태의 국내 정세와 더불어 중국과는 '종계변무宗系辨誣'[11]라는 외교 문제를 안고 있었다. 그렇기 때문에 이 작품에는 현실 사회에 대한 비판이 강하게 나타나 있다고 지적되었다.[12]

최치원은 사대주의 외교를 강력히 부정하며 대국과 소국 각자의 도의에 맞는 대등한 관계를 이상으로 삼았고, 압력으로 신라에 사대관계를 강요하는 중국은 대국으로서 마땅한 모습이 아니라고 비판했다. 그러나 《최고운전》에는 강대국 추종 외교를 강요하는 중국 황제에 대한 신라 왕의 대응은 언급되어 있지 않으며 최치원이

---

9 *명나라 때 내각 태학사의 관직을 말한다. 재상을 따로 두지 않았던 명나라 초기에는 황제의 자문에 응하는 것을 임무로 했었으나 선덕제(宣德帝) 무렵부터 실제적인 재상으로서의 구실을 했으며 16세기 가정제 때는 육부상서(六部尙書)의 상위에 올라 사실상 재상이 되었다.

10 濱田耕策, 〈新羅の遣唐使と崔致遠〉, 《朝鮮學報》 206, 2008.

11 *조선 개국 초부터 선조 때까지 약 200년간 명나라에 잘못 기록된 태조 이성계의 종계(宗系)를 바로잡아 달라고 주청한 사건을 말한다.

12 金英順, 앞의 책, 2016.

라는 초월자의 재예才藝에 모두 수렴되어 있다.

중국 황제가 신라에 보낸 난제를 최치원이 해결해 중국으로 건너가, 선녀들의 도움을 받으며 온갖 시련을 이겨내고, 중국 황제에게 대등하게 맞서 싸운 후, 마침내 신라로 돌아와 자취를 감췄다는 설정은 앞서 말한 것처럼 견당사로 중국에 온 마키비의 재능을 두려워한 중국 황제가 마키비를 누각에 가두고 난제를 들이대는 이야기와 비교된다.

소국인 신라·일본 대 강국인 중국이라고 하는 구도로, 소국의 걸출한 인물이 대국에 일격을 가해 보복하는 이야기라는 점에서 둘은 공통된다. 이는 현실의 열등감 극복을 위해 필요했던 인식으로, 일본에서도 12세기 이후 이런 종류의 이야기 전승이 두드러진다.

최치원과 기비노 마키비

9세기에 폐지된 견당사는 후세에 동아시아의 국제관계와 외교상에서 전설·신화화된다. 그 중심이 마키비와 나카마로다. 이들의 이야기가 중세, 근세로 갈수록 더욱 비대해진다.

일본의 마키비와 나카마로의 입당 설화는 시대마다 중국에 대한 의식이 다르고, 중국 측의 주체도 각각 다르게 설정되었다. 하지만 일본과 중국의 소국·대국 의식이나 열등·우월의 관계가 복잡하게 뒤섞인 이데올로기를 바탕으로 초능력자 마키비와 나카마로의 전기를 그리려 했던 의식은 변함이 없으며, 그 배후에 항상 중국과의 현실적인 긴장 관계가 있었다.

위에서 살펴본 바와 같이 최치원과 마키비의 이야기는 성립 연대와 시대 배경을 달리하면서도 상당한 공통점이 있음을 알 수 있다. 최치원이 잘못을 저질러 천상에서 하강해 최충의 아들로 태어났다는 모티브는 일본《죽취이야기》의 가구야 공주와도 공통되고, 난제 극복이나 무인도 유배는 견당사 마키비의 화제를 연상케 한다. 최치원이 선녀의 도움을 받듯 마키비도 귀신 나카마로의 원조로 당나라 황제가 낸 난제를 해결한다.

마키비는 8세기 나라奈良 시대의 인물로, 그의 당나라에서의 활약을 담은 이야기는 12세기에 만들어졌다. 그에 비해 최치원은 9세기 신라 시대의 인물이며, 그의 탄생부터 당나라에서의 활약과 귀국을 그린 소설은 16세기 조선 왕조 때로 시대가 더 내려간다. 시대의 차이를 넘어 중국에 대한 우월·열등을 의식할 수밖에 없는 이야기가 계속 만들어져 왔다는 것이 중요한 의미를 지닌다.

2017년 여름, 지리산 기슭의 고찰 순례를 갔을 때, 경상남도 하동군 범왕리에서 최치원의 지팡이 전설이 전해지는 푸조나무 거목을 만나게 되었다. 거목 옆을 흐르는 개울에서 최치원은 더럽혀진 귀를 씻고 '세이암洗耳岩'이라는 글자를 새겼다. 그리고는 지팡이를 땅에 꽂고 산으로 들어갔는데, "이 지팡이가 살아 있으면 나도 살아 있는 것이다."라는 말을 남기고 학을 타고 세상을 떠났다고 한다. 때 묻은 귀를 씻는 허유許由의 저명한 중국 고사와 지팡이 꽂는 전설을 곁들인 신선담을 떠올리자니, 푸조나무 거목 나뭇잎 그림자에서 필자는 최치원이 지금도 지그시 이쪽을 내려다보고 있는 듯한 착각에 사로잡혔다. 최치원과 관련해 당나라의 고변高駢(?~887)을 떠올릴 수 있는데, 그는 최치원의 상사로 황소의 난 때 최치원에게 격문을 쓰게 한 것으로 잘 알려져 있다. 고변은 베트남(안남도호부)을 침공

최치원의 지팡이 전설에 나오는 거목. 경상남도 하동군 범왕리

[사진 제공: 고미네 가즈아키(小峯和明)]

한 남조국南詔國[13]을 격퇴한 후 베트남을 통치했던 인물로, 당초 베트남에서 영웅시되어 전설화되었다가 시대가 변함에 따라 침략자로 적대시된다. 양면성을 지니고 있지만 이 또한 이문화異文化에서의 활약을 보여 주는 인물로서 주목받을 것이다.

2. 이문화 교류의 회권

이문화와 회권

기비노 마키비 외교신화의 상징이라고도 할 수 있는 것이《기비대

13 *8세기 중반 지금의 중국 운남 지방에 티베트·미얀마족이 세웠던 왕국. 860년 베트남 북부(안남도호부)를 공략해 고변에 의해 격퇴당하는 864년까지 베트남 북부를 지배했으며 928년에 멸망했다.

신입당회권》인데, 이 회권뿐만 아니라 12세기 이후 회권의 세계에서는 견당사를 비롯한 이문화 교류나 외국의 여러 장면을 그린 작품들이 늘어난다. 예를 들면 13세기 전반, 신라의 고승 원효와 의상의 구법을 그린 《화엄종조사회전》, 13세기 후반에 제작된 갖은 고난 끝에 일본으로 건너온 감진의 전기를 그린 《동전전회권》, 14세기 초의 회권으로 당나라에서 천축까지 가서 방대한 경전을 가지고 돌아와 번역한 현장의 전기를 그린 《현장삼장회》 등이 있다. 또한 견당사의 일원으로 당나라에 건너가서 밀교를 일본에 전래한 구카이空海의 전기를 그린 《홍법대사행장회사弘法大師行狀繪詞》도 구카이가 장안에서 활약한 내용을 담고 있다. 이런 회권의 주인공들은 모두 동아시아에 아주 잘 알려진 걸출한 고승이며 불교 각 종파의 조사祖師로 추앙되는 인물이다.

《화엄종조사회전》은 신라와 당, 《현장삼장회》는 당과 서역·천축국 등 이국 왕래의 이야기를 담고 있으며, 일본과 직접 관련되지 않은 회권들이다. 이국, 이역을 다녀온 승려의 전기 회권에서 회화 이미지가 담당하는 역할은 절대적이다. 이 시대 사람들은 회권을 통해 이국이나 이국인 등 이역異域 세계의 이미지를 형성했다고 할 수 있다.

회권을 제작하는 주체에는 그림 작성을 의뢰하거나 명령하는 원주願主가 있고, 이에 따라 실제로 회권을 만드는 화공 집단이 있다. 또 화공은 밑그림을 그리는 사람, 채색을 하는 사람 등등 프로듀서부터 현장의 전문 화공에 이르기까지 다양한 역할이 있지만 이들 중에 실제로 중국이나 서역의 천축국, 한반도 등에 직접 다녀온 사람은 거의 없을 것이다. 예를 들어 회권에 그려진 이국의 정경이 용궁이나 저승 세계 등을 그린 모습과 같은 경관으로 되어 있는 것은 이국을 직접 본 적이 없기 때문이다.

이들 회권 제작 담당자들은 다양한 정보와 지식, 혹은 전 시대부터 축적되어 왔던 그림의 표본을 모아 분석하고, 거기에 그들의 상상을 부풀려 제작했음이 틀림없다. 모두 일본에서 본 이국과 이국인들의 모습이다. 그렇게 이문화를 다룰 수밖에 없었던 것이 한계였다고 쉽게 매듭지어 버릴 수도 있을 것이다. 그러나 오히려 이들 회권은 지금까지 본 적이 없는 이역을 어떻게 그려야 할 것인가 하는 상상력의 한계에 도전한 귀중한 성과로 보아야 할 것이다.

3. 견당사 관련 회권

《동정전회권》

이러한 회권 중에서 《기비대신입당회권》과 특히 관련이 깊은 회권은 당나라 고승 감진(688~763)의 전기를 그린 《동정전회권》이다. 이는 마키비가 두 번째로 견당사로 파견되어 돌아오는 배에 감진이 비밀리에 승선해 일본으로 왔기 때문이고, 더구나 이 회권에는 마키비로 추정되는 인물도 그려져 있다.

이 회권은 8세기 말에 성립한 현존 최고最古의 장문으로 된 한문체 전기인 《당대화상동정전唐大和上東征傳》을 바탕으로 하고 있다. 이 한문체 전기는 779년에 감진의 제자인 승려 사탁思託의 요청을 받아 오미노 미후네淡海三船가 저술했다. 일본에 율종律宗을 전하고 도쇼다이사唐招提寺의 개조가 된 당나라 승려 감진의 업적을 서술한 전기이며, 후에 이를 바탕으로 한문체 문장을 일본어와 한문 병기의 문장으로 고쳐 쓰고 그림을 넣어 만든 것이 《동정전회권》이다. 13세기 말, 나라 불교 부흥의 기운을 배경으로 도다이사東大寺의 말사인 가마쿠라 고쿠라쿠사極樂寺를 창건한 율종 승려 닌쇼忍性가 그의 제자인 렌교蓮行에게 그리게 한 회권이다. 회권은 다섯 권으로 구성되어 있으며 렌교에 의해 완성된 후 도쇼다이사에 헌상되어 현존한다. 일본으로의 도항에 거듭 실패해 실명까지 하게 되었음에도 도항을 계속 시도해 마침내 일본으로 건너온 감진의 고난의 여행과 불교 포교를 그린 감동적인 회권이다.

회권은 감진이 14세 때 출가하는 이야기를 시작으로, 당나라로 건너가 있던 일본인 승려 요에이榮叡, 후쇼普照 등의 간청으로 일본 도항을 계획하고, 여러 차례 항해에 실패하는 고난을 겪으며 끝내 일본으로 건너와 도쇼다이사에 입적하기까지의 이야기를 그리고 있다. 제2권을 제외한 각 권 말미에 덧붙여진 간기에 의해 회권의 본문은 미마사카국美作國[14]의 전 장관 노부가타宣方 등 네 명이 썼고, 그림은 로쿠로베 렌교六郎兵衛蓮行가 그린 1298년(영인永仁 6)의 작품임이 밝혀졌다. 또한 그림의 일부 뒷면에는 가마쿠라 고쿠라쿠사의 닌쇼가 회권을 본사本寺 도쇼다이사에 헌상했다고 하는 기록도 적혀 있다. 렌교의 전기는 확실치는 않지만 가마쿠라에 거주하던 화공으로 추정된다. 중국의 모습을 그린 장면을 중심으로 배경에 보이는

14 *오카야마현(岡山縣) 동북부 일대.

산수나 수목 등에 송나라 화풍이 많이 보이고, 또한 지방 화단 특유의 분위기도 느낄 수 있는 13세기의 회권으로는 특이한 작풍을 보여 준다. 제작 연대가 뚜렷한 점과 더불어 회화사적으로도 중요한 회권이다.

2016년 나라국립박물관에서 개최된 닌쇼전忍性展에서 회권의 전권을 열람했던 기억이 새롭다.

감진의 생애

여기서 감진의 생애를 더듬어 보자. 688년 당나라 양주揚州 강양현江陽縣[15]에서 태어나, 14세 때 출가해서 지만智滿을 스승으로 모시고 득도한 후, 대운사大雲寺에서 지내면서 18세 때 도안道岸에게 보살계를 받고, 20세 때 장안에 상경한다. 이듬해 홍성弘城에게 율종·천태종을 배우고, 남산[16] 율종의 계승자가 되어 양주의 대명사大明寺 주지로 지낸다. 그 후 742년 견당사 대사 다지히노 히로나리多治比廣成의 일행으로 당나라에 건너온 일본인 승려 요에이, 후쇼 등이 찾아와 일본에 계율을 전해줄 것을 간곡히 청하자, 일본 도항을 결심한다. 743년에 일본 도항을 계획하지만 감진의 출국을 아쉬워하던 제자가 밀고하는 바람에 도항은 미수에 그친다. 이어 744년에 출항하는데 얼마 가지 못해 폭풍을 만나 일단 명주明州로 귀환해 재출항을

15 *중국 강소성(江蘇省) 양주시(揚州市).

16 *중국 섬서성(陝西省)에 위치하는 산으로 종남산, 태을산(太乙山)이라고도 불리며, 불교 남산 율종, 화엄종, 삼론종의 발상지로 알려져 있다.

시도하지만, 이번에도 감진의 출국을 아쉬워하는 자의 밀고로 인해 승려 요에이가 체포되고 도항은 실패로 끝난다. 그 후 요에이는 병사病死로 위장해서 출옥해 감진과 함께 다시 출항을 계획했는데, 이번에는 강소江蘇나 절강浙江에서 출항하는 것은 어렵다고 판단해 일행은 복주福州[17]로 향한다. 그러나 이때도 제자 영우靈佑가 감진의 건강을 걱정해 복주 관청으로 가서 감진의 출국을 막아 줄 것을 호소해 결국 출항은 중지된다.

748년 요에이가 다시 한번 간곡히 간청하자 감진은 다섯 번째 도항을 결심하고 일행과 함께 출항했지만 폭풍을 만나 표류 끝에 중국 남해의 해남도海南島에 표착한다. 감진은 해남도의 대운사에 1년간 체류하며 의약醫藥 지식을 전한다. 751년 양주로 돌아가기 위해 해남도를 출발해 항해하던 도중, 수제자 상언祥彥과 일본 승려 요에이가 사망한다. 양주로 귀환하는 동안 감진은 피로 등으로 인해 양쪽 눈을 실명한다.

753년 견당사 대사 후지와라노 기요카와 등이 당나라로 건너가 감진에게 일본 도항을 돕겠다고 약속한다. 이때 견당사 부사 중 한 명이 마키비였고 나카마로도 귀국을 위해 이들과 동행하고 있었다. 그러나 명주 관청에서 감진의 출국을 금지한다는 통보를 받자 결국 기요카와는 감진의 승선을 거부한다. 그런데 출항 직전에 견당사 부사 오토모 고마로가 제2선에 감진을 몰래 태워 숨긴다. 이것이 운명의 갈림길이었다. 견당사 일행의 귀국선 세 척은 12월에

---

17 *중국 복건성 복주시(福州市). 지금의 대만과 마주 보는 위치의 동중국해에 면한 항구도시.

아고나하阿児奈波[18]에 도착해 잠시 체류한 후 다시 출항하지만, 남풍에 실려 가 북상할 수 없게 되자 다네섬多禰嶋[19]을 향해 항해한다. 그러나 기요카와와 나카마로가 탄 제1선은 좌초해, 남쪽 바다를 표류하다가 베트남 북부에 표착한다. 결국 기요카와와 나카마로는 당나라로 다시 돌아가 일본으로 귀국하지 못하고 객사한다. 한편 감진이 탄 제2선은 남풍을 만나 다네섬을 향하다가 야쿠屋久섬에 표착한 후, 다시 출항해 사쓰마薩摩 아키메야秋妻屋[20]포구에 닿는다. 감진 일행은 포구를 출발해 다자이후를 거쳐 나라 헤이조경平城京에 도착한다. 이때가 754년(천평승보 6)이었다. 742년에 처음 일본 도항을 결심하고 시도했던 때부터 무려 12년의 세월이 흘렀던 것이다. 한편 마키비가 탄 제3선은 기슈紀州의 무로사키牟漏崎에 표착한다. 마키비가 두 번이나 견당사로 선발되어 그 왕복 노정에서 무사할 수 있었던 것은 그야말로 행운이었다고밖에 볼 수 없다.

나라에서 감진은 도다이사 대불전에 계단戒壇을 쌓고, 상황上皇과 승니僧尼들에게 보살계를 내렸다. 이는 일본에서 계단에 올라 계를 받는 등단수계登壇授戒 의식의 시초가 되며 감진이 행한 이후부터는 도다이사에 상설 계단원戒壇院이 건립되었다. 또한 일본의 관동·관서 지방에서도 등단수계를 할 수 있도록, 감진이 일본에 도착해 처음으로 수계한 관서 지방의 다자이후 간제온사觀世音寺와 관동 지방 시모쓰케국下野國 야쿠시사藥師寺에 계단이 설치되었다. 759년(천평

---

18 *오키나와 본도(沖縄本島)의 옛 명칭.

19 *다네가섬(種子島). 규슈 남단 오스미제도(大隅諸島)의 동북부에 위치한 섬이다.

20 *가고시마현(鹿児島懸) 미나미사쓰마시(南さつま市)의 항구.

승자 3)에 니이다베 친왕新田部親王의 옛 저택 터에 도쇼다이사를 창건하고 계단을 설치했다. 또한, 감진은 미술·공예·건축을 비롯해 의약에도 조예가 깊었으며, 히덴원悲田院[21]을 설립해 빈민 구제 활동에도 적극적이었다. 그 후 763년(천평보자 7)에 도쇼다이사에서 입적했다. 그의 나이 76세였다. 감진의 공적은 계율뿐만 아니라 제자 법진法進과 사탁 등 14명의 승려와 3명의 비구니를 비롯해 호인胡人,[22] 곤륜인崑崙人,[23] 점성국인占城國人 등의 기술자 등 20여 명과 함께 귀중한 경전류, 불상, 불구, 서적, 식품, 의약품류 등을 일본으로 가져왔다는 데에도 있다. 현존하는 물건으로는 불사리와 사리함, 왕희지王羲之의 친필 등이 있다.

오우미노 미후네의 전기《동정전東征傳》은 감진의 제자 사탁이 쓴《대당전계사승명기대화상감진전大唐傳戒師僧名記大和上鑑眞傳》(《대화상전大和上傳》이라고도 함)을 바탕으로 만들어졌다. 또한 제자 사탁은 일본 최초의 승전인《연력승록延曆僧錄》을 집성한 것으로도 잘 알려져 있다.

---

21 *병자와 노인, 갈 곳 없는 아이들을 돌보는 구호시설로 나라의 고후쿠사(興福寺)에 설립되었다.

22 *'호(胡)'는 중국 한나라 때는 흉노족을 가리켰으나, 실크로드로 서역 왕래가 잦아지면서 서역의 이민족을 서호(西胡) 또는 호라고 불렀고 당나라 때는 북방 이민족, 또는 서역의 이란을 가리켜 칭했다.

23 *베트남 남부에서 인도네시아 일부에 걸쳐 살던 권발흑신(卷髮黑身)의 이민족을 가리키며, 당나라 때는 동남아시아인을 총칭하기도 했다.

회권의 세계

이러한 감진의 불요불굴한 생애를 회화로 시각화한 것이《동정전 회권》전 5권이다. 이 회권이 만들어진 것은 감진이 입적하고 그의 전기가 성립된 시기에서 오백 년이 훨씬 지난 후이며,《기비대신입당회권》으로는 백 년 후에 해당한다. 회권에 보이는 화면은 비교적 높은 곳에서 내려다보는 구도로 일관되게 그려져 있으며, 특히 감진 일행이 항해 도중에 조난을 당하는 화면은 박진감 넘치게 묘사되어 있어 독자의 눈길을 끌지 않을 수 없다. 해난海難 표상表象의 귀중한 그림으로서도 주목받아 마땅하다.

게다가 이 회권에는 견당사 대사 후지와라노 기요카와 일행이 감진을 배에 태우는 장면도 보이고, 일행 중에 견당사 부사 마키비로 보이는 인물도 그려져 있다. 753년 기요카와 등 견당사 일행이 양주의 연광사延光寺에 도착해 감진과 대면하는 장면을 그린 부분에서는 견당사 일행이 일본이 있는 동쪽 방향, 즉 화면의 오른쪽에

감진 일행이 탄 견당사선 침몰

(唐招提寺所藏,《東征傳繪卷》, 畵像提供: 奈良國立博物館)

연광사에 도착하는 견당사 일행. 화면 가장 오른쪽 윗부분의 일행과 왼쪽 아랫부분의 사찰 법당 밖에 앉은 세 명의 관복 차림 일행 중에 마키비가 있을 것이다.

(唐招提寺所藏,《東征傳繪卷》, 畵像提供: 奈良國立博物館)

서 등장하는 모습이 그려져 있고, 사찰의 문 앞에서 마중 나온 당나라의 승려들과 마주한다. 여기서 견당사 일행은 셋으로 나뉘어 있는데 제일 왼쪽, 문 가까이에 대사 기요카와의 모습이 보이고, 조금 떨어진 오른쪽에 부사 오토모노 고마로와 그 일행이, 그리고 고마로 일행의 오른쪽에 하반신이 안개에 가려진 다섯 명의 일행이 그려져 있다. 이 안개에 가려진 관복 차림의 일행 중 한 명이 마키비라고 여겨진다. 그리고 일행 중에는 나카마로도 있었을 것 같은데 그로 추정되는 인물은 누구인지 알 수 없다. 이어서 사찰 안쪽 법당에서 감진과 일행이 대면하는 다음 장면에서는, 왼쪽에 의자에 앉은 감진과 마주 보며 바닥에 앉아 있는 옅은 황색 관복의 기요카와를 맨 앞으로, 관복 모습의 견당사 네 명이 둘러앉아 있다. 이들 네 명 중 한 명은 법당 안에 앉아 있고 나머지 세 명은 바깥쪽 복도에 앉아 있다. 법당 안의 관복 차림이 부사 고마로로 보이므로, 복도의

출항하는 견당사선. 화면 가장 아래쪽의 배나, 가장 위쪽의 배에 타고 있는 관복 차림 인물 중에 마키비가 있을 것이다.

(唐招提寺所藏,《東征傳繪卷》, 畵像提供: 奈良國立博物館)

세 명 중 한 사람이 마키비일 것이다. 또한 나카마로도 이들 세 명 중 한 사람일 것이다.

다음 장면은 드디어 감진과 일행이 출항하는 장면이다. 감진은 출항 직전에 명주 관청에서 출국 금지 통보를 받고 기요카와에게 승선을 거부당하지만, 부사 고마로가 자신의 제2선에 감진을 몰래 태워 숨겨 주는 내용을 그리고 있다. 화면에는 먼저 흰 바탕에 붉은 테두리를 한 견당사선 네 척이 나란히 출항하려는 모습이 보이는데, 중앙의 배만 녹색 지붕의 선실을 갖춘 특별한 형태인 것으로 봐서 대사가 타는 제1선으로 추측된다. 그리고 네 척의 선박 중, 아래에서 두 번째 배에 감진과 관복 차림의 부사가 타고 있으므로 마키비가 탄 제3선은 제일 앞쪽에 보이는 배, 아니면 제일 뒤쪽의 배일 것으로 생각된다. 회권을 그린 화공이 어느 정도 의식을 하고 그렸는지는 알 수 없으나, 견당사 일행에서 관복 차림을 한 인물 중 하나가 마키비라는 것은 의심할 여지가 없다. 감진의 전기를 그린 회권에 마키비가 예기치 않게 그려져 있는 것이다.

이어 다음 장면에서는 잠시 감진이 견당사선에서 내려와 육지에 있는 모습이 보이더니, 다음 화면에서는 다시 출항하는 배 세 척이 보인다. 여기서는 감진의 모습이 안 보이는 것으로 봐서 대사의 제1선에서 승선을 거부당한 감진을 부사가 제2선에 몰래 태워 숨기고 있음을 나타내려 한 것을 알 수 있다. 이 화면에 이어 두 척의 배가 일본 포구에 도착하는 모습이 그려진다. 이들 배는 부사 고마로가 감진을 몰래 태운 제2선과 마키비가 탄 제3선을 그린 것으로 제1선의 모습은 보이지 않는다. 기요카와와 나카마로가 탄 제1선은 베트남 방면에 표착해 끝내 일본으로 돌아오지 못했다는 것을 암시하고 있다. 인간의 의지를 초월한 운명이었다고밖에 말할 수 없을 것이다. 이렇듯 이 회권은 뜻밖에도 견당사 파견 사상 최대라고 해도 과언이 아닌 운명적인 항해의 모습을 담고 있는 것이다.

또한 회권에는 일본에 도착한 감진이 도성 나라로 올라와 도다이사로 들어갈 때 마키비가 사신으로 나가 쇼무聖武 천황의 칙서를 전하는 장면이 그려져 있다. 이 장면은 회권에 본문은 없고 그림만으로 형상화했다. 《동정전》에 의하면 이때 천황이 보낸 칙서에는 감진을 맞이하게 되어 "말할 수 없이 기쁘며 고된 노정을 위로한다."라고 하며, 또한 "지금부터 수계전율授戒傳律[24]은 전적으로 감진

24 *'수계'는 출가를 허가받은 자에게 법식에 따라 출가자가 지켜야 할 구족계(具足

화상에게 맡기겠다."라고 했다고 한다.

《홍법대사행장회사》

이어서 견당사와 관련된 홍법弘法대사 구카이(774~835)의 전기를 그린 회권에 관해 살펴보자. 《홍법대사행장회사》는 일본 불교의 진언종眞言宗을 창시한 구카이의 전기를 그린 회권으로, 중세 이후 다수 제작된 인물의 전기를 회화화한 작품 중 하나이다. 구카이는 사누키讃岐[25] 출신으로 시코쿠四國 지역에서 수행한 후 견당사의 일원으로 훗날 히에이산比叡山 엔랴쿠사延曆寺에서 천태종을 일으키는 승려 사이초最澄와 함께 당나라로 건너간다. 사이초는 당나라에 도착 후 남쪽의 천태산[26]을 향했지만, 구카이는 장안으로 들어가 청룡사靑龍寺에서 혜과惠果에게 밀교를 배운다. 인도 불교의 밀교를 직접 중국에 전래한 혜과와의 만남은 운명적이었다고 할 수 있으며, 그야말로 직통으로 밀교의 법류法流를 전수받은 것이다. 이 때 혜과의 문하에는 구카이와 함께 신라 출신의 승려도 있었지만, 그는 후세에 그다지 이름을 남기지 않아 구카이의 경우와 대조적이라 할 수 있다.

戒)를 주는 것을 말하며, '전율'은 구족계의 내용, 그 외 교단 내 의식, 행사, 규범 등을 가르쳐 전하는 것을 말한다.

25 *지금의 가가와현(香川懸). 가가와현은 일본 열도를 구성하는 네 개의 섬 중 하나인 시코쿠에 위치한 행정구역이다.

26 *중국 절강성 천태현(天臺懸) 북쪽에 위치한 산. 남북조 시대의 승려 지의(智顗, 538~597)가 이 산에 올라 약 10년 동안 수행하고 천태교학을 확립시켜 천태종의 본산으로 알려지게 됐다.

구카이가 장안에 체류하는 동안의 일화로는 양손과 양발에 붓을 쥐고 입에도 붓을 물어 글씨를 써 오필화상五筆和尙이라고 불렸다는 이야기와 구카이가 장안에서 던진 법구法具 독고獨鈷[27]가 하늘을 날아 일본의 고야산高野山[28]에 떨어졌다는 이야기 등이 있다. 또한 중세 시대 쓰인 구카이의 전기에서는 구카이가 인도까지 갔다 왔다는 설도 만들어지는 등 수많은 일화가 전해진다. 게다가 중세에는 구카이가 포교를 위해 국내를 편력하는 전설이 전국 각지에 퍼져, 슈젠사修善寺의 독고 온천을 비롯해 온천 전설과 구카이가 땅에 꽂은 지팡이가 거목으로 됐다는 지팡이 나무 전설 등이 잘 알려져 있다.

구카이는 당나라에서 귀국한 후, 교토에 도오사東寺를 비롯한 진언종 밀교의 사찰을 창건하고, 기이紀伊의 고야산에 들어가 곤고부사金剛峯寺를 건립하는 등 헤이안 시대 불교의 기초를 닦아 후세에 큰 영향을 주었다. 고야산 곤고부사의 오쿠노원奧之院에서 선정禪定에 들어간 채 입적해, 구카이의 입정入定 신앙이 널리 퍼져 전설화되었으며, 시대마다 구카이에 관한 다양한 일화와 전기가 책으로 엮였다. 구카이는 입적 후에 불교 포교의 공을 기려 홍법대사라는 시호로 불렸는데 그에 관한 여러 편의 전기가《홍법대사전》을 표제로 만들어졌다.《홍법대사전》은 12세기 무렵부터 여러 종류의 이본이

---

27 *밀교에서 승려가 불법을 수행할 때 쓰는 법구法具의 일종. 쇠나 구리로 만들어진 짧은 막대 모양의 금강저(金剛杵)로 양 끝이 갈라지지 않고 뾰족한 것을 독고라고 한다. 밀교에서 번뇌를 깨뜨리는 보리심의 상징으로 이 법구를 갖지 않으면 불도 수행을 완성하기 어렵다고 한다.

28 *와카야마현 이토군(伊都郡)에 위치한 산. 구카이가 창건한 진언종 총본산 곤고부사가 있다.

출항 후 풍랑을 만난 견당사선
(東寺所藏,《弘法大師行狀繪詞》, 株式會社東京美術, 1981,《重文東寺本 弘法大師行狀繪卷》)

제작되기 시작했고 시대별로 다양한 전개를 보인다. 전기의 일환으로 회권이 제작된 것은 13세기 이후이며, 서너 종류의 이본이 있다. 13세기 중엽의《고조대사비밀연기高祖大師秘密緣起》, 1272년경에 제작된《고야대사행장도화高野大師行狀圖畫》등이 있으며, 근세에 만들어진 판본도 많이 전해진다.

여기서는 14세기 말에 제작된 도오사 소장《홍법대사행장회사》전 12권을 중심으로 살펴보기로 한다. 먼저 중국과의 관계가 그려져 있는 권3에서 권5에 보이는 그림을 주목해 보자. 권3에는 804년 견당사 대사 후지와라노 가노藤原賀能와 그 일행이 출항 후 폭풍우를 만나 거센 풍랑에 배가 나뭇잎처럼 출렁이는 모습이 보이고, 구카이가 《금강반야경》을 베껴 낭송하자 물결이 가라앉고 곧이어 배가 복주에 도착하는 장면이 보인다. 당나라 관리들이 견당사 대사가 건네준 서류를 보고 내던져 버리자, 구카이가 정식 사절 견당사라고 하며 다시 서류를 써 보인다. 관리들이 이에 감탄하고 입국이 허가된다. 장안에서 칙사가 내려오는 모습과 함께 복주의 거리 풍경, 사람들의 모습도 그려져 있고, 구카이 일행이 칙사와 함께 장안으로 상경하는 행렬이 보인다. 견당사 대사나 부사보다 구카이 쪽에 사람들이 모여들고 손으로 구카이를 가리키거나 두 손을 모아 합장하며 절을 올리는 사람도 있다. 행렬 선두의 칙사가 궁궐 문 근처에 이르고 문 앞에는 무인들이 양쪽에서 창을 세워 놓고 앉아 있는 모습이 보인다. 이 문 앞의 무인들 묘사는 《기비대신입당회권》에 보이는 궁궐 앞에서 졸거나 무료한 표정으로 앉아 있는 무인들의 모습과 흡사하다. 《기비대신입당회권》을 참조했을 가능성도 있지만, 당시 화공들에게 전하는 궁궐 주변을 묘사한 참고 그림을 담은 유형집이나 그림의 표본이 있었을 것이다.

이어서 본문이 보이고, 다음 장면으로 넘어가 산골짜기의 폭포와 소나무 숲의 풍경이 보이고, 청룡사 본당 앞에서 구카이와 혜과가 대면하는 장면이 나온다. 이어서 전법관정傳法灌頂[29] 의례를 올리기 위해 본당이 장엄하게 꾸며져 있고 번幡이 바람에 펄럭이는 모습이 보이며, 이어 식당에서 승려들을 위한 재齊[30]를 준비하는 모습이

---

29 *밀교를 수행한 뛰어난 수행자에게 제자를 가르치고 모범이 될 수 있도록 아자리(阿闍梨)의 지위를 수여하며 정수리에 물을 붓는 관정(灌頂) 의식을 말한다.

30 *불교 사찰에서 승려나 신도들에게 대접하는 식사를 말한다.

그려져 있다. 하지만 전법관정 의례 자체를 그린 화면은 보이지 않는다.

권4에서는 혜과의 제자의 제자인 진하珍賀가 구카이를 질투해 혜과에게 호소하지만, 신인神人에게 항복하는 꿈을 꾼 후, 잘못을 뉘우치고 구카이에게 사과한다. 한편 일본의 나라 고후쿠사의 승려 슈엔修圓이 구카이를 시기해 술법을 써서 호법동자護法童子[31]를 당나라로 날려 보내 장안에 있는 구카이를 감시하게 한다. 구카이가 혜과에게 밀교의 비법을 전수받을 때 금강계金剛界[32]가 화계주火界呪[33]를 내렸던 것일까. 불꽃이 성역聖域을 만들어 구카이와 혜과를 보호하고 호법동자를 태워 버릴 듯 덤벼들어 격퇴한다.

이어 다음 장면에서는 혜과가 그림이 아니면 밀교의 진의를 널리 알릴 수 없다고 하자 구카이가 그의 말을 받들어 승려들에게 만다라 그림을 그리게 한다. 그리고 구카이가 직접 사경을 하고 법구를 제작하자, 혜과는 구카이에게 부처님의 사리와 경전을 준다. 이어서 혜과가 입적하는 장면이 나오는데, 그림은 거의 석가의 열반涅槃 도상을 바탕으로 하고 있다. 혜과의 무덤은 세상이 하얀 눈으로 뒤덮인 설경 속에 그려져 있으며, 그가 입적하는 화면에는 혜과가

31 *밀교의 심오한 교리를 터득한 고승이나 산야에서의 고행으로 영험을 나타내는 법력을 가진 수행자가 비술로 부리는 신령·귀신을 말한다.

32 *밀교의 본존 대일여래(大日如來)을 가리킨다. 대일여래는 지덕이 견고해 모든 번뇌를 깨뜨릴 수 있다 하여 이르는 말이다.

33 *밀교에서 대일여래의 명을 받아 악마의 장애를 물리친다는 부동명왕(不動明王)이 몸에서 불을 뿜어 그 불꽃으로 모든 번뇌를 태워 버리도록 기원하는 주문(呪文)을 말한다.

구름을 타고 구카이 앞으로 날아가 구카이와 함께 불교 포교에 관해 이야기를 나누는 모습이 그려져 있다. 이어서 구카이가 황제의 초대를 받아 입궐해 궁궐에서 양손과 양발, 입에 모두 붓을 쥐고 벽에 글을 쓰는 장면이 보이는데 '수樹'라는 글자를 쓴 것으로 보인다. 이것이 구카이가 오필화상으로 불리게 된 유래다. 구카이의 비범함을 안 황제가 중국에 남아 머물기를 요청하면서 염주를 하사한다.

그 후, 구카이가 강가에서 한 동자와 만나는 장면이 보이는데, 구카이에게 동자가 흐르는 강물에 글을 써보라고 해서 물 위에 시를 쓰자 흘러 없어진다. 이어 동자가 물 위에 글자 '용'을 쓰고 구카이가 글자에 점을 하나 더하자, 굉음과 함께 글자가 용으로 변해 하늘로 날아오른다. 이때 동자는 문수보살의 화신이었다. 그리고 구카이는 장안의 예천사醴泉寺에서 인도 승려 반야般若, 모니실리牟尼室利, 바라문婆羅門 등 세 승려를 만나 경전을 전해 받고 더불어 불교 포교를 부탁받는다.

권5에는 806년 중국에 함께 건너왔던 다치바나노 하야나리橘逸勢와 같이 견당사 다카시나노 마히토高階眞人의 배로 귀국 길에 오르는 장면이 보인다. 구카이는 해변에서 혜과에게 물려받은 용맹龍猛·용지龍智[34] 이래 중국에 전해 온 법구 삼고三鈷[35]를 일본을 향해 던지

34 *용맹은 용수(龍樹)의 별칭이며 용지는 그의 제자다. 두 사람은 2세기경의 인도 승려로 불교 진언종에서는 밀교를 창시해 제자에게 전수한 여덟 명의 조사 '부법팔조(付法八祖)'의 제3 조사, 제4 조사라고 한다. 용지는 용맹에게 밀교를 전수받아, 수백 년 동안 이것을 간직해 중국 밀교 개조(開祖) 금강지(金剛智, 671~741)에게 전수했다고 한다.

35 *밀교에서 승려가 불법을 수행할 때 쓰는 법구의 일종. 양쪽 끝이 세 갈퀴로 된 금

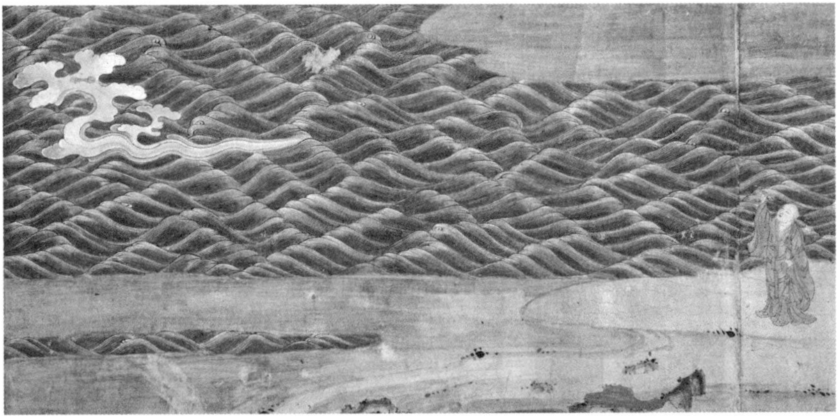

구카이가 일본을 향해 던진 삼고가 구름에 싸여 바다 위를 날아간다.
(東寺所藏,《弘法大師行狀繪詞》, 株式會社東京美術, 1981,《重文東寺本 弘法大師行狀繪卷》)

면서 진언 도량眞言道場[36]의 뛰어난 곳을 찾아가도록 기원한다. 바다 위를 신묘한 금빛 삼고가 구름에 둘러싸여 날아가는 모습이 묘사되고, 이어 하카타博多의 해변 풍경이 보이더니 다자이후로 들어가는 구카이의 모습이 그려진다. '당나라 해변에서 일본 해변으로'라는 형식으로, 바다를 연결고리로 구카이의 귀환을 나타낸 뛰어난 묘사법이다.

이상으로《홍법대사행장회사》의 당나라와 관련되는 장면을 중심으로 개요를 살펴봤다. 구카이를 신격화하는 방향으로 화면이 구성되어 있으며 수많은 일화로 꾸며져 있다. 구카이의 전기 그 자체

강저를 말한다.

36 *밀교를 수행하며 포교를 할 수 있는 곳, 진언종 밀교 사찰을 말한다.

가 모두 설화로 엮어져 있음을 잘 알 수 있다. 무엇보다 《기비대신입당회권》 이래, 표현의 전통이라 할 견당사선의 도상을 비롯해, 이 회권에는 장안의 웅장한 사찰과 더불어 거리의 풍경과 사람들, 궁궐의 관리와 무인 등 당나라 측의 다양한 모습이 자세하게 그려져 있다. 구카이는 혜과에게 밀교를 전수받고, 견당사가 늦게 도착하는 바람에 결원이 생긴 견당사선에 편승해 불과 2년 만에 귀환할 수 있었다. 이 또한 전생의 인연이 아닐 수 없다.

4. 이국異國과 이경異境을 그리다

《화엄종조사회전》

앞에서 살핀 두 회권은 견당사와 깊이 관련된 작품이었다. 이번에는 신라에서 당나라로 건너간 의상과 원효의 이야기를 그린 《화엄종조사회전》(《화엄연기華嚴緣起》라고도 함)을 살펴보자. 내용상으로는 신라와 당나라의 왕래가 중심으로, 일본이 등장하지는 않지만 신라의 화엄종 융성이 일본의 화엄종에 깊이 관여하고 있어 주목되는 회권이다. 이 회권은 교토 북부에 고잔사高山寺를 창건한 고승 묘에明惠(1173~1232)와 깊은 인연이 있는 회권으로 현재 고잔사에 소장되어 있으며 총 여섯 권이다. 신라 화엄종의 개조 원효와 의상의 전기를 그린 것으로 의상의 전기를 그린 네 권과 원효의 전기를 그린 두 권으로 구성되어 있으며, 각기 다른 필체로 그려져 있다.

두 대사의 전기는 중국의 《송고승전宋高僧傳》을 바탕으로 하고 있지만, 상당히 많은 부분이 이야기로 부연되어 있다.[37] 의상(625~702)은 신라의 승려로, 신라 화엄종 '해동화엄'의 시조로 여겨진다. 650년에 동문수학한 원효와 함께 당나라 유학길에 올랐으나 고구려 국경 부근에서 난을 당해 뜻을 이루지 못한다. 그 후 661년에 의상 혼자만 당나라로 건너가고 이듬해 장안 종남산의 지상사至相寺에서 화엄종 제2조 지엄智儼의 문하에서 수학하고, 671년에 신라로 귀국한다. 676년 문무왕의 칙명을 받들어 부석사浮石寺를 창건해 신라 화엄종의 근본 도량으로 삼았다. 해인사·옥천사·범어사·화엄사 등 이른바 화엄십찰華嚴十刹에서 교학을 전파해 의상십철義湘十哲이라 일컬어지는 많은 제자를 배출했다.

원효(617~686) 역시 신라의 승려다. 661년에 의상과 함께 당나라 유학길에 오르지만 도중에 해골에 고인 물을 마시고 홀연 깨달음을 얻어 의상과 헤어져서 신라로 돌아온다. 이후 화엄교학 연구에 전념해 《화엄경소華嚴經疏》, 《대승기신론소大乘起信論疏》 등 많은 저술을 남긴다. 원효는 무열왕의 둘째 공주로 미망인이었던 요석瑤石공주와의 사이에 아들(설총)을 낳은 것으로도 잘 알려져 있다. 또한 제자 심상審祥이 일본에 화엄종을 전해, 도다이사 등 나라에서 화엄종이 융성해지고, 중세 시대에는 가사기사笠置寺의 조케이貞慶나 고

37 *《화엄종조사회전》에는 선묘와 의상의 필연적인 만남, 의상의 제자로서의 선묘, 원효의 교화로 지권인(智拳印)을 표하며 귀의하는 사람 등 《송고승전》에는 보이지 않는 화소가 다수 덧붙어 있다. 특히 선묘에 관해서는 의상과의 만남이 전생에서부터 필연이었으며 의상과는 석가를 따르는 비사문천왕(毘沙門天王)이나 아난(阿難)과 같은 스승과 제자의 관계임이 강조되어 있다.

잔사의 묘에 등 일본의 저명한 고승들이 화엄교학의 선각자 원효를 신봉하게 된다.

의상과 원효의 전기는 중국의 《송고승전》과 고려 시대의 《삼국유사》 등에 수록되어 있는데 내용이 서로 다르며, 《화엄종조사회전》은 《송고승전》에 의거해 만들어졌다.

《화엄종조사회전》에 보이는 원효에 관한 그림은, 의상과 함께 당나라로 향하던 도중 오래된 무덤에서 귀신이 나타나는 꿈을 꾸다가 홀연 깨달음을 얻어 신라로 돌아오는 내용과, 신라에서 황후의 병을 고치기 위해 당나라로 가던 칙사가 용궁에서 받아 왔다고 하는 《금강경金剛經》에 주석을 덧붙이고 강석을 하자 황후의 병이 나았다는 이야기가 중심이다. 신라의 칙사가 당나라로 가던 도중 용궁의 사신에게 초대받아 용궁으로 가서 용왕에게 경전을 받는 장면에는 용궁의 모습이 그려져 있다. 화면에는 칙사와 용궁사신이 바다 위에 떠 있고 두 사람을 중심으로 주위의 바다가 원형으로 뻥 뚫려 있으며, 원형의 가장자리에는 파도가 일고 있는 모양이 그려져 있다. 또한 바다는 마치 두툼한 융단을 묘사한 것 같은 느낌이며, 바다 밑은 텅 비어 있고 그 아래쪽 멀리 용궁의 지붕이 보이면서 건물의 일부가 드러나 보인다. 당시의 용궁관을 보여 주는 귀중한 예가 아닌가 생각된다.

또 이 회권에는 화면 안에 짧은 문장이 쓰여 있다. 이를 화중사畵中詞라고 한다. 화중사는 대부분 '~곳'이나 '~하고 있다'라는 문장체로 장면의 설명과 등장인물의 대사·대화 등이 적혀 있다. 회권 역사상 화중사를 포함한 가장 오래된 회권으로 주목된다.

이 원효 관련 그림에 보이는 바다 위에서 칙사와 용궁 사신이

바다 위에서 대화를 나누는 신라 칙사와 용궁 사신
(高山寺所藏, 《華嚴宗祖師繪傳》, Image: TNM Image Archives)

대면하는 화면에는 두 사람 주위에서 춤을 추고 있는 것처럼 몸부림을 치는 괴어怪魚인 마갈어摩竭魚들이 그려져 있다. 용궁 사신이 마갈어를 가리키며 '저희가 부리고 있는 물고기들이니 두려워할 필요가 없습니다'라고 말하는 화중사가 쓰여 있다. 이것은 먼저 그림이 그려지고 화중사를 덧붙여 넣은 것이다. 그리고 원효의 스승 대안 성인大安聖人이 각지를 편력하면서 수행하던 중에 시장에 이르는 장면에는 가게 앞에서 물건을 사고파는 사람들이 주고받는 대사를 적어 넣은 화중사가 보인다. 회권의 스토리 전개에서 벗어나 화면을 즐기는 듯한 대화가 그림 속에 적혀 있다.

한편《화엄종조사회전》의 의상 관련 그림에는 종남산의 지상사에서 지엄 밑에서 화엄종을 수학하는 장면과 함께, 산동山東 장주張州에서 만난 불교 신자 선묘善妙라는 여인에게 열렬한 구애를 받고, 이를 종교적 사랑으로 승화시키는 이야기가 그려져 있어 눈길을 끈다. 의상이 신라로 돌아올 때 선묘는 그를 전송하기 위해 항구까지 오지만 배는 이미 출항한 뒤였고, 선묘는 이를 비탄하며 바다에 몸을 던진다. 그 후 선묘가 용으로 변해 의상의 배를 수호해 신라까지 안전하게 이끌어 주는 모습이 그려져 있다. 또한 신라로 돌아와 의상이 화엄사원을 창건할 때도 이를 방해하러 온 무리를 선묘가 거대한 부석으로 격퇴했다고 한다. 이로 인해 의상이 창건한 절을 부석사라고 이름 지었다고 한다.

이렇듯 회권의 원효와 의상의 그림은 용궁과 용신의 세계로 이어져 있는 것을 알 수 있는데, 이에 관해서는 이미 신카와 도키오新川登龜男가 지적했듯이 동중국해를 둘러싼 항해의 용신 신앙권이 깊이 관련되어 있다.[38] 그런데 의상이 해로로 당나라에 건너가 도착한 지역을 두고,《송고승전》의 의상 전기에서는 등주登州[39]라고 하고,《삼국유사》의 의상전에서는 등주의 남쪽에 위치한 양주[40]라고 전하고 있다. 한반도에서 해로로 중국에 가는 길은 등주의 산동반도에 도착하는 것이 가장 빠르다고 할 수 있지만, 일본의 견당사선이 양

38 新川登龜男,《日本古代の對外交渉と佛敎》, 吉川弘文館, 1999.

39 *중국 산동반도 북부의 산동성(山東省) 연대시(煙臺市)와 위해시(威海市) 일대의 지역.

40 *중국 강소성 양주시 일대를 말하며 산동반도와는 멀리 떨어진 남쪽의 동중국해에 면한 지역이다.

부석사의 거석.
경상북도 영주시.
[사진 제공: 고미네 가즈아키(所峯和明)]

주 또한 상륙 지점으로 삼았듯이 양주 도착 가능성도 배제할 수 없다. 선묘는 산동반도의 등주 혹은 양주를 거점으로 해양 교역을 맡았던 부호의 딸로 추측되며 항해와 교역을 기원하는 해양 문화권에 의상이 있었다고 할 수 있다.

이 선묘의 이야기는《송고승전》에만 보이고《삼국유사》에는 전하지 않는다. 그리고 이 회권이《송고승전》의 의상전을 일본어로 번역한 것을 바탕으로 그렸다는 것은 앞서 말한 바와 같지만, 선묘의 이야기가《송고승전》에 수록되기 이전에 불교 법회의 설교 자료나 다른 어떤 이야기집 등에 이미 알려져 널리 퍼져 있었을 것이다. 불법의 힘으로 해양 교역을 지킨다는 화소가 이야기되고 그러한 가운데 선묘와 같은, 해양 교역을 하는 부호의 딸이 승려를 연모하는 이야기가 나왔을 것으로 추정된다.《삼국유사》에는 수록되지 않았지만 한국에서도 이 이야기는 널리 유포되어 지금도 부석사에는 선묘를 기리는 선묘각이 있고, 동해안의 낙산사洛山寺를 비롯한 여러 사찰에 선묘의 이야기에 보이는 장면이 벽화로 그려져 있다.

일본에서는 특히 고잔사의 승려 묘에가 해양 교역의 딸 선묘의 열렬한 숭배자로 유명하다. 묘에가 꿈을 기록한 《몽기夢記》에 선묘가 등장하고 있는 것을 비롯해 묘에가 교토에 비구니 사찰 젠묘사善妙寺[41]를 건립해 선묘를 신으로 모신 것도 잘 알려져 있다. 또한 이 회권은 묘에가 여인 교도教導의 목적으로 감수를 하고 회권 본문을 지었으며, 의상과 원효 두 대사의 모습에 묘에 자신이 투영되어 있다고 말했다고 한다.

이 회권은 고승전 그림의 최초를 장식하는 뛰어난 작품으로 송나라 화풍의 영향도 보이지만 외국, 이계, 이류를 그려 낸 회권이라는 점이 매우 흥미롭다. 유감스럽게도 의상을 방해하는 무리를 격퇴하기 위해 선묘가 던진 부석을 그린 장면이 회권을 수리하는 과정에서 낙장이 되어 오늘날 전해지지 않는다. 어떻게 그려져 있었던 것일까. 현재 한국의 영주시 부석사에는 지금도 부석이라고 글씨가 새겨진 가로로 긴 거석이 경내에 있다. 선묘는 중국에서 시작해 한반도와 일본 등 동아시아 세계에 계속 살아 숨 쉬고 있는 것이다. 이문화 교류를 살피는 데 있어 《화엄종조사회전》은 매우 귀중한 회권 중의 하나라고 할 수 있다.

《현장삼장회》

《현장삼장회》는 중국 당나라 때 구법을 위해 서역에서 천축으로 건

---

41 *1223년 고잔사 경내에 건립된 사찰이었으나 폐절되어 현재는 사찰 유적지에 정토종(浄土宗) 지은원(知恩院) 말사 위인사(為因寺)가 세워져 있다.

너가 산스크리트어 경전을 가지고 돌아와 한문 번역에 힘썼던 것으로 유명한 삼장법사 현장(602~664)의 전기를 그린 것으로 전 12권이다. 14세기 초 가마쿠라 시대 말기의 작품으로 그림은 《가스가권현험기회권春日權現驗記繪卷》을 그린 다카시나 다카카네高階隆兼가 그렸다. 후지와라 씨 가문에서 건립한 사찰로 일본 불교 법상종法相宗의 중심인 나라 고후쿠사의 귀중한 보물이었다. 현재는 후지타藤田 미술관에 소장되어 있으며 2011년 헤이조경 천도遷都 삼천 년을 기념해 나라 국립박물관에 전권이 전시되었다.

현장은 629년에 출국 허가를 받지 않은 상태에서 국법을 어기는 것을 감수하고 몰래 천축으로 구법 여행을 떠나 645년에 경전과 불상을 가지고 돌아왔다. 경전 번역 작업에 전력을 다해 법상종의 개조가 되었으며 구마라집鳩摩羅什과 어깨를 나란히 하는 역경승으로 알려져 있다. 또한 천축 여행을 기록한 《대당서역기》는 으뜸가는 일대 여행기로, 서역과 천축의 귀중한 지지로서도 이름이 높으며 후세 《서유기》의 모태가 된다. 또 제자가 정리한 《대당대자은사삼장법사전大唐大慈恩寺三藏法師傳》(《자은전慈恩傳》이라고도 함)도 현장법사의 생애를 전하는 기본 전기이며, 본 회권 《현장삼장회》 본문의 바탕이 된다. 이 회권은 현장이 꿈에 수미산須彌山에 올라 하계를 바라보는 몽상에 의해 천축행을 결심하고 고난의 구법 여행과 귀국 후 경전 번역 작업 등을 화려한 색채로 표현한 야마토그림大和繪[42] 회권

42 *헤이안 시대에 발달한 일본 특유의 회화 양식을 말한다. 《겐지이야기회권(源氏物語繪卷)》이 가장 전형적인 야마토그림으로 꼽히며, 우아하고 풍부한 색채 표현이 특징이다.

《기비대신입당회권》

《현장삼장회》

《기비대신입당회권》

《현장삼장회》

《현장삼장회》와 《기비대신입당회권》의 유사점

(藤田美術館所藏, 《玄奘三藏繪》, 畵像提供: 奈良國立博物館; 日本の繪卷, 《吉備大臣入唐繪卷》, 中央公論社)

의 걸작 중 하나로 꼽힌다.

실은 이 회권은 지금까지 살펴본 《기비대신입당회권》의 화면을 이용해 그린 것으로 알려져 있다. 지금으로 말하면 표절이라 할 수 있지만, 표본으로 삼고 배운 결과라고 생각되며 회권 제작에서는 이와 같은 경우를 자주 볼 수 있다. 예를 들어 권7에서 천축 계일戒日왕[43]의 궁궐에 우다烏荼국[44] 소승불교 승려가 찾아와 왕에게 자기의 사정을 애처롭게 호소하는 장면의 그림을 보면, 정면을 향해 좌우로 호위 무관들이 나란히 앉아 있는데, 그들이 앉은 자리에는 표범 가죽이 깔려 있다. 그리고 계단 위에는 왼쪽에 신하들과 오른쪽에 승려들이 마룻바닥에 앉아 있고, 안쪽 중앙에 왕이 어좌에 앉아 있는 모습이 보인다. 이 장면은 《기비대신입당회권》에서 마키비의 당나라 도착을 황제에게 보고하는 장면과, 《문선》 해독을 보고하는 장면 등에 보이는 궁전 안을 묘사한 그림과 흡사하다. 그 밖에도 궁전 하인들의 얼굴 표정이나 팔을 긁고 있는 모습 등 인물의 표정이나 동작의 상세한 묘사까지 매우 비슷해 《기비대신입당회권》의 영향을 받은 것이 분명하다고 봐도 좋을 것이다.

《현장삼장회》는 여행의 고난과 불교 성지 순례, 수행의 원조자

---

43 *고대 인도 탐마율저국(耽摩栗底國)의 왕. 지금의 인도 서벵골주 탐루크(Tamlūk)시로 추정되며 《대당대자은사삼장법사전》 권4에 의하면 이 나라는 해안에서 가깝고 사찰 10여 개에 승려가 1,000여 명, 그리고 도성 옆에는 아소카왕이 세운 200여 개의 탑이 있다고 한다.

44 *지금의 인도 동부 오릿사(Orissa)주의 북부로 추정된다. 《대당대자은사삼장법사전》 권4에 의하면, 이 나라에는 백여 개의 사찰이 있고 1만여 명의 승려가 있으며, 천신을 받드는 외도(外道)도 있어 정사(正邪)의 무리가 섞여 살고 있다고 한다.

보리수 나무 아래에서 참배하는 현장 법사
(藤田美術館所藏,《玄奘三藏繪》, 畵像提供: 奈良國立博物館)

와 적대자, 불교에 귀의하는 국왕과 귀족 등을 둘러싼 신비한 영험기적靈驗奇蹟[45]의 이야기로 가득 차 있다. 현장이 꿈에서 수미산에 오르는 장면, 눈으로 뒤덮인 천산天山 산맥을 넘는 장면, 황폐해진 기원정사祇園精舍를 찾아가 참배하는 장면 등등, 뛰어난 묘사 기법으로 연출되는 광경은 회권을 보는 사람의 마음을 단숨에 사로잡는다. 특히 현장이 부처가 깨달음을 얻은 보리수나무를 찾아가서 눈물을 흘리며 참배하는 장면에는 보리수나무 주위에 세워졌던 부처의 유적인 관음상들이 가슴 언저리까지 땅속으로 가라앉아 있는 모습으로 그려져 있어 가슴을 뭉클하게 한다. 이는 부처의 가르침이 널리 퍼지지 않음에 따라 관음상이 점차 땅속으로 가라앉아 끝내는 파묻

45 *신불(神佛)의 신통력으로 나타나는 신기한 징험과 상식으로는 생각할 수 없는 기이한 현상을 의미한다.

히게 될 것이라는 예언을 바탕으로 그린 것이며, 천축불교의 종말적 쇠퇴를 예시하고 있어 더욱 눈길을 끈다. 한편 현장이 천축에서 학문 수양에 몰두했던 나란타那蘭陀 사원의 번영을 그린 웅장한 사원의 경관과 현장에게 귀의하는 각국 왕을 비롯한 천축국 사람들의 화려한 행렬, 장엄하게 꾸며진 법회의 모습 등은 천축불교의 쇠퇴 예감을 뒤엎을 정도로 호화스러운 장면이다. 이렇듯 실제의 천축과는 다른 모습의 장면들은 마치 천축에서 멀리 떨어진 세상 끝에 있다고 하는 소국 일본에서 불법이 융성한 기원과 당시의 번영 모습이 이중으로 투영된 것 같은 인상을 준다.

현장의 천축 순례 여행은 또한 석가의 전기, 즉 불전佛傳 여행과도 겹쳐 있어 석가의 전생에서부터 성도, 열반에 이르기까지 그 생애를 더듬어 가는 것과도 이어진다. 앞에서 살핀 석가가 깨달음을 얻는 보리수 장면을 비롯해 석가의 과거세 이야기인 본생담本生譚[46] 등이 그러한 장면들이다. 본생담을 그린 장면은 예를 들면, 굶주린 호랑이에게 자신의 몸을 던지는 석가의 전생 살타薩埵 태자 이야기를 그린 장면을 들 수 있다. 이 본생담은 돈황 막고굴 벽화로도 잘 알려져 있고 일본에서는 나라의 호류사法隆寺에 불상 등을 안치하는 감실龕室 '옥충주자玉蟲廚子'에 그려진 그림으로 유명하다. 회권의 본문에서는 현장이 살타 태자가 자기 몸을 희생했다는 현지를 찾아가

---

46 *산스크리트어로 자타카(jātaka)라고 하며 석가의 전생 이야기를 가리켜 말한다. 석가가 전생에 신이나 사람, 동물 등으로 수없이 다시 태어나 갖가지 선업을 쌓은 결과 현생에서 깨달음을 얻어 부처가 되었다는 것이 이야기의 기본 틀이다. 현재 약 500종의 전생 이야기가 전해지며 그 이야기를 모은 경전을《본생경》이라고도 한다.

슬픔에 잠기자 대나무가 붉은색으로 물들었다고 하며, 그림 또한 대나무가 붉게 물들고 주위에 호랑이가 있는 모습을 담고 있다. 현장은 불전 이야기에 등장하는 지역을 찾아가 현지에서 석가의 이야기를 확인하며 간접 체험하려 했던 것으로, 그림을 통한 현장감 또한 각별한 것이었을 것이다. 또한 이야기 본문에 보이는 현장이 흘린 눈물로 대나무가 붉게 물들었다고 하는 표현은 반죽斑竹 고사[47]와 결부되는 뛰어난 문장 수식文飾에 의한 표현으로, 필자가 제창한 '법회 문예法會文藝'[48] 등에서 자주 사용되는 어구나 표현 등이 투영된 것으로 보인다. 이야기의 본문과 회화가 지향하는 것에 표현의 지향성 차이가 자주 나타나고 있다.

이상으로 제5부 전반부에서는 후세에 전설화된 신라의 문인 최치원의 전기를 중심으로 그 이야기 구조가 대국·소국의 열등감과 우월감의 반전을 보여 주고 있다는 점에서《기비대신입당회권》과 공통되는 위상에 있음을 살펴보았다. 후반부에서는 일본 중세 시대의 회권을 중심으로《기비대신입당회권》과도 연관된 견당사

47 *중국 전설상의 성제(聖帝)인 요제(堯帝)의 두 딸이자 순제(舜帝)의 왕비인 아황(娥皇)과 여영(女英)에 관한 고사로,《박물지(博物誌)》권8에 의하면 두 왕비가 순제의 죽음을 슬퍼해 흘린 눈물로 대나무에 붉은 얼룩이 생겼다고 한다.

48 *小峯和明,《中世法會文藝論》, 笠間書院, 2009. 지은이가 제창한 '법회 문예'란 법회를 매개로 생겨나는 문예의 총체를 말한다. 법회에서 낭독하거나 낭창하는 것 또는 노래로 부르거나 몸짓으로 연기하는 것 등을 비롯해 이를 위해 만들어진 텍스트, 회화 이미지, 언설 등등 표현의 시공(時空)을 총체로 본다. 또한 이러한 연출의 자리인 법회에서 강조, 변화, 비유 등의 수사 기교를 구사한 표현은 사람들의 비탄이나 감탄의 눈물을 자아내므로 법회 문예는 창도사(唱導師)의 일방적인 연출이 아닌 청중을 포함한 법회에 참석한 모든 사람, 즉 '행사 공동체'에 의한 의례이며 문예라고 한다.

이야기를 비롯해 이문화 교류를 주제로 하는 여러 양상을 검토했다.

이국이나 이경의 세계를 어떻게 인식하고 표출할 것인가, 어떻게 시각화할 것인가 하는 과제에 도전한 것이 위에서 살펴본 회권군이었고, 그 또한 귀중한 역사 표상이었다.

또한 이 회권들은 이문화 교류의 여행을 일본에서 아득히 먼 곳을 우러러보면서 꿈처럼 달려가 가시화하고, 멀리 보이지 않는 이경의 세계를 회화로 조망하려 했던 과감한 시도였다.

발문

12세기 말의《기비대신입당회권》을 중심으로 견당사 기비노 마키비의 이야기를 좇아, 8세기부터 20세기에 이르기까지 긴 여행을 이어 왔다. 이 여행은 역사 실체로서의 견당사에서 환상이나 허구의 견당사로, 바꾸어 말하면 '창조된 견당사'를 제창하며 달린 여행이었다. 견당사 이야기는 동아시아 문화 교류의 상징으로 시대를 뛰어넘어 국제관계의 이상적인 모습을 찾으려 하는 근거, 즉 '외교신화'로 이어져 왔다. 그것을 재인식, 추인追認하는 여행이기도 했던 것 같다. 기존의 역사학이 추구해 온 견당사와는 또 다른 견당사를 그리려 했던 시도였으며, 그렇게 만들어진 견당사 '상' 역시 또 하나의 역사임에 틀림없다.

이들 견당사 설화나 이야기는 역사 사실과는 전혀 다른, 현실에서는 있을 수 없는 허황된 이야기였고, 그야말로 황당무계해서 종래에는 제대로 연구 대상이 될 수 없었다. 그러나 그러한 만들어진 이야기에 담긴 사람들의 생각이나 바람을 무시하거나 말살할 수는 없다. 게다가 그러한 이야기가 시대마다 견당사 '상'으로서의 의의를 떠맡고 있었던 것 또한 결코 무시할 수 없으니 그 의의는 신중

하게 검증되어야 할 과제다. 견당사로 인해 만들어진 설화나 이야기군이 의미하는 것은 무엇일까? 그것들은 어떻게 읽히고 계승되어 간 것일까? 그 의문을 좇아 여기까지 왔다. 필자의 시도가 성공했는지의 여부는 독자의 판단에 맡길 수밖에 없다.

기비노 마키비가 이야기 세계에서 기구한 여행을 계속했듯이, 이 책이 만들어지게 된 인연 또한 기구했다고 말할 수 있다. 이 책의 기획은 원래 고故 마스오 신이치로增尾伸一郎 씨가 담당했던 것이었지만, 가슴 아프게도 그의 갑작스러운 작고로 필자에게 집필 차례가 왔다. 그가 건강하게 있었다면 필자가 이 책을 담당하는 일은 없었을 것이다. 이 얼마나 짓궂은 인연인가. 하지만 그의 생전 뜻을 이루기 위해서, 또한 이 책이 시리즈 제2권에 기획되어 있었기 때문에 산처럼 쌓인 다른 일들을 뒤로 미루고 집필을 서두르지 않을 수 없었다.

집필에 있어 그의 기획서도 참조는 했지만 역시 기점이나 토대가 달라서 필자가 대신할 수 없어, 필자가 생각하는 길을 갈 수밖에 없었고, 필연적으로《기비대신입당회권》의 해독이 중심이 되어 '책과 일본사 시리즈'의 '책'에 회권을 넣었다는 새로운 의미를 부여하는 형태가 되었다. 아울러 이문화 교류의 회권군에 대해서 언급하면서《동정전회권》,《홍법대사회전》,《화엄종조사회전》,《현장삼장회》등에 관해서도 살펴볼 수 있었다. 개인적으로는 이전부터 구상하고 있었던 이문화 교류 문학사의 일환이라는 의미도 있었다.

마스오 씨의 구상에는 물론 마키비 이야기의 회권도 들어 있었지만, 그는 견당사가 가져온 역서曆書와 같은 역사적 실증에 입각한 서적들을 학문사나 학예사의 관점에서 논하려 했으므로 나라 시대부터 헤이안 시대에 이르는 음양도를 비롯해 다양한 지식과 학문의 실상이 추구되었을 것이다. '책과 일본사 시리즈'의 본서와는 자연히 어긋남과 차이가 생겼을 것이다. 한편 반대로 만약 마스오 씨였다면 마키비 이야기의 회권을 어떻게 다루었을까? 흥미진진하지만 말 그대로 환상, 이룰 수 없는 꿈이 되고 말았다. 이것 또한 견당사의 꿈이다. 문득 그가 의기양양하게 견당사선을 타고 다른 세상으로 건너가면서 자신의 책과 필자의 책을 읽고 비교해 '저기가 다르다', '여기는 이렇다' 하며 이런저런 이야기를 나누는 환상에 사로잡힌다.

한국한문연구회에서 공동 작업으로 펴낸 《신라수이전》과 《해동고승전》 주석서,[1] 일본·프랑스 공동연구회 편찬의 《주반론회권酒飯論繪卷》 논집,[2] 학술진흥회 과학연구 프로젝트 공동연구의 일환으로 편찬한 《동아시아 불전문학》 논집,[3] 그리고 견당사를 둘러싼 이번 '책과 일본사 시리즈'의 본서에 이르기까지 지금은 멀리 떠났지만 언제나 마스오 씨와 마주하며 이어져 왔던 작업들도 이제 이 책으로 일단락이 지어질 듯하다.

2009년 9월 보스턴 미술관에서 《기비대신입당회권》의 열람이 허용되어 전권을 자세히 볼 수 있었던 것은 더할 나위 없는 큰 행

---

1 小峯和明·增尾伸一郎編訳, 《新羅殊異傳》, 東洋文庫 809, 平凡社, 2011; 小峯和明·金英順編訳, 《海東高僧傳》, 東洋文庫 875, 平凡社, 2016.

2 伊藤信博·クレール=碧子·ブリッセ·增尾伸一郎編, 《《酒飯論繪卷》影印と研究—文化廳本·フランス國立圖書館本とその周邊》, 臨川書店, 2015; 阿部泰郎·伊藤信博編, 《《酒飯論繪卷》の世界—日佛共同研究》, アジア遊學 172, 勉誠出版, 2014.

3 小峯和明編, 《東アジアの佛傳文學》, 勉誠出版, 2017.

운이었다. 기구한 운명 속에서 팔백 년이 넘도록 살아온 이 회권과의 만남은 잊을 수 없는 일이었으며, 마치 〈야마대시〉를 해독하도록 보이지 않는 거미줄이 한눈에 이끌어 준 것 같다는 마음을 금할 수 없었다. 회권에는 채색이 바랜 곳이 눈에 띄고 밑그림으로 그린 선이 나타나 있는 곳도 적지 않았다. 특히 궁궐의 중문 근처에서 소가 끄는 수레를 다루는 하인들을 그린 화면에서는 수레의 긴 손잡이 채에 기대고 있는 남자의 모습이 채색이 바래어 다시 그려져 있었으며, 황제의 어좌에 새겨진 용머리 등의 장식도 새롭게 그려져 있어 몇 번이나 보수를 거듭해 다시 칠해져 관리되어 온 경과를 볼 수 있었다. 특히 어좌 뒤쪽의 미닫이문에 그려진 그림도 직접 실물을 보아 명확히 알 수 있었으며, 그 결과 말을 타고 있는 사람이 우산을 손에 들고 있는 것도 판명할 수 있었다.

열람에 있어서는 보스턴 미술관의 Morse, Anne Nishimura 씨, 하버드대학교의 Melissa McCormick 씨를 비롯해 신세진 분들께 진심으로 깊이 감사드린다. 그리고 회권을 조사할 때 직접 도와주시고, 나중에 이 회권에 관해 상세한 논문을 써주신 간다 후사에神田房枝 씨에게 진심으로 감사드린다.

이 회권은 일본에서는 1964년 도쿄 올림픽 때 처음으로 고향 일본으로 돌아와 본격적인 보수가 이루어졌다. 이후 2000년 3월 우에노 도쿄 국립박물관의 문화재보호법 제정 50년을 기념으로 열린 〈일본국보전〉에 일부가 전시되었다. 그리고 보스턴에서 필자가 직접 조사한 이듬해 2010년 5월 나라 국립박물관의 헤이조쿄 천도 1,300년 기념으로 개최된 〈대견당사전〉에서 총 네 권 중 두 권이 전시되고, 디지털 대화면에도 상영되었다. 그리고 다시 2년 후인

2012년 3월 도쿄 국립박물관에서 〈보스턴 미술관 일본 미술의 지보至寶전〉이 열려 귀중 작품 중의 하나로 특별 전시되었다. NHK TV에서도 특별 프로그램이 방영되었는데, 그때 필자가 〈야마대시〉와 관련되는 부분에 출연했다. 직접 조사·촬영할 수 있었던 회권을 일본에서 다시 연이어 전람회에서 볼 수 있어 감회가 새로웠다. 그 후에는 전면적인 보수가 이루어졌다고 들었다. 이 책에는 시간적 제약도 있었기에 결과적으로《강담초》에 관한 논설이나 회권의 해독 대부분은 구저인《〈야마대시〉의 비밀謎》(岩波書店, 2003)에서 서술한 것을 근거로 할 수밖에 없었고, 선행 연구에 의거한 부분도 많다. 하지만 회권의 해독에 관해서는 승려 보지의 모자 그림 분석과 회권 성립 자체를 〈야마대시〉에 직접 결부시키는 등, 구저에 비해 심층적으로 분석하고 고찰해 나간 부분도 있다. 마키비와 신라 최치원과의 대비도 처음에는 착상 정도였던 구저의 비교론 정도에 그칠 것이었는데, 이 주제를 한층 더 진전시킨 김영순 씨의 논문에 의거해 크게 확장할 수 있었다.

이 책의 기본은 2016년 중국 인민대학교 대학원 가을학기 강의를 할 때가 기점이었지만, 마지막 제5부는 준비가 되지 않아 최치원론은 2017년 7월 메이지대학교에서 개최된 한국고전소설 심포지엄에서 강연한 내용을 바탕으로 했다. 그 강연 후에 곧바로 한국에 가게 되었고 남쪽 지방 지리산 기슭의 신라 시대 고찰 순례를 할 때, 최치원이 꽂은 지팡이 전설이 얽힌 푸조나무와도 만날 수 있었다. 이 역시 계시에 가까운 기이한 인연이었다. 견당사는 결코 일본에 한정지어 볼 것이 아니다. 이 책에서는 최치원의 사례로만 그쳤지만, 신라의 견당사는 일본과 비교가 안 될 정도로 자주 파견되었다. 여기에 발해 등과의 교류, 요·거란과의 유대관계도 있다. 견당사 연구라는 과제는 동아시아의 시각에서 보다 광범위하게 풀어 나가야 할 것이다.

제5부 후반의 이문화 교류와 관련된 회권론은 개략에 그칠 수밖에 없었지만, 특히《동정전회권》과《홍법대사행장회사》는 견당사와 관련된 것으로, 전자에는 감진을 데리고 배에 태우는 견당사 일행 중에 마키비로 추정되는 인물이 그려져 있어 새로운 관심을 불러일으킨다. 또한《현장삼장회》에는 확실하게《기비대신입당회권》에서 베껴 왔다고 여겨지는 그림이 여러 장면 그려져 있었다. 회권 간의 상호 관련으로 이어진다고 생각되지만, 이에 관해서는 앞으로의 과제로 삼고 싶다.

거의 매달에 한 차례씩 북경과 도쿄를 오갈 때마다 늘 뇌리를 스치는 것은 견당사뿐이었다. 이미 천수백 년 이전의 일에 속하지만, 견당사들의 목숨을 건 도항을 생각할 때마다 마음이 설레고 가만히 지나쳐 버릴 수 없는 충동에 사로잡혀 바다를 내려다보며 두리번거리기도 했다. 중국까지는 지금은 비행기로 불과 몇 시간 정도의 여행이지만, 당시 견당사들에게는 너무나 힘겨웠고 우리 상상을 넘어선 고난의 여행이었다. 마키비와 나카마로는 어떤 마음으로 동중국해를 건넜을까?

예를 들어 엔닌의 유명한《입당구법순례행기》를 보면, 그 여정이 얼마나 힘겨운 고난이었는지가 낱낱이 기록되어 감동을 준다. 입국 허가를 받지 못한 엔닌이 산동반도 연해의 바다 위에서 배가 심한 안개에 휩싸여 어디에 있는지조차 알 수 없게 되자 한반도 남해의 다도해로 들어갔다고 착각하는 모습이 보인다. 이때 엔닌은 앞으로 어떻게 될지, 앞날을 내다볼 수 없이 막막해 미래에 대한 불안감과 초조함에 휩싸였을 것이다. 결국 엔닌은 적산赤山에서 하선해 불법 체류를 단행한다. 어디에서 와서 어디로 가야 하는 것인가 하는 암담한 마음과 함께 일말의 희망도 품고 있었던 것일까. 여러 견당사도 비슷한 경험을 했을 것이다.

마키비와의 인연과 더불어 필자와 승려 보지寶誌의 인연도 운명적이었다. 2016년 10월 중국의 남경南京대학으로 강연하러 갔을 때 우연히 구면인 노무라 다쿠미野村卓美 씨를 만나게 되어, 노무라 씨의 안내로 남경시 북교北郊에 있는 보지의 묘에 세워진 지공전志公殿과 보공탑寶公塔을 방문할 수 있었다. 노무라 씨에게는 다시 한번 감사의 말씀을 드린다. 다만 보공탑은 원래 이곳에 지어진 것이 아니었다고 한다. 처음에는 명나라를 건국한 주원장朱元璋의 묘지 조성으로 인해 옮겨졌고, 그 후 다시 장개석蔣介石 국민당군의 묘지 조성을

보지 묘의 보공탑. 중국 남경시 북교
[사진 제공: 고미네 가즈아키(小峯和明)]

위해 북교에 이장되었다고 한다. 풍수의 지세가 상당히 좋은 곳에 보공탑이 지어졌던 것 같다. 어쨌든 장소는 바뀌어도 그 탑과 전은 오늘날까지 이어지고 있다. 신이승神異僧 보지의 기억이 지금도 살아 있고 존숭 받고 있다는 것이 뜻깊게 느껴졌다.

방문 당일 지공전은 문이 닫혀 있어 안으로 들어갈 수 없었는데, 영문은 잘 모르겠으나 지공전 문 앞의 처마 아래 마룻바닥에 보지의 전기에 보이는 명장면을 그린 그림 액자가 여러 개 세워져 있었다. 곰팡이가 끼고 때가 많이 묻어 알아보기 힘든 곳도 적지 않았지만 그래도 보지가 새 둥지에서 태어나는 모습이나 양 무제의 멸망을 예언하는 몇몇 저명한 장면은 판명할 수 있었다. 또한 문틈으로 안에 안치되어 있는 보지상과 그 뒤에 그려져 있는 보지상 벽화도 엿볼 수 있었다. 지공전 문 앞에 놓인 그의 전기를 그린 액자들은 마치 우리가 찾아오기를 기다리고 있는 것 같았다.

그리고 2008년 2월에는 영화 〈구카이空海, KU-KAI〉가 상영되었다. 유메마쿠라 바쿠夢枕獏의 소설 《사문 구카이가 당나라에서 귀신과 향연하다》를 바탕으로 한 아베노 세이메이의 활약을 그린 영화다. 과거의 히트작 영화 〈음양사〉에 필적하는 작품이었다. 이미 이 책에서도 언급했듯이 마키비와 나카마로가 장안으로 향했을 무렵은 양귀비와의 슬픈 사랑으로 유명한 현종 때였고, 안록산 사사명의 난 때문에 나카마로와 기요카와는 귀국 허가를 받을 수 없었다. 두 사람은 현종에게 중히 여겨졌는지, 후에 두 사람이 탄 귀국선이 조난당해 표류 끝에 베트남에 표착했을 때 현종의 주선으로 장안으로 돌아올 수 있을 정도였다. 유메마쿠라 바쿠의 소설에서는 양귀비의 죽음을 둘러싼 수수께끼 풀이를 수십 년 후에 견당사로서 장안으로 건너간 구카이와 다치바나 하야나리橘逸勢가 맡게 되어, 주술로 당나라를 멸망시켜려 했던 환술자들과 맞서 싸운다는 설정으로 되어 있다. 중국에서는 〈요묘전妖猫傳〉이라는 제목으로 이미 2007년부터 상영되었고, 특히 젊은 층 사이에서 화제가 되고 있었다. 작품의 구성이나 연출 실력 등은 둘째 치고 21세기에 들어와서도 또 다른 견당사의 신화가 만들어졌다는 데 의미가 있다.

40년 전쯤 1980년대 이노우에 야스시井上靖의 소설 《천평天平의 기와》를 바탕으로 한 영화나 NHK 특집 프로그램 등을 계기로 서역을 무대로 하는 작품들이 유행하면서 실크로드 붐이 일었던 시절이 있었다. 《천평의 기와》와 《돈황》은 영화로도 만들어져 화제를 모았다. 시대의 사이클처럼 이러한 유행이 되풀이되는 것일까. 어느 시대에나 변함없이 이국, 이문화를 향한 생각이 그때마다 간헐천처럼 솟구쳐 오르는 것 같다. 이 책 역시 그런 꿈 중의 하나다.

자료에 관해서 김영순金英順 씨, 메구로 마사시目黒將史 씨, 고양高陽 씨, 야마다 히로쓰구山田羊嗣 씨, 요시하라 히로토吉原浩人 씨의 도움을 받았다. 깊은 감사를 드리고 싶다. 너무 급한 마음으로 써 내려갔기 때문에 틀린 부분이 적지 않을 것 같다. 아낌없는 비판과 정정을 부탁드리고 싶다.

편집의 노고를 맡은 니시가타 다쓰히코西潟龍彦 씨, 오치아이 가쓰토落合勝人 씨에게 깊은 감사의 말씀을 드린다.

2018년 4월 6일 북경에서

고미네 가즈아키

참고문헌

제1부 | 기비노 마키비吉備眞備: 인물人物과 문물文物

杉本直次郎,《阿倍仲麻呂傳研究 朝衡傳考》, 育芳社(手澤補訂本: 2006, 勉誠出版), 1940.

森克己,《日宋貿易の研究》, 國立書院(新訂版:《新編 森克己著作集》第一巻, 勉誠出版, 2008), 1948.

木宮泰彦,《日華文化交流史》, 冨山房, 1955.

森克己,《遣唐使》, 至文堂·日本歴史新書, 1955.

宮田俊彦,《吉備眞備》, 吉川弘文館·人物叢書, 1961.

佐伯有淸,《最後の遣唐使》, 講談社現代新書, 1978.

高木博,《万葉の遣唐使船》, 教育出版センター, 1984.

鈴木靖民,《古代對外關係史の研究》, 吉川弘文館, 1985.

增村宏,《遣唐使の研究》, 同朋舍出版, 1988.

池田溫,《古代を考える唐と日本》, 吉川弘文館, 1992.

東野治之,《遣唐使と正倉院》, 岩波書店, 1992.

李成市,《東アジアの王權と交易》, 青木書店, 1997.

高見茂,《吉備眞備—大平の光と影》, 山陽新聞社, 1997.

王勇,《唐から見た遣唐使》, 講談社選書メチエ, 1998.

佐伯有淸,《悲運の遣唐使—圓載の數奇な生涯》, 吉川弘文館·歴史文化ライブラリー, 1999.

曹復,《遣唐使が歩いた道》, 二玄社, 1999.

東野治之,《遣唐使船東アジアのなかで》, 朝日選書, 1999.

エドウィン·ライシャワー,《圓仁 唐代中國への旅》, 田村完誓訳, 講談社學術文庫 (初版: 原書房, 1984), 1999.

高見茂,《吉備眞備とその傳承》, 山陽新聞社, 2000.

勉誠出版編集部編,〈特集〈遣唐使をめぐる人と文學〉〉,《アジア遊學》27, 勉誠出版, 2001.

佐伯有淸,《高丘親王入唐記》, 吉川弘文館, 2002.

古瀬奈津子,《遣唐使の見た中國》, 吉川弘文館·歷史文化ライブラリ―, 2003.
山內晋次,《奈良平安期の日本とアジア》, 吉川弘文館, 2003.
保立道久,《黃金國家》, 青木書店, 2004.
専修大學·西北大學共同プロジェクト編,《遣唐使の見た中國と日本》, 朝日選書, 2005.
古代學硏究所編,〈特集〈遣唐使墓誌をめぐる日中交流史〉〉,《東アジアの古代文化》123號, 大和書房, 2005.
上田雄,《遣唐使全航海》, 草思社, 2006.
東野治之,《遣唐使》, 岩波新新書, 2007.
榎本淳一,《唐王朝と古代日本》, 吉川弘文館, 2008.
藏中しのぶ,《《延暦僧錄》注釋》, 大東文化大學東洋硏究所, 2008.
鈴木靖民編,《古代日本の異文化交流》, 勉誠出版, 2008.
森克己,《新編 森克己著作集》, 勉誠出版, 2008~2015.
森公章,《遣唐使と古代日本の對外政策》, 吉川弘文館, 2008.
鈴木靖民編,《圓仁とその時代》, 高志書院, 2009.
遣唐使船再現シンポジウム編,《遣唐使船の時代—時空を驅けた超人たち》, 角川書店, 2010.
圖錄,《大遣唐使展》, 奈良國立博物館, 2010.
河添房江·皆川雅樹編,《唐物と東アジア—舶載品をめぐる文化交流史》, 勉誠出版, 2010.
上野誠,《遣唐使阿倍仲麻呂の夢》, 角川書店, 2013.
河內春人,《東アジア交流史のなかの遣唐使》, 汲古書院, 2013.
小峯和明,〈異文化交流の文學史をめざして—圓仁の巡禮記を讀む·東アジア文學圈の構想〉,《立敎大學最終講義》(私家版), 2013.
河添房江,《唐物の文化史—舶來品からみた日本》, 岩波書店, 2014.
佐藤長門編,《遣唐使と入唐僧の硏究》, 高志書院, 2015.
井上亘,《古代官僚制と遣唐使の時代》, 同成社, 2016.
小峯和明,〈長安·大興寺という磁場—日本僧と新羅僧たちの長安·異文化交流の文學史をめざして〉, 李銘敬·小峯和明編,《日本文學のなかの〈中國〉》, 勉誠出版·アジア遊學, 2016.
マティアス·ハイエク,〈相人雜考〉, 原克昭編,《日本文學の展望を拓く·第三卷 宗教文藝の言說と環境》, 笠間書院, 2017.

제2부 | 《강담초江談抄》 해독: 회권繪卷으로의 길,

제3부 | 《기비대신입당회권吉備大臣入唐繪卷》의 형성과 세계

小松茂美, 〈〈吉備大臣入唐繪卷〉考証〉, 日本繪卷大成, 《吉備大臣入唐繪卷》, 中央公論社, 1977.

塩出貴美子, 〈吉備大臣入唐繪卷考—詞書と畫面の關係〉, 《文化財學報》 4, 1986.

原口志津子, 〈〈吉備大臣入唐繪卷〉の同一構造の反復について〉, 《藝術の理論と歷史》, 思文閣出版, 1990.

深澤徹, 〈吉備大臣入唐·外傳—〈こよみ〉をめぐる中世のモノガタリ〉, 《書物と語り》, 若草書房, 1998.

小峯和明, 《《野馬臺詩》の謎—歷史敍述としての未來記》, 岩波書店, 2003.

大室幹雄, 《囲碁の民話學》, 岩波現代文庫 (初版: 1977, せりか書房), 2004.

深澤徹編, 《日本古典僞書叢刊》 第三卷, 現代思潮新社, 2004.

黑田日出男, 《吉備大臣入唐繪卷の謎》, 小學館, 2005.

今野達, 〈吉備大臣入唐繪卷の周邊—隆國の記と女人の傳〉, 今野達説話文學論集刊行論集刊行會編, 《今野達說話文學論集》, 勉誠出版, 2008.

神田房枝, 〈〈吉備大臣入唐繪卷〉再考—その独自性からの展望〉, 《佛敎藝術》 311, 2010.

谷口耕生, 〈吉備大臣入唐繪卷—後白河院政期の遣唐使神話〉, 《大遣唐使展》, 奈良國立博物館, 2010.

拳骨拓史, 《兵學思想入門—禁じられた智の封印を解く》, ちくま新書, 2017.

松本榮一, 〈誌公像〉, 《敦煌畫の研究》, 東方文化學院東京研究所, 1937.

長島健, 〈寶誌和尙と揚州禪智寺三絶碑〉, 《長島たけし文集》, ワセダ·ユー·ピー, 1992.

池田溫, 《東アジアの文化交流史》, 吉川弘文館, 2002.

松本信道, 〈寶誌像の日本請來の背景について〉, 《駒澤大學文學部研究紀要》 63, 2005.

松本信道, 〈寶誌像の日本傳播(一)—大安寺を中心として〉, 《駒澤大學文學部研究紀要》 64, 2006.

北進一, 〈神異なる假面の高僧—四川省石窟寶誌和尙像報告〉, 松枝到編, 《象徵圖像研究—動物と象徵》, 言叢社, 2006.

荒木浩, 《日本文學 二重の顔—〈成る〉ことの詩學へ》, 大阪大學出版會, 2007.

小峯和明, 《中世日本の予言書—〈未來記〉を讀む》, 岩波新書, 2007.

松本信道, 〈寶誌像の日本傳播(二)—天臺入唐·入唐僧を中心として〉, 《駒澤大學文學部研究紀要》 65, 2007.

佐野誠子, 〈釋寶誌讖詩考〉, 《陰陽五行のサイエンス 思想編》, 京都大學人文科學研究所,

2011.
小峯和明, 〈予言者·寶誌の變成—東アジアを括る〉, 久保田浩編, 《文化接触の創造力》, リトン, 2013.
肥田路美, 〈四川省夾江千佛岩の僧伽·寶誌·万迴三聖龕について〉, 《早稲田大學大學院文學研究科紀要 第3分冊》 58, 2013.
吉原浩人, 〈《心性罪福因緣集》法志〈說法論議比丘〉說話考—眞福寺藏新出院政期寫本の紹介を兼ねて—〉, 說話文學會大會発表, 名古屋大學, 2017.
野村卓實, 〈南京靈谷寺志公殿三絶碑探訪記〉, 《華夏文化論壇》 第6期, 2018.
中世禪籍叢刊編集委員會編, 《中世禪籍叢刊 第12巻 稀覯禪籍集 續》, 臨川書店(吉原浩人解題), 2018.
小峯和明, 《予言文學の語る中世—〈聖德太子未來記と野馬臺詩〉》, 吉川弘文館, 2019.

제4부 | 견당사 신화와 전설

高木博, 《万葉の遣唐使船》, 教育出版センター, 1984.
野村純一, 〈民問說話總說II(日本を視座に)—〈魚養事〉を巡って〉, 《民間說話の研究—日本と世界》, 同朋舍出版, 1987.
山下哲郎, 〈輕の大臣小攷—《寶物集》を中心とした燈臺鬼說話の考察〉, 《明治大學日本文學》 15, 1987.
野村純一, 〈魚の背に乘ってきた男たち—再說〈魚養事〉〉, 《日中文化研究》 4, 勉誠出版, 1993.
山下琢巳, 〈仲麿·吉備入唐說話を扱う黑本·青本·黃表紙五種〉, 《學藝國語國文學》 26, 1994.
河原木有二, 〈燈臺鬼說話をめぐって〉, 《語學と文學》 25, 九州女子大學國語國文學會, 1995.
渡邊守邦, 〈《簠簋抄》以前:補注〉, 《說話論集·第4集 近世の說話》, 清文堂出版, 1995.
小林幸夫, 〈燈臺鬼—連歌師と野馬臺詩傳承〉, 《說話·傳承學》 6, 1998.
成田守, 〈安倍仲麿入唐記〉, 《大東文化大學紀要》 36, 1998.
成田守, 〈安倍仲麿入唐記〉, 《大東文化大學紀要》 38, 2000.
金英順, 〈東アジア孝子說話にみる異國再會譚—〈燈臺鬼〉と〈金遷〉說話を中心に〉, 《東アジアの文學圈》, 勉誠出版·アジア遊學, 2008.
丁莉, 《永遠的《唐土》—日本平安朝物語文學的中國敍述》, 北京大學出版社, 2016.
丁莉, 〈《浜松中納言物語》における〈唐土〉—智識(knowledge)と想像(imagine)のあいだ〉, 李銘敬·小峯和明編, 《日本文學のなかの〈中國〉》, 勉誠出版·アジア遊學, 2016.
丁莉, 〈《竹取物語》に讀む古代アジアの文化圈〉, 金英順編, 《日本文學の展望を拓く·第1巻東アジアの文學圈》, 笠問書院, 2017.

제5부 | 동아시아의 세계로

石川八朗, 〈近世對馬の文學資料·續〉, 《九州工業大學研究報(人文·社會科學)》 38, 1990.
新德美穗, 〈朝鮮傳奇物語―《新羅崔郎物語》翻刻〉, 《嚴原町資料館所藏古典籍目錄》, 嚴原町教育委員會, 1994.
権德永, 《古代韓中外交史》, 一潮閣, 1997.
卞麟錫, 《唐長安の新羅史蹟》, 亜細亜文化社, 2000.
河野貴美子, 〈《新羅殊異傳》佚文〈崔致遠(仙女紅袋)〉について〉, 《東アジアの文學圈》, 勉誠出版·アジ ア遊學, 2008.
田阪正則, 〈ハングル寫本《崔忠傳》と《新羅崔郎物語》〉, 《日語日文學研究》 66·2, 2008.
濱田耕策, 〈新羅の遣唐使と崔致遠〉, 《朝鮮學報》 206, 2008.
濱政博司, 〈〈遊仙窟〉と〈崔致遠〉〉, 《水門―言葉と歷史》 21, 水門の會, 2009.
小峯和明, 〈東アジアの說話世界〉, 小峯和明編, 《漢文文化圈の說話世界》, 竹林房, 2010.
濱田耕策編, 《古代東アジアの智識人 崔致遠の人と作品》, 九州大學出版會, 2013.
金英順, 〈東アジアの入唐說話にみる對中國意識―吉備眞備·阿倍仲麻呂と崔致遠を中心に〉, 李銘敬·小峯和明編, 《日本文學のなかの〈中國〉》, 勉誠出版·アジア遊學, 2016.
安藤更生, 《鑑眞大和上傳之研究》, 平凡社, 1960.
藏中進, 《唐大和上東征傳の研究》, 桜楓社, 1976.
日本絵巻大成, 《東征傳絵巻》, 中央公論社, 1978.
日本絵巻大成, 《華厳宗祖師絵傳》, 中央公論社, 1978.
藏中進編, 《唐大和上東征傳 寶曆十二年版本》, 和泉書院, 1979.
続日本絵巻大成, 《弘法大師行状絵詞》, 中央公論社, 1983.
続日本絵巻大成, 《玄奘三蔵絵》, 中央公論社, 1982.
安藤更生, 《鑑眞》, 吉川弘文館·人物叢書, 1985.
新川登龜男, 《日本古代の對外交涉と佛教》, 吉川弘文館, 1999.
楊曉捷, 〈繪卷の表現様式への一試論―《玄奘三藏繪》における漢文學の參與を手掛りにして〉, 《文學》 9月·10月, 岩波書店, 2001.
東野治之, 《鑑眞》, 岩波新書, 2009.
李銘敬, 〈日本古典文藝にみる玄奘三藏の渡天說話〉, 王成·小峯和明編, 《東アジアにおける旅の表象 異文 化交流の文學史》, 勉誠出版·アジア遊學, 2015.
高陽, 〈惡龍傳說の旅―《大唐西域記》と《辨曉說草》〉, 王成·小峯和明編, 《東アジアにおける旅の表象 異文 化交流の文學史》, 勉誠出版·アジア遊學, 2015.

高陽, 〈《大唐西域記》と金澤文庫保管の說草《西域記傳抄》〉, 李銘敬·小峯和明編, 《日本文學のなかの〈中國〉》, 勉誠出版·アジア遊學, 2016.
高陽, 〈《大唐西域記》と金澤文庫保管の說草《西域傳堪文》〉, 荒木浩·近本謙介·李銘敬編, 《ひと·もの·智の往來 シルクロードの文化學》, 勉誠出版, 2017.

사용 텍스트 일람

배열은 이 책에서 언급한 순이며, 발행물에는 발행처를 적어 놓았다.

《기비대신입당회권(吉備大臣入唐繪卷)》, ボストン美術館所藏(Museum of Fine Arts, Boston)·日本の繪卷, 日本繪卷大成, 中央公論社, 1977.
《강담초(江談抄)》, 古本系江談抄注解, 武藏書院, 1978.
《유취계강담초주해(類聚系江談抄注解)》, 武藏書院, 1983.
《반대납언회권(伴大納言繪卷)》, 續日本の繪卷, 續日本繪卷大成, 中央公論社, 1977.
《히코호호데미존회권(彦火々出見尊繪卷)》, 續日本の繪卷, 續日本繪卷大成, 中央公論社, 1979.
《속일본기(續日本紀)》, 新日本古典文學大系, 岩波書店, 1998.
《입당구법순례행기(入唐求法巡礼行記)》, 東洋文庫, 平凡社, 1985.
《일본서기(日本書紀)》, 日本古典文學大系, 岩波書店, 1993.
《이중력(二中歷)》, 尊經閣善本影印集成, 八木書店, 1998.
《고금와카집(古今和歌集)》, 新日本古典文學大系, 岩波書店, 1989.
《백인일수(百人一首)》, 角川文庫 2618, 角川學藝出版, 2010.
《전당시(全唐詩)》, 中華書局, 1960.
《일본국견재서목록(日本國見在書目錄)》, 古典保存會事務所, 1925.
《강가차제(江家次第)》, 故實叢書, 明治圖書出版, 1993.
《성유식보생론(成唯識寶生論)》, 大正新修大藏經, 大藏出版, 1970.
《니시다이사자재류기장(西大寺資財流記帳)》, 續群書類從, 續群書類從完成會, 1959.
《연력승록(延曆僧錄)》,《日本高僧傳要文抄》第3, 國史大系, 吉川弘文館, 1965.
《정사요략(政事要略)》, 國史大系, 吉川弘文館, 1972.
《습개초(拾芥抄)》, 尊經閣善本影印集成, 八木書店, 1998.
《사교유취(私教類聚)》, 日本思想体系,《古代政治社會思想》, 岩波書店, 1979.

《의견 12개조(意見十二箇條)》, 群書類從, 続群書類従完成會, 1960.
《부상략기(扶桑略記)》, 國史大系, 吉川弘文館, 1965.
《금석이야기집(今昔物語集)》, 新日本古典文學大系, 岩波書店, 1999.
《신원락기(新猿樂記)》, 東洋文庫, 平凡社, 1983.
《대초지(袋草紙)》, 新日本古典文學大系, 岩波書店, 1995.
《우지습유이야기(宇治拾遺物語)》, 新日本古典文學大系, 岩波書店, 1990.
《봉상기(峯相記)》, 續群書類從, 続群書類従完成會, 1959.
《미래기(未來記)》, 新日本古典文學大系《舞の本》, 岩波書店, 1994.
《십훈초(十訓抄)》, 新編日本古典文學全集, 小學館, 1997.
〈야마대시(野馬臺詩)〉, 東大寺圖書館藏《野馬臺緣起》, 室町時代筆寫 · 陽明文庫藏《長琵野頭說》, 江戶時代筆寫.
《본조속문수(本朝續文粹)》, 國史大系, 吉川弘文館, 1999.
《장추기(長秋記)》, 史料大成, 臨川書店, 1934.
《금경(今鏡)》, 河北騰, 《今鏡全注釋》, 笠間書院, 2013.
《화한랑영집(和漢朗詠集)》, 新編日本古典文學全集, 小學館, 1999.
《기비대신이야기(吉備大臣物語)》, 《大東急記念文庫善本叢刊 中古中世篇 第1卷》, 汲古書院, 2007.
《중외초(中外抄)》, 新日本古典文學大系, 岩波書店, 1997.
《아사박초(阿娑縛抄)》, 大日本佛教全書, 佛書刊行會, 1922.
《고사기(古事記)》, 新編日本古典文學全集, 小學館, 1997.
《본조문쇄(本朝文粹)》, 新日本古典文學大系, 岩波書店, 1992.
《일본삼대실록(日本三代實錄)》, 國史大系, 吉川弘文館, 1966.
《두양잡편(杜陽雜編)》, 中華書局, 1958.
《구당서(舊唐書)》, 中華書局, 1975.
《엔랴쿠사호국연기(延曆寺護國緣起)》, 大日本佛教全書, 佛書刊行會, 1922.
《일본기사기(日本紀私記)》, 國史大系, 吉川弘文館, 1965.
《전력(殿曆)》, 大日本古記錄, 岩波書店, 1970.
《중우기(中右記)》, 大日本古記錄, 岩波書店, 1993.
《수언초(水言鈔)》, 古典保存會, 1925.
《언천집(言泉集)》, 永井義憲 · 清水宥聖編, 《安居院唱導集》 上卷, 角川書店, 1979.
《강도독납언원문집(江都督納言願文集)》, 六地藏寺善本叢刊, 六地藏寺編, 汲古書院, 1984.
《연중행사회권(年中行事繪卷)》, 日本繪卷大成, 中央公論社, 1977.
《고금저문집(古今著聞集)》, 日本古典文學大系, 岩波書店, 1966.

《지옥초지(地獄草紙)》, 日本繪卷大成, 中央公論社, 1977.
《아귀초지(餓鬼草紙)》, 日本繪卷大成, 中央公論社, 1977.
《평치이야기(平治物語)》, 新日本古典文學大系, 岩波書店, 1992.
《백씨문집(白氏文集)》, 新釋漢文大系, 明治書院, 1987.
《옥엽(玉葉)》, 國書刊行會編, 名著刊行會, 1971.
《우기(右記)》, 群書類從, 続群書類從完成會, 1959.
《간문일기(看聞日記)》, 圖書寮叢刊, 宮内庁書陵部, 2002.
《다이조원사사잡사기(大乘院寺社雜事記)》, 《日記·記錄による日本歷史叢書》 古代·中世編一八, そしえて出版, 1983.
《우쓰호이야기(うつほ物語)》, 新編日本古典文學全集, 小學館, 2002.
《마쓰라궁이야기(松浦宮物語)》, 新編日本古典文學全集, 小學館, 2002.
《부동이익연기(不動利益緣起)》, 續々日本繪卷大成, 中央公論社, 1995.
《만엽집(萬葉集)》, 新日本古典文學大系, 岩波書店, 1999.
《일본영이기(日本靈異記)》, 新日本古典文學大系, 岩波書店, 1996.
《쇼토쿠태자전력(聖德太子傳曆)》, 眞福寺善本叢刊, 國文學研究資料館編, 臨川書店, 2006.
《도다이사풍송문고(東大寺諷誦文稿)》, 築島裕編, 《東大寺諷誦文稿總索引》, 汲古書院, 2001.
《양고승전(梁高僧傳)》, 大正新修大藏經, 大藏出版, 1934.
《심성죄복인집(心性罪福因集)》, 新纂大日本續藏經, 國書刊行會, 1980.
《석씨원류(釋氏源流)》, 寶成編, 上海古籍出版社, 1994.
《수경(水鏡)》, 國史大系, 吉川弘文館, 1999.
《기타노천신연기회권(北野天神緣起繪卷)》, 日本繪卷大成, 中央公論社, 1977.
《죽취이야기(竹取物語)》, 新日本古典文學大系, 岩波書店, 1997.
《법화경(法華經)》, 岩波文庫, 岩波書店, 1967.
《사라시나일기(更級日記)》, 新日本古典文學大系, 岩波書店, 1989.
《하마마쓰중납언이야기(浜松中納言物語)》, 新編日本古典文學全集, 小學館, 2001.
《사고로모이야기(狹衣物語)》, 新編日本古典文學全集, 小學館, 2001.
《마쓰라궁이야기(松浦宮物語)》, 新編日本古典文學全集, 小學館, 2001.
《다와라도타이야기(俵藤太物語)》, 新日本古典文學大系, 《室町物語》, 岩波書店, 1992.
《타문집(打聞集)》, 白帝社, 1961.
《에이산략기(叡山略記)》, 叡山文庫所藏, 14世紀筆寫.
《본조능서전(本朝能書傳)》, 《入木道三部集附本朝能書傳》, 岩波書店, 1931.
《보물집(寶物集)》, 新日本古典文學大系, 岩波書店, 1993.

《금옥요집(金玉要集)》, 磯馴帖刊行會編, 《磯馴帖》, 和泉書院, 2002.
《인연초(因緣抄)》, 古典文庫, 1988.
《헤이케이야기(平家物語)》, 《長門本平家物語の総合研究》, 勉誠社, 1998; 《延慶本平家物語全注釋》, 汲古書院, 2005~2019.
《겐페이성쇠기(源平盛衰記)》, 《中世の文學》 第1期, 三弥井書店, 1991.
《오상내의초(五常內義抄)》, 古典文庫, 1979.
《촛대귀신(燈臺鬼)》, 古淨瑠璃正本集, 大岡山書店, 1939.
《사취백인연집(私聚百因緣集)》, 古典文庫, 1970.
《직담인연집(直談因緣集)》, 《日光天海藏直談因緣集: 翻刻と索引》, 和泉書院, 1998.
《금석백귀습유(今昔百鬼拾遺)》, 國會圖書館 Digital Collections.
《보궤내전금오옥토집(簠簋內傳金烏玉兎集)》, 續群書類從, 續群書類從完成會, 1959.
《아베노 세이메이 이야기(安倍晴明物語)》, 《陰陽師傳奇大全》, 白泉社, 2001.
《시노다 처(信田妻)》, 國會圖書館 Digital Collections.
《아베노 나카마로 입당기(安部仲麿入唐記)》, 早稲田大學圖書館所藏, 1790.
《기비대신(吉備大臣)》, 東北大學圖書館所藏, 江戶時代版本.
《기비대신(きび大じん)》, 東京大學総合圖書館文學部圖書室所藏, 江戶時代版本.
《왜문자 양로의 폭포(倭文字養老の瀧)》, 東洋文庫所藏, 江戶時代版本.
《당문장 미카사의 달(唐文章三笠の月)》, 國會圖書館 Digital Collections.
《보궤수리전(簠簋袖裡傳)》, 阪本龍門文庫藏, 室町末期筆寫.
《우대신기비공전찬석(右大臣吉備公傳纂釋)》, 吉備公保廟會事務所, 1902.
《동정전회권(東征傳繪卷)》, 唐招提寺所藏, 畫像提供: 奈良國立博物館.
《홍법대사행장회사(弘法大師行狀繪詞)》, 東寺所藏, 《重文東寺本弘法大師行狀繪卷》, 株式社東京美術, 1981.
《현장삼장회(玄奘三藏繪)》, 藤田美術館所藏, 畫像提供: 奈良國立博物館.
《화엄종조사회전(華嚴宗祖師繪傳)》, 高山寺所藏, 畫像提供: TNM Image Archives.
《신라수이전(新羅殊異傳)》, 東洋文庫, 平凡社, 2011.
《신라최랑이야기(新羅崔郎物語)》, 對馬教育委員會所藏, 江戶時代筆寫.
《악교기문(樂郊紀聞)》, 東洋文庫, 平凡社, 1977.
《최고운전(崔孤雲傳)》(韓國), 國立中央圖書館所藏.
《태평광기(太平廣記)》, 中華書局, 1961.
《당대화상동정전(唐大和上東征傳)》, 群書類從, 續群書類從完成會, 1959.
《연력승록(延曆僧錄)》, 藏中しのぶ, 《延曆僧錄》注釋, 大東文化大學東洋研究所, 2008.
《송고승전(宋高僧傳)》, 大正新修大藏經, 大藏出版, 1934.

《삼국유사(三國遺事)》, 韓國精神文化研究院編, 《譯註三國遺事》, 以會文化社, 2003.
《몽기(夢記)》, 奥田勲 · 平野多恵 · 前川健一編, 《明恵上人夢記訳注》, 勉誠出版, 2015.

지은이

고미네 가즈아키小峯和明

와세다대학교 졸업
와세다대학교 대학원 졸업(문학박사, 일본 중세문학 및 동아시아 비교설화 전공)
현재 릿교대학교 명예교수, 중국 인민대학 초빙교수, 와세다대학교 초빙연구원
저서로는《금석이야기집의 형성과 구조(今昔物語集の形成と構造)》,《우지습유이야기의 표현시공(宇治拾遺物語の表現時空)》,《설화의 숲(說話の森)》,《중세 설화의 세계 읽기(中世說話の世界を讀む)》,《설화의 소리(說話の聲)》,《설화의 언설(說話の言說)》,《금석이야기집의 세계(今昔物語集の世界)》,《야마대시의 비밀(野馬臺詩の謎)》,《중세 법회문예론(中世法會文藝論)》,《원정기문학론(院政期文學論)》 등이 있다.

옮긴이

김영순

무사시노여자대학교 졸업
오차노미즈여자대학교 대학원 졸업
릿교대학교 대학원 졸업(문학박사, 동아시아 비교설화 전공)
현재 릿교대학교·츠루미대학교 겸임강사
저서로는 편저《일본문학의 전망을 열다 제1권 동아시아 문학권》,《해동고승전》이 있다. 연구 논문은〈최치원과 동아시아:〈보안남록이도기(補安南錄異圖記)〉를 중심으로〉,〈한국의 야담과 환경문학〉,〈불전 항마성도(降魔成道)에 나타난 마왕(魔王) 부자의 갈등〉,〈조선시대 여성과 불교: 비구니 예순(禮順)의 불법 수행을 중심으로〉,〈동아시아 입당설화로 보는 중국의식: 기비노 마키비·아베노 나카마로와 최치원을 중심으로〉 등이 있다.